BEYHAN BUDAK: Klinik psikolo

Psikoloji bölümünden 2006 yılı

Danışmanlık ve Rehberlik ve Klinik Psikoloji alanlarında yüksek lisans yapmıştır. Uzun yıllar Ankara'da Dr. Zekai Tahir Burak Kadın Sağlığı Hastanesi'nde çalıştıktan sonra istifa ederek kendi kliniğini kurmuştur. Şu anda, psikoterapi ve eğitim çalışmalarının yanı sıra 1.700.000'den fazla kişinin takip ettiği YouTube kanalında kendine yardım ve popüler psikoloji konularında videolar yayınlamaktadır. *Kendine İyi Davran Güzel İnsan* ve *Senin Suçun Değil-Geçmişin Yüklerinden Kurtulma Rehberi* isimli iki yayınlanmış kitabı vardır. Ankara'da yaşayan Beyhan Budak evlidir ve iki çocuk babasıdır.

Beyhan Budak

@beyhanbudak

@beyhanbudak

Beyhan Budak

MUTLULUĞU KAYBETTİĞİN YERDE ARAMA | BEYHAN BUDAK | PSİKOLOJİ

Birinci Baskı: Kasım, 2021
Beşinci Baskı: Kasım, 2022

Yayın Koordinatörü: Erdem Öztop
Şef Editör: Cem Tunçer
Düzelti: Pervin Salman
Kapak Tasarımı: Gülay Tunç
Sayfa Tasarımı: Burcu Bayam

ISBN: 978-605-74058-1-4

BASKI-CİLT
Turkuvaz Haberleşme ve Yayıncılık A.Ş.
Güzeltepe Mah. Mareşal Fevzi Çakmak Cad.
B Blok No: 29/1/1-Eyüpsultan/İst.
T:+90 212 354 30 00

Sertifika No: 46403

Beyhan Budak

Mutluluğu Kaybettiğin Yerde Arama

SAHI KITAP

İçindekiler

Önsöz

Ben kaygılı bir insanım. Böyle hissettiğim zamanlarda eskiden kendimi çok fazla hırpalardım; neden böyle hissediyorsun, güçlü olmalısın diye. Bazıları binlerce insanın önünde, yüzlerce seminer verdim bugüne kadar. Sahneye çıkmadan önceki anlar benim için gerçekten zordur, kalbim yerinden çıkacakmış gibi atmaya başlar, içim kıpır kıpır olur ve çok gerilirim. Yolun başındayken bunun amatörlükten kaynaklandığını düşünüyordum ve kendimi, ileride bunların hepsi geçecek ve çok daha rahat olacaksın diye telkin ediyordum. Ama geçmedi, hâlâ kaygılıyım.

Bazen çok başarısızmışım gibi hissediyorum, hiçbir şeyi doğru düzgün yapmamışım, yapamamışım gibi. Bu durumdan dolayı mutsuz hissediyordum ve mutsuz hissettiğim için de kendime kızıyordum. Gözüm yaptıklarımı değil yapamadıklarımı görüyordu. Ama sonra değerlendirmeyi yanlış yerden yaptığımın farkına vardım. Neyi başarırsam başarayım her zaman başarısız olduğum konular olacaktı. Dünya bir insanın kaldırabileceğinden ve yapabileceğinden çok daha fazlasını barındırıyordu.

Bazen başarısız, bazen mutsuz, bazen de kaygılı hissetmem insan olmamın doğal sonucuydu. Kaygılı olmam büyük kalabalıklara seminer vermemi engellememişti hiç. Zorlanıyordum ama sonu güzel bitince inanılmaz bir tatmin duygusu yaşıyordum. Kaygı benim zihnim için yanlış çalışan bir alarm gibiydi, artık o alarm çalışsa da ona rağmen yapmam gerekenleri yapabiliyordum. Ancak başlangıçta biraz zorlandığım için sonda hissettiğim tatmin duygusu da çok yüksekti. Bugüne kadar 500'den fazla etkinlikte konuşma yapmış olmama rağmen her etkinlik sonunda kendimi harika hissediyorum ve iyi ki bu işi yapıyorum diye şükrediyorum. Bu da kaygımın bana verdiği hediyeydi.

Bazen de hak etmediğimi düşündüğüm şeyler yaşadığım oldu. Bu neden benim başıma geldi, bu insan neden bana böyle davrandı diye çok sorguladım kendimi. Sonrasında dünyanın adil bir yer olmadığını idrak ettim. Dünya bize mutluluk ya da mutsuzluk vermek için var olmamıştı, bir şeyler yaşıyorduk ve olanlara biz anlam yüklüyorduk. Ve bu dünyada herkes kendi rolünü oynuyordu, özellikle bana karşı değillerdi. Ben ne kadar iyi olursam olayım bazı insanlar bana kötü davranacaktı, bazen de adaletsizliğe uğrayacaktım. İlk başta bunları sorgulamak hayatıma değer katsa da, durmadan neden bunu yaşadım diye sorgulamak yeni yaşantılara engel oluyordu. Evet bu yaşananlar beni üzse de, biraz dinlendikten sonra yola devam etmek en iyi tedaviydi.

Son zamanlarda sıklıkla kullandığım bir hayat sloganım var: "Olan oldu, şimdi ne yapabilirim?" Özellikle zorlandığım bir olay yaşadığımda kendime bu soruyu soruyorum. Eğer zihnimi neler yapabileceğime çekmezsem, o kendi kendine pişmanlık ve öfke çukuruna düşüyor. Birçok insan da farkında olmadan pişmanlık ve öfke çukurunda takılıp kalıyor. Farkına varmak ve zihni kontrol edebileceğin alana çekmeyi öğrenmek mutluluğun en önemli koşullarından birisi.

Bu kitabı yazma amacım, hayatta kontrol edebileceğimizi zannettiğimiz şeylerin aslında çok azını kontrol edebilme gücümüzün olduğunu anlatmak. Bizzat kendi hayatımda uygulamaya çalıştığım ve beni rahatlatan bakış açısını seninle paylaşmak istedim. Çünkü hayat her zaman zor olmakla beraber, son bir buçuk yıldır içinde bulunduğumuz pandemi süreci ve ülkece yaşadığımız zorluklar bizi gerçekten her zamankinden daha fazla zorladı. Büyük dünyada yaşanan olayları kontrol etmemiz gerçekten çok zor. Gücümüzü kendi küçük dünyamıza verirsek, hem kendi hayatımızı hem de temas ettiğimiz insanların hayatını daha iyi bir hale getirmek mümkün.

Her kitabımda ifade ettiğim üzere, amacım mucizeler yaratmak değil. Maalesef böyle bir şey mümkün de değil. Sadece senin yapabileceğin ve yavaş yavaş gerçekleşen türden olağan mucizeler var. Umarım yazdıklarımla ruhunda bir yere dokunabilirim.

Gelelim teşekkür kısmına. Bu kitabı yazarken birçok kişinin desteği oldu, onları anmadan geçmek istemem. En başta eşim Şeyda, çocuklarım Efsun ve Tuna'nın varlıklarının hayatıma kattığı sevgi olmasa, sanırım bu kitabı yazacak enerjiyi bulamazdım. Bugüne kadar yolumun kesiştiği tüm danışanlarım aynı zamanda farkında olmadan bana çok şey kattılar. Kitabın hazırlanma sürecinde desteğini esirgemeyen Erdem Öztop'a, editörüm Cem Tunçer'e teşekkür ederim.

Ve son olarak benim için bir idol olan Doğan Cüceloğlu hocama teşekkürü bir borç bilirim. Lise zamanlarımda, onun *İnsan İnsana* kitabını okuduğum zaman psikolog olmaya karar vermiştim. Anadolu irfanından beslenişini, samimi ve sevecen üslubunu, psikolojiyi herkesin anlayabileceği şekilde anlatışını kendime hep örnek aldım. Geçtiğimiz yıl kendisiyle tanışma ve hatta bir video söyleşi yapma imkânı buldum. Kısıtlı geçirdiğimiz zamanda, bir insana değer vermenin ne demek olduğuna canlı olarak şahit oldum. Ancak geçtiğimiz şubat ayında kendisini kaybettik. Beklenmedik vefatı karşısında çok üzülsem de, her zaman bir insanın gerçek ölümünün onu hatırlayan son insanın da öldüğü zaman olduğuna inanırım. Yazdığı eserlerden, söyleşilerinden, videolarından dolayı Doğan Hoca hep aramızda olacak ve yüzlerce belki de binlerce yıl boyunca hizmetine devam edecek. Mekânı cennet, ruhu şad olsun.

Beyhan Budak

Mutluluğu Kaybettiğin Yerde Arama

İnsanları gözlemlemek hoşuma gidiyor. Günlük hayatın telaşesinden sıyrılıp, uzaydan gelmişsin ve daha önce hiç karşılaşmadığın bir türü izliyormuş gibi baktığın zaman, insanların davranışlarından öğrenecek çok şey ortaya çıkıyor. Şu anda bu satırları Ankara Çankaya'da yer alan Botanik Parkı'nda yazıyorum. Yazmaya başlamadan önce bir süre, her zaman yaptığım gibi insanları izledim. Yeni evli bir çift, bebek arabası ile muhtemelen doğalı çok da uzun bir süre olmayan bebeklerini gezdiriyorlar. Anne biraz tedirgin, baba daha rahat bir şekilde yavaşça yürüyorlar. Az ileride gürültüleri bütün parka yayılan ama bir şekilde rahatsız edici de olmayan gençler var, getirdikleri kamp sandalyelerine oturmuş bol kahkahalı bir muhabbetin içindeler. Sonrasında Ankara'da nadiren gördüğüm bir sahneyle karşılaşıyorum, el ele tutuşmuş keyifle sohbet ederek yürüyüş yapan 70'li yaşlarında bir çift.

Bir psikoloğun seans aralarında kafasını dinlemek için gittiği bir parkta neden insanları izleyerek dinlendiğini merak ediyor olabilirsin. Çoğu insan, insanları dinlemenin benim psikolojimi olumsuz etkileyip etkilemediğini merak ediyor. Ama boş zamanlarımda bile insanları gözlemlemek, beni rahatlatan bir aktivite. Sanırım bir çeşit meslek hastalığı. Şöyle düşünüyorum; herhangi bir şeyi dikkatlice gözlemlediğimizde, hayata ve dünyaya dair birçok bilgiyi elde edebiliriz. Ben de aslında insanları gözlemleyerek hem kendime, hem topluma, hem de dünyaya dair birçok fikir ediniyorum. Burada işin sırrı dışarıdan bakabilme becerisi. İnsan nadiren kendine dışarıdan bakabiliyor. Kazanılması çok zor bir beceri bu. Ama diğer insanlardan kendine dair yorumlar çıkarmak daha pratik geliyor bana.

İnsanı anlama yolunda, insana ne kadar yakından bakarsan o kadar karmaşık, ondan ne kadar uzaklaşırsan o kadar basit geliyor her şey. Örneğin çok yakından bakınca en ufak duygu titreşimlerini bile hissederken, davranışların altında yatan kıskançlık, hayal kırıklığı, arzu, merak gibi duyguların farkına varabilirken, uzaktan bakınca soyunu devam ettirmeye ve hayatta kalmaya çalışan bir canlı görürsün sadece. İki bakış açısı da insanı anlama yolunda çok çok önemlidir. Duygusal bir ilişkimiz olmayan insanları anlamaya çalışırken mesafemizi doğru ayarlarız, onlara daha objektif bakarız ve o insan hakkında doğru sonuçlara ulaşabiliriz.

Mesafeyi doğru ayarlamak kilit noktadır. İnsan kendi sorunlarının kaynağını, bazen ne kadar gözünün önünde olursa olsun fark etmeyebilir. Çünkü kendisine o kadar yakından bakıyordur ki, duygularının içinde boğulur. 15 yıldır sürdürdüğüm meslek hayatımda, insanların birçoğunun bana ilk başvurduklarında kendi problemlerinin kaynağı olarak gösterdikleri şeylerin çoğunlukla doğru olmadığını fark ettim. İnsan kendisine yakınlaştıkça, özellikle zorlu zamanlarda, ya tamamen kendini ya da dış dünyayı suçlama eğiliminde oluyor. Ama hata nadiren tamamıyla bir taraftadır. En temelde kendi düşünce ve davranış kalıplarımızın payı vardır ama bazen de biz ne yaparsak yapalım kontrolümüzde olmayan şekilde dış dünya bizim neler yaşayabileceğimizi belirleyebilir. Yine de işte biraz önce bahsettiğim iki uçlu yaklaşım, sorunlarımızı çözmek bir tarafa her geçen gün daha da artırarak hayatımızı olumsuz etkilemeye devam eder.

Bu bahsettiğim durumu bir örnekle açıklamak istiyorum sana: Soğuk bir mevsimde, üstünde çok ince bir tişörtle dışarıdasın. Hava ayaz mı ayaz, neredeyse kar yağmak üzere. Soğuğu her zerrende hissediyorsun ve çok üşümeye başlıyorsun. Vücudunun dili olsa dile gelecek, "Çok üşüyorum!" diyecek neredeyse. İşte böyle bir haldeyken sen, çeşit çeşit ilaçlar, merhemler kullanıyorsun üşüme hissinden kurtulmak için. Zihnini odaklamaya çalışıyorsun, "Üşümemelisin!" diye defalarca telkinde bulunuyorsun kendine. Aklına sıcak mevsimleri, ülkeleri getiriyorsun. Bazen bu yöntemlerin işe yaradığı da oluyor, ama bir süre sonra yine üşümeye başlıyorsun. Bu sefer kendine kızıyorsun, "Ne kadar beceriksiz ve aptal birisin, hâlâ üşümeye devam ediyorsun," diye. Belki de dünyaya kızıyorsun: "Bu soğuk da nereden çıktı böyle, dünyanın çivisi çıktı artık, devlet bu işe bir el atmalı, çözüm bulmalı, bıktım bu ülkede yaşamaktan!" Ama sonuçta değişen bir şey olmuyor, geçen süreyle beraber üşüme hissi artmaya devam ediyor. Hâlbuki üşüme hissi sana bir mesaj vermeye çalışıyor sadece; üşüyorsun, ya sıcak bir ortama geç ya da üstüne kalın bir şeyler giy. Seni korumak için devreye giren bir alarm gibi yani. Ama biz o alarmın söylemeye çalıştığı şeyi anlamayıp, bambaşka noktalara odaklanabiliyoruz.

Çoğu insanın hissettiği sıkıntılar, tekrar tekrar karşısına çıkan engeller aslında üşümenin verdiği mesaj gibi bize mesaj vermeye çalışıyordur. Diyelim ki beraber olduğun kişinin yanında çok tedirgin hissediyorsun, bir türlü rahatlayamıyorsun ama sen bu durumu kendi hatalarına bağlıyorsun. Aileni ve sevdiğin insanları daima memnun etmeye çalışıyorsun ama onları memnun etmek bir tarafa sana hiç saygı duymadıklarını fark ediyorsun. Bunun üzerine daha çok fedakârlık yapıyorsun. Bir konuda başarılı olmak istiyorsun, elinden gelen her şeyi yapmana rağmen bir sonuç alamıyorsun. Bu sefer tüm topluma, sisteme öfkeleniyorsun. İşte bu verdiğim örnekler, üşüyen bir insanın kendisine üşümemelisin demesinden farksız. Bu arada çözüme ulaşmak için ortaya koyduğun davranışlar doğru olabilir. Ama bir yöntemin doğru olması işlevsel olduğu anlamına gelmez. Birçok insan, doğru ama işlevsiz yöntemleri kullanmasına rağmen problemler yaşamaya devam ediyor.

İşte bu durumun sebebi, hayatımızda neyi neden yaptığımızı tam olarak fark etmeyişimiz, kendimize çok yakın olmamız, bedenimizin ve ruhumuzun bize verdiği mesajları doğru olarak yorumlayamayışımızdır. Bu kitapta, sana kendine doğru mesafeden bakman için neler yapman gerektiğini anlatacağım, pratik ipuçları paylaşacağım seninle. Senden istediğim şey, bir süreliğine içindeki keşmekeşten uzaklaşman ve aynen benim parkta insanları gözlemlediğim gibi kendini gözlemlemen. İçindeki keşmekeşin yoğunluğu seni daha yorgun veya hırçın yapıyor. Bu da çözümden uzaklaşmana sebep oluyor. Şöyle düşün: Sanki senden iki tane var. Birincisi bugüne kadar davrandığı şekliyle davranmaya devam ediyor, ikincisi ise benimle beraber birincisini gözlemliyor. Sen de bir psikologmuşsun gibi kendinin o halini dışarıdan gözlemlediğin zaman, bugüne kadar nasıl fark etmemişim dediğin, belki de gözünün önünde yer alan kök nedenleri göreceksin.

İnsanın kendini değiştirme süreci uzun bir yoldur ve değişim hiç kolay değildir. Bir danışanım bana kendimi tamamen değiştirmek istiyorum diye geldiğinde içimi bir sıkıntı kaplar. Çünkü bir insanın tamamen değişmesi mümkün değildir. Bugün kim olduğumuzu belirleyen binlerce parça vardır. Genetik yapımız kaynaklı mizaç özelliklerimiz, geçmişteki yaşadıklarımızın etkileri, aile yapımız en önemli parçalardandır. Bu yapıyı tamamen değiştirmek beklentisi gerçekçi değildir ve zehirlidir. Çünkü büyük değişiklikler isteyen insanlara gerçekçi olan küçük değişimler tatmin edici gelmeyecektir. Büyük değişimler de gerçekleşmeyeceği için, insan olduğu yerde huzursuzca kıvranmaya devam edecektir.

Küçük değişimler derken kastettiğim şu: Seni sen yapan şeylerin başında, hayatın karşına çıkardığı, olumlu ya da olumsuz her durumla baş etmen için gereken aletlerin olduğu bir alet çantan var. Bu çantada yüzlerce alet bulunuyor. Senin hayat karşısında hangi aleti ne sıklıkla kullandığın, hayattan aldığın tatmin konusunda belirleyici oluyor. Örneğin camın üzerine konan bir sinekten kurtulmak için balyozu kullanıyorsan... Evet, sinekten kurtulabilirsin ama camdan da olursun. İşte bu küçük değişimler, hayattaki olaylar karşısında kullandığın aletleri ya da kullanım sıklıklarını değiştirmektir. Tam şu anda zihninden geçirdiğin şeyi ben de duydum. "Söylemesi kolay" diyorsun. Evet, tam olarak öyle. Söylemesi kolay ama birilerinin de söylemesi gerek, değil mi? Bana tamamen değişebilir miyim diye soran danışanlarıma verdiğim cevabı seninle de paylaşmak istiyorum:

> Tamamen değişemezsin ama kritik noktalarda %1'lik bir değişim sağlarsan inanılmaz sonuçlar alabilirsin.

Tamamen değişemezsin ama kritik noktalarda %1'lik bir değişim sağlarsan inanılmaz sonuçlar alabilirsin.

Elinde tuttuğun kitap benim üçüncü kitabım. İlk kitabımda kendine iyi davranmayı, ikinci kitabımda geçmişin yüklerini hafifletmeyi anlattım. Her kitabımda, sanki okurum yanımdaymış da, onunla bir yürüyüş esnasında sohbet ediyormuş gibi yazmaya gayret ediyorum. Ne senin önünden yürüyerek sana bir şeyler öğretmeye çalışacağım, ne de senin bugüne kadar kendine zarar veren davranış örüntülerini pohpohlayacağım. Yan yana yürürken beraber keşfedeceğiz. Neyi neden yapıyorsun, bazen neden bu kadar zorlanıyorsun, bazen tam önünde duran engelleri neden göremiyorsun, neden mutluluğunu hep kaybettiğin yerde arıyorsun? Sorularla farkına varacaksın.

Her kitabımda yaptığım bazı uyarıları bu kitapta da hatırlatmak istiyorum. Lütfen kitaba acıma, kitap bir süs eşyası değildir. Altını çiz, notlar al, gerekirse karala. Bu kitabı ne kadar hoyrat kullanırsan o kadar verim alırsın. Bazı imza günlerinde, defalarca okunmaktan, notlar alınmasından, altının çizilmesinden dolayı perişan olmuş kitaplar görüyorum. İşte o zaman içimden, kitabın hakkı verilmiş diyorum. Bir diğer önerim de kitabı okurken telefonunun sosyal medya bildirimlerinin kapalı olması ve telefonunun elinin uzanabileceği mesafeden daha uzakta durması. Kitabın benim yazdıklarımı okumaktan daha önemli bir kısmı, okuduklarını kendi hayatına nasıl uygulayacağını düşüneceğin sessizlik zamanları olacak. Telefon elindeyken maalesef bunu yapabileceğini zannetmiyorum.

Kitaptaki her konu başlığını birbirinden bağımsız olarak yazdım. Konuları sırayla okuyabileceğin gibi, herhangi bir başlıktan da başlayabilirsin. Ama önerim ilk okuyuşunda sırayla okuman yönünde. İlk okuyuşun diyorum, çünkü senden bu kitabı iki kez okumanı isteyeceğim. İlk kez okuduktan sonra, terapi defteri adını vereceğimiz bir deftere kendi hayatına dair gözlemlerini yazmanı öneririm. Farkındalıklarını, notlarını, yapılacaklar listeni bu deftere yazabilirsin. Kitap bittikten bir süre sonra hem kitabı hem de defteri okursan farkındalıklarının daha kalıcı olacağını düşünüyorum. Ayrıca diğer kitaplarım, *Kendine İyi Davran Güzel İnsan* ve *Senin Suçun Değil-Geçmişin Yüklerinden Kurtulma Rehberi*'ni de bu kitabı okuduktan sonra okursan daha bütüncül bir bakış açısı elde edebilirsin.

Sen Aslında Kimsin?

"Mutlu bir son istiyorsan,
hikâyeyi nerede sonlandırdığına bakmalısın."
– Orson Welles

Yolun başında kendini tanımak konusundan bahsetmek istiyorum. Bugüne kadar en çok etkilendiğim filmlerden biri *Matrix*'tir. İşin aksiyon ve heyecan kısmı güzel tabii, ama bunun ötesinde filmin vermeye çalıştığı derin mesajları fark edince film tam bir klasik ve şaheser haline geliyor. Filmin detaylarından bahsetmeyeceğim ama meşhur bir sahne vardır. Filmin kahramanı Neo, beklenen kişi olup olmadığının anlaşılması için film içerisinde önemli bir rolü olan kâhin kadına götürülür. Bu sahne sıradan bir sahne gibi görünmekle beraber aslında, Neo'nun kim olduğunu keşfetmesinin ilk tomurcuğunun atıldığı sahnedir ve sahnenin geçtiği odanın kapısının üstünde Antik Yunan'a ait bir deyiş vardır: "Nosce te ipsum" yani "Kendini Bil".

Film aslında bir kendini keşfetme sürecini anlatır; insanın var oluşu kendini keşfetmeyle tamamlanır. Bu arada buna benzer deyimler sadece Eski Romalılarda değil neredeyse tüm kadim kültürlerde vardır. Bizde de Yunus Emre'nin verdiği, "İlim ilim bilmektir, ilim kendini bilmektir" öğüdü, bu öğütlere örnek gösterilebilir. Kendini bilmek, çok basit bir öneri gibi geliyor kulağa. Ama bu kadar basit görünmesine rağmen, binlerce yıldır neden ısrarla vurgulanan bir konu bu kendini bilmek?

Yola çıkıp yolda karşılaştığımız insanlara kendini tanıyor musun diye sorsak, aldığımız cevapların çok büyük bir kısmı evet olacaktır. İnsanların en büyük yanılsaması tam olarak burada başlıyor: yani kendini tanıdığını zannetmekte. Peki, o halde kendini tanıdığını düşünen bir insanın kolaylıkla cevap vermesini umduğum sorular sormak istiyorum sana. Hemen cevap verme, biraz üstünde düşün lütfen.

- Neden bizi hiç sevmeyecek insanlara âşık oluruz?
- Neden hayatta çok iyi yerlere gelsek de başarısız hissederiz?
- Herkes bizi güzel bulsa da neden çirkin hissederiz?
- Neden yalnızlıktan çok bunalsak da yakınlıktan kaçarız?
- Neden herkese seve seve yardım ederiz de kendimiz için yardım isteyemeyiz?
- Neden hayatımızda önemli olmayan insanları hayatımızı kaçıracak kadar umursarız?

Bu soruları okuyup düşünmeye başladığında, içinden geçenleri az çok tahmin edebiliyorum: "Evet tam olarak böyle davranıyorum bazen." Peki, hayatta yapması gereken görevleri elinden geldiğince başarmaya, başkalarına karşı adaletli olmaya çalışan sen, neden böyle davranıyorsun? Aslında seni sevmeyen bir insanla yaşadığın hayal kırıklığı dolu bir ilişki sonrasında, kendine defalarca söz verdin, bir daha asla böyle birisi ile bir ilişki yaşamayacağına. Ya da çevrendeki herkes seni çok başarılı bulurken, objektif kıstaslara göre gerçekten başarılı sayılabilecekken, neden kendine dünyanın en başarısız insanı gibi davranıyorsun? Bir yanının sana değer vermediğini, hatta senden nefret ettiğini söylediği insanlara karşı neden aşırı fedakârlıklarda bulunuyorsun? Aslında kendini mantıklı bir insan olarak görüyor olabilirsin. Eğer kendini gerçekten tanıyorsan, eminim bu sorulara verilebilecek mantıklı cevapların vardır. Ama cevapları ararken bir yerde tıkandığını keşfedeceksin. İşte kendini bilmek tam olarak böyle bir şey, neyi neden yaptığını bilebilmek yani. Böylece ana nedenleri keşfedeceksin ve sana neyin iyi gelip neyin gelmediğini anlaman mümkün olacak.

Kim olduğunu anlamak için ilk olarak bakmamız gereken yer Martha Beck'e ait Temel Benlik-Sosyal Benlik ayrımı. Temel benlik, senin otantik benliğini temsil ediyor, sana iyi hissettiren, senin için neyin iyi olduğunu bilen, ânı yaşayan tarafın diyebiliriz. Temel benliğin, senin ihtiyaçlarını karşılamayı merkeze alıyor. Sen ne istiyorsan onu yapmaya hazır bir şekilde bekliyor gibi hayal edebilirsin. Sosyal benliğin ise, içinde yaşadığın aile, toplum, çalıştığın kurum gibi yapıların senden beklentilerini yerine getirmekle ilgileniyor. Yani bir şekilde aman uğraşmayalım, kimseyle ters düşmeyelim, ağzımızın tadı kaçmasın diye uğraşıyor. Eğer bu iki benlik yaşayan ayrı kişiler olsaydı, her iki tarafın da kendi ihtiyaçlarını savunacak bolca argümanı olurdu. Bir insanın temel benliği tüm kontrolü ele geçirmiş olsaydı, muhtemelen bu kişi şu anda hapishanede ya da kaçak olarak yaşıyor olabilirdi. Çünkü sadece temel benlik kontroldeyse, insan her istediğini yapmak yolunda olur; her istediğini yapan bir insan da mutlaka diğer insanlara bir şekilde zarar verip suç işleyecektir.

Diğer taraftan sadece sosyal benlik devrede olsaydı, kişi kendi ihtiyaçlarını tamamen görmezden gelecek, çevresindeki kişi ve kurumların beklentilerinin kölesi olma eğiliminde olacaktır. Her zaman memnun edilmesi gereken birileri olacak, bu kişiler kişinin kendi benliğinin önünde olacaktır. Kendi temel benliğini tamamen ihmal eden kişilerde de depresyon, kaygı bozukluğu, boşluk hissi ve bazen bedensel şikâyetler ortaya çıkacaktır. Şunu söylemem gerekir, bu tür kendine yardım kitaplarını okuyan insanlar genelde sosyal benliğini öne alıp temel benliğini ihmal edenlerdir. Bu tür kitapları okumalarının sebebi ise, temel benliklerinin yardım çığlıklarını artık saklayamaz halde oluşlarıdır.

Peki ideal olan hangi taraf diye sorabilirsin. Tek bir tarafın kontrolü ele geçirmesi hayatımızın gidişatı için hiç de iyi olmayacaktır. Benliğimizin ihtiyaçlarının karşılanması da, toplumdan dışlanmamız için asgari düzeyde toplumla uyumlu olmamız da gerekir. Ama denge bozulduğu ve ibre bir tarafa yattığı zaman sıkıntılı durumlar ortaya çıkmakta gecikmez. Kendi hayatını düşündüğün zaman, yaptıklarını kimin için yapıyorsun fark edebiliyor musun? İlk bakışta çok masum görünebilir, ilişkim, çocuklarım, kariyerim için yapıyorum ne yapıyorsam diyebilirsin. Peki buna karşılık kendi benliğin, özün için ne yapıyorsun? Ya da şöyle sorayım: Kendin için hiçbir şey yaptın mı bugüne kadar?

> Kendi benliğin, özün için ne yapıyorsun? Ya da şöyle sorayım: Kendin için hiçbir şey yaptın mı bugüne kadar?

Çoğu insan kendi temel benliğini ihmal ettiğinin farkına varmaz. Sanki olması gerekeni yapıyormuş ve başka bir yolu yokmuş gibi hisseder. Tüm hayatını eşi, çocukları, ailesi, arkadaşları, kariyeri için feda etmekten başka bir yol olduğunu fark etmeyebilir. Ama senin bunu fark etmemen, zarar görmeyeceğin anlamına gelmez. Daha önce de bahsettiğim gibi, beden ve zihin alarm veren yapılara sahiptir. Anlattığım şeyi somutlaştırmak için iki kişiden bahsetmek istiyorum sana: Onur ve Rüveyda.

Onur, üniversite sınavında derece yaparak Türkiye'nin en iyi tıp fakültelerinden birisini kazanmış, üniversiteyi dereceyle bitirmiş ve sonrasında girdiği TUS'ta (Tıpta Uzmanlık Sınavı) yine derece yaparak en gözde branşlardan birisinde ihtisasını yapmaya başlamıştı. Benim Onur'la tanışmam onun ihtisasının ikinci yılında olmuştu. Varlıklı bir aileden geliyordu, bugüne kadar hiç maddi zorluk çekmemişlerdi. Babası ticaretle uğraşıyordu, annesi ise ev hanımı olmakla beraber hayatını Onur'un kariyerine adamış durumdaydı. Çocukluğundan itibaren özel hocalarla yapılan ek derslerin ayarlanması, ortaokuldayken gidilecek lisenin belirlenmesi, yapılan dereceden sonra tabii ki tıp fakültesinin seçilmesi ve hatta geleceği en parlak uzmanlık alanın belirlenmesi gibi konular annenin sorumluluğundaydı.

Dışarıdan bakıldığında büyüleyici bir kariyere sahip olan Onur, uzmanlığının yorucu olan ilk yılını da bir şekilde geride bırakmıştı ve artık kendine ayırabileceği vakti vardı. Çünkü annesi artık başka şehirdeydi. Parası vardı, herkes yaptığı işe hayranlıkla yaklaşıyordu ama Onur inanılmaz mutsuz hissediyordu. "İçimde hiç kapanmayan bir boşluk var," diyordu. Her ne yapıyorsa yapmak zorunda olduğu ve annesini hayal kırıklığına uğratmamak için yapıyordu. Onu dışarıdan gören biri, bu kadar olanak içinde onun mutsuz hissetmesini şımarıklık olarak değerlendirebilirdi. Meraklıyız insanları etiketlemeye. Ama işte, ruhsal tatmin maddi imkânlara ya da büyüleyici bir karaktere sahip olmakta yatmıyordu. Bugüne kadar sadece sosyal benliğinin sözünden çıkmadığı için hem bedeni hem de ruhu isyan ediyordu, biraz da kendine bak demek istiyorlardı. Sabahları işe geç kalmaya başlamıştı, ne kadar uyursa uyusun hep yorgun hissediyordu, tatil günlerinde bile çıkıp sevdiği arkadaşlarıyla buluşacak enerjiyi kendinde bulamıyordu, eskiden zevk aldığı şeylerin hiçbiri artık ilgisini çekmiyordu.

Bir gün Onur'a sordum, "Sen ne yapmak isterdin?" diye. Onur, bir an şaşırarak bana baktı. Sanırım daha önce kimse ona bu soruyu sormamıştı. Çevresindeki insanlar, onun için en iyisi olduğunu düşündükleri şeyleri yapmasını söylemişlerdi. Gerçekten ne istediğini Onur bile kendi kendisine sormamıştı. "Hiç düşünmedim bunu," diye cevap verdi Onur. "Peki," dedim, "Neler yapmaktan hoşlanırsın, ya da bu dünyada zorunluluk diye bir şey olmasaydı sadece keyif almak için neler yapmak isterdin?" Biraz düşündükten sonra, uçak maketleri yapmaktan çok hoşlandığını, uçak seyahatleri yaparken inanılmaz keyif aldığını söyledi. "Eğer zorunluluklar olmasaydı, sanırım uçak mühendisi olmak isterdim, ama çocukluğumda bile tıp fakültesinden başka bir seçenek yok gibiydi," dedi.

Gördüğün üzere, Onur annesinin ona çizdiği yolu takip etmişti hep. Kendi benliği sessiz değildi, sadece sosyal benliğin sesi o kadar yüksekti ki temel benliğin sesi duyulmuyordu. Peki, insanlar neden kendilerini bu kadar ihmal ederler? Bunun cevabı, bir psikoloğun her zaman söyleyeceği gibi çocuklukta saklı. İnsan çocukluğunda hem fiziksel hem de duygusal bakıma muhtaçtır. Çocuk hayatta kalması için bir şekilde bu bakımları verecek ebeveyne bağlıdır. Sağlıklı ebeveynler bu bakımları çocuğun kişiliğini sağlıklı bir şekilde inşa etmesine olanak tanıyarak sağlar; ona özerklik tanır, kendini keşfetmesi için alan tanır ve var oluşuna saygı duyar. Ama yeterince sağlıklı olmayan ebeveynler, bazen iyilik yaptığını düşünerek çocuğa farkında olmadan kendi istediğini dayatır. Çocuk için en iyi yolun kendi seçtiği yol olduğunu vurgular. Çocuk kendi olmak istediği zaman da sevgisini, ilgisini geri çeker. Bu dayatmalara maruz kalan çocuk da korunmak, sevilmek ve saygı görmek için kendisini ebeveynini memnun etmek zorunda hisseder. Bu erken yaşlarda oluştuğu için, bu kalıbın oluşumunu çocuk unutur, anne ya da baba da zaten kendilerinin en doğrusunu yaptıklarını düşündükleri için kendilerini sorgulama ihtiyacı hissetmezler. Çocuk büyüdükçe, anne babasının ona dayattıklarını kendi tercihi zannetmeye başlar, kendisine hiç uygun olmasa bile. Aynen Onur gibi hayatını annesinin ideallerini gerçekleştirmek için uğraşırken geçirir.

Onur'u merak ediyorsun biliyorum. Uzmanlık yaptığı hastaneden istifa etti, tekrar üniversite sınavına girip ODTÜ Uçak Mühendisliğini kazandı demek isterdim ama öyle olmadı maalesef. Burası Türkiye, bu kadar büyük kararlar hiç kolay olmuyor. Bizim beraber çalıştığımız sürecin sonunda, uzmanlık eğitimini aldığı alanı hiç sevmediğini fark etti ve istifa edip tekrar tıpta uzmanlık sınavına girdi. Sonrasında severek yapabileceği başka bir branşı kazanarak oraya gitti. Kendisini çok daha iyi hissettiğini ve işe severek gittiğini ifade ediyor.

Gelelim Rüveyda'nın hikâyesine. Bizim onunla tanışmamız, Rüveyda'nın sanki yüzyıllardır devam eden ve hiç bitmeyecekmiş gibi görünen doktora teziyle boğuştuğu bir zamana denk geldi. Rüveyda ile tanıştığımız gün, kontrol altına alınmayı reddetmiş ve isyan halindeki kabarık kıvırcık saçlarıyla karşılaşınca, filmlerde izlediğimiz çılgın bilim insanı klişesinin pek de boşuna olmadığını anladım. Rüveyda, son dört yıldır doktora teziyle uğraşıyordu. Bu arada önceki ders zamanları da fazlasıyla uzamış ve bugüne kadar yaklaşık sekiz yıldır, bazı aralarla birlikte, kendi ifadesine göre bu "doktora belasıyla" uğraşıyordu. Ve şu anda tez danışmanı kendisini çok sıkıştırıyordu, tezini tez zamanda bitirmezse doktora programından atılacağını söylemişti. Ve işte böyle bir zamanda yardım almak için bana geldi.

Rüveyda'nın ailesinden bahsetmek isterim, anne babası akademisyen, kendisinden 10 yaş büyük bir abisi, 12 yaş büyük bir de ablası var; onlar da akademisyen ve alanlarında başarılı isimler. Hepsi tıkır tıkır, eğitimlerini hiç uzatmadan tamamlamışlar. Ama Rüveyda'da işler beklendiği gibi gitmemiş. Üniversite bitene kadar her şey yolunda giderken, sonrasında yüksek lisans döneminde işler biraz sarpa sarmış, ama asıl sorun doktora döneminde çıkmış. Kendisine göre erteleme problemi ve birazcık da geç kalma problemi varmış. Yapması gerekenleri hep erteliyor, bazen öğleden sonra olan derslerine bile geç kaldığı oluyormuş. Benden yardım almak istemesinin sebebi de erteleme problemiydi.

Ne durumda olduğunu anlamak için tezinin durumunu ve hangi durumlarda erteleme yaptığını sordum ve duyduklarım karşısında küçük bir şok yaşadım. Anlattığına göre, tezin araştırması yapılmış, önemli bir kısmı yazılmış ve sadece sonuç kısmı kalmıştı. İçimden, "Ver o kısmı ben yazayım da bitir şu doktorayı," demek geldiyse de bir şey demedim. Gerçekten yapması gereken çok az şey kalmıştı ve o kısmı son bir yıldır devamlı erteliyordu. Danışmanıyla yapması gereken toplantılara katılmıyor, bu da ciddi bir iletişim problemine sebep oluyordu. Anlattığı hikâyesine göre, çok basit bir şekilde halledilebilecek bir işi bu hale getirmesinin hiçbir mantıklı sebebi yoktu, çünkü sadece birkaç günlük bir çalışmayla bu tezi bitirebilirdi. Mantıklı görünmeyen her hikâyenin arkasında duygusal sebepler yatar. Ben de Rüveyda'nın kariyer hikâyesini en başından dinlemek istedim.

Anne ve baba tanıştığında anne bir bankada memurluk yapıyormuş, baba ise üniversitede öğretim üyesiymiş. Evlendikten sonra, eşinin de ısrarı ve teşvikiyle akademik kariyer yapmaya başlayan anne, sonrasında üniversiteye geçiş yapmış. İlk iki çocuk arka arkaya doğmuş, aradan yıllar geçtikten sonra Rüveyda dünyaya gelmiş. Anlattığına göre baba mükemmeliyetçi bir insan. Ve herkes babanın yüksek standartlarına uyum sağlamak zorundaymış. Olur da biraz farklı davranmaya başlarsan baba uzun süre küsebilirmiş. Rüveyda'nın bölüm seçimine karışılmamış ama üniversite bitmeye yakın baba ısrarla, nerede yüksek lisans yapacaksın diye sormaya başlamış. Bir şekilde bu dolaylı baskılardan dolayı, başka seçeneği olmayan Rüveyda, kendisini akademik kariyer yolunda bulmuş. Ama kendisi, sadece okuduğu bölümü meslek olarak yapmak istiyormuş. Bunun gibi isteklerini dile getirdiği birkaç aile tartışması neticesinde babası uzun süre küsünce, aile huzurunu bozmamak adına bekleneni yapmaya karar vermiş. Yüksek lisans yapınca, bunu yapan doktorayı yapar diyerek kendisini doktoranın içinde bulmuş. Tez süreci bu kadar uzayınca, tüm aile üyelerinden ciddi baskı görmeye başlamış ama bu baskılar erteleme sorununu daha da artırmış.

İnsanların kendi kendini engellediğine ya da sabote ettiğine hiç şahit oldun mu? Çok kolay görevleri yerine getirmediği için ciddi başarısızlıklarla karşılaştığını, işe alınması neredeyse garanti bir iş görüşmesine geç kaldığı için işe alınmadığını, tam en başarılı olacağı anda işten ayrıldığını... Tüm bunları kendi kendini sabote etmeye örnek olarak gösterebilirim. İnsanlar istemedikleri bir yerde olduklarında, ruhlarının isyan göstergelerinden biridir bu durum. Rüveyda'nın hikâyesi tam olarak böyle. Biraz karmaşık görünse de sebep basit: Rüveyda doktora yapmak istemiyor, akademisyen olmak istemiyor. Bu sebeple çok basit olan son görevi yerine getir(e)miyor ve okuldan atılmak üzere. Babasının küsme vasıtasıyla yokluğundan korkan Rüveyda'nın oyunbaz zihninin çözüm yöntemi bu şekilde. Ama zorlu bir çözüm yöntemi; kişiyi daimi olarak huzursuz bırakan ve hayattan alıkoyan. Erteleme, gecikme, unutma gibi ihmalkârlık olarak görülen şeyler bizim orada olmak istemediğimizi gösteren uyarılar olabilir.

Rüveyda doktorayı bitiremedi. Daha doğrusu bıraktı diyebilirim. Ailesinin tüm tepkilerine rağmen böyle bir gerilim içinde yaşamak istemediğine karar verdi ve başka şehirde mesleğini icra edebileceği bir iş buldu. Babası ona küstü ve yaklaşık iki yıl boyunca konuşmadı. Şu sıralar bildiğim kadarıyla barışmışlar ama çok da yakın değiller. Ama Rüveyda bana ne dedi biliyor musunuz? "Bomba gibi hissediyorum." Evet, tam olarak bomba gibi.

> Unutma, hissettiğin her şeyin sana bir mesajı var, sen okumasını bilirsen.

Sosyal benlik temel benliği bastırdığı zaman, bu belirtiler ortaya çıkabilir. Her şey yolunda gitmesine rağmen boşluk içinde hissetme, ilgi ve motivasyon kaybı, kendi kendini sabote etme sık karşılaştığımız alarmlardan. Böyle şeyler yaşadığın zaman, kendini suçlama, unutma, hissettiğin her şeyin sana bir mesajı var, sen okumasını bilirsen. Eğer hem Onur hem de Rüveyda gibi sosyal benliğin zorunlulukları içerisinde kaybolup kaybolmadığını merak ediyorsan aşağıdaki sorular sana yardımcı olabilir:

- Hayatının önemli bir kısmını kaplayan şeyleri düşündüğün zaman, hangilerini mecbur olduğun için yapıyorsun, hangilerini sevdiğin için yapıyorsun?

- Görünmez olduğun bir dünyada yaşıyor olsaydın neler yapmak isterdin? (Görünmezlik becerisini kazandığın ilk günlerde yapacağın çılgınlıkları hesaba katmayalım.)
- Yaptığın hiçbir şeyden suçlanmayacağını bilseydin neler yapmak isterdin?
- Diğer insanların imrendiği bir yaşama sahip olmana rağmen kendini sıklıkla boşlukta hissediyor musun?

Hayat Motivasyonun Ne?

"İnandığın şeyler seni daha iyi bir insan yapmaz. Daha iyi biri olup olmadığını belirleyen şey nasıl davrandığındır."

– Sukhraj Dhilon

Bir önceki bölümde temel benlik ve sosyal benlikten bahsettim. Bu bölümde seni harekete geçiren temel motivasyon üzerinde konuşalım istiyorum. İnsanın hayat yolunda iki temel motivasyonu vardır: haz ve acı. Diğer tüm komplike motivasyonlar bunların çeşitlendirilmiş halleridir. Aşk, başarı, yeni bir ev, araba almak, evlat sahibi olma, cinsellik, sahil kenarında kafa dinlemek gibi eylemler hazza örnek gösterilebilir. Başarısızlık, ayrılık, iflas, ölüm, hastalık, dışlanma, rezil olma, eleştirilme de acıya örnek olarak gösterilebilir. Her insanın hayatında hem haz hem de acı kaynaklı motivasyonlar bulunur.

Hissettiğimiz duygular da bizim harekete geçmemiz gerektiğini haber veren elçilerdir diyebiliriz. Merak, neşe, özlem, sevgi, huzur gibi duyguları yaşadıkça hazza yakınlaştığımızı anlarız; kaygı, korku, hayal kırıklığı, değersizlik, öfke gibi duygular da bizi bekleyen ama yaşamak istemediğimiz şeylerden kaçınmamız gerektiğini haber veren duygulardır. Bütün bu karmaşa içinde insan ne yapacağına ya da ne yapmayacağına karar verir.

Hepimizin doğduğumuz zaman pakete dahil olarak gelen bazı özellikleri vardır; bazıları daha kaygılı, bazıları daha umursamazdır, kimisi içedönük kimisi dışadönüktür. Haz ya da acıdan hangisinin hayatta senin için daha motive edici olduğunu belirleyen şeylerden birisi budur. Ama sonrasında içine doğduğun aile, senin ana rotanı belirleyecektir. Eğer bir şekilde hep kaçınılması gereken durumlar içindelerse, yaşamlarını diğer insanlara göre dizayn ediyorlarsa ve sana da bunu dikte ediyorlarsa, hayatı başına gelmiş bir bela gibi düşünürsün ve ölene kadar kazasız belasız bu durumdan kurtulmak için hep koruma modunda yaşarsın.

Yakınlarda görüştüğüm bir danışanımdan bahsetmek istiyorum, ismi Akif. Akif'i odaya girdiği zaman, cüzdanını, araba anahtarını, terapi notları almak için getirdiği defterini simetrik bir şekilde sehpanın üzerine koymasıyla tanıyabilirdiniz. Akif için, hayat başına gelmiş bir bela gibiydi ve her zaman savunmada olmak zorundaydı. Seansa gelmek için üç saat öncesinden yola çıkar, ofisimizin orada başka bir arabanın sürtünme ihtimali olmayan en güvenli park yerini arardı. Arabayı çekip ofise geldikten sonra, içi rahat etmediği için tekrar arabanın yerini değiştirmek için geri dönebilirdi. Bunlar Akif için sıradan şeylerdi. 10 yıldır çalıştığı işte bir acil durum dışında, hiçbir zaman yıllık iznini almamıştı. Çünkü patronu, çalışanına değer veren birisi değildi ve "Ya beni işten çıkarırsa?" kaygısı içinde kendini hep daha çok çalışmak zorunda hissediyordu. En sıcak havalarda bile, olur da hava eserse diye yanında ince de olsa bir üst kıyafetle gezerdi. Ya üşütürsem korkusunun annesinden geçmiş olabileceğini tahmin ediyordu. Bazı durumlarda, iş arkadaşlarının bariz bir şekilde kendisini kullandığını ve buna rağmen kendisine saygı duymadıklarını fark ediyordu. Bu duruma çok öfkelense de, ya beni dışlarlarsa diye öfkesini belli etmeyip kendisine saygı duymayan insanlara yardım etmeye devam ediyordu.

Bu arada yaptığı işi sevmeyen Akif, işindeki ilk yıllarda birkaç başka işe başvurmuş ve görüşmelere gitmiş, ama başka iş peşinde koşarken ya elimdekinden de olursam diye şu anki işini bırakamamış. Sevmediği işte çalışmasının ruhsal yükünü bariz bir şekilde sırtında taşıdığı hissediliyordu; hep derler ya hayat belini bükmüş, Akif bunun fiziksel kanıtıydı.

Eğer Akif'in seçimlerine dikkat edersen şunu fark edersin; Akif hep kaybetmekten ya da acıdan korktuğu için hayatında bir şeyleri yapıyordu. Yaptığı her şey bir süre sonra mecburiyete dönüşüyor ve sırtına yük olarak biniyordu. Hasta olmamak, dışlanmamak, rezil olmamak, işsiz kalmamak, vesaire... Ama sadece acıdan kaçış için bir şeyler yapmaya başladığın zaman bunun senin ruhuna hiçbir katkısı olmayacaktır. Sadece ölene kadar hayata sabretmek gibi bir şeydir bu durum. Keyif aldığın minik anlar haricinde hayata maruz kalırsın ve hayat senin üzerinden geçer. Akif biraz uç bir örnek. Kendi hayatında birebir karşılığını görmeyebilirsin ama parça parça baktığında sen de birçok şeyi sadece acıdan kaçmak için yaptığını fark edeceksin.

Sık karşılaştığım acıdan kaçış örnekleri olarak, hayır diyememe, zehirli bir ilişkiden kopamama, sana hakkını vermeyen ve kötü davranan bir yerde alternatiflerin olsa bile çalışmaya devam etme, topluluk karşısında konuşamama, hayalleri için harekete geçememe, risk alamama, kendin gibi davranamama ve istediklerini ya da istemediklerini ifade etmemeyi gösterebilirim. Bu liste uzayıp gidebilir fakat ana mantık şu: Bir şeyi kaybetmekten korktuğun için başka bir şey yapıyorsan acıdan kaçış ana motivasyondur. Bu arada hayatında hiç acı kaynaklı motivasyon olmamasını kastetmiyorum, bu insan oluşumuza aykırı olurdu. Sevdiğim birisini kaybetmemek için, bir süreliğine önceliklerimi değiştirebilirim, bazen zor koşullarda gerçekten diğer insanlara muhtaç olmamak için sevmediğim bir işte çalışabilirim ya da hayallerime ulaşmak için önemli bir adım olan bir sınavda başarısız olmamak için çok fazla çalışabilirim. Burada önemli olan ayrıntı şu, hayatının büyük kısmı acıdan kaçış üzerine kuruluysa sorun vardır.

Peki, savunma modundan çıkıp hayatı bir bela gibi değil de lütuf gibi yaşamak nasıl olabilir? Haz kaynaklı motivasyondan kastettiğim canının istediğini yapmak değildir. Sadece temel benliğinin arzuladığı, sana iyi geleceğini düşündüğün, anlamlı şeyleri yapma halidir. Acıdan kaçış elde olanı muhafaza etmeye çalışırken, haz odaklı motivasyon bir inanç meselesidir, o an için elinde olmayan şeyi elde edeceğine yönelik bir umudun kıvılcımı. Tarih boyunca çoğu icadın, girişimin ve hatta büyük göçlerin arka planında bu hazza ulaşma inancı vardır. Bir insan bu taraftan yürümeye başlayınca risk almaya başlar, bazen kazanmak için kaybetmek gerektiğini bilir ve kendine iyi geleceğine inandığı şeyleri en azından dener, olmazsa olmayabilir. Ama kişi denemiş olmanın huzuruyla yoluna devam eder.

Haz olumsuz çağrışımları olan bir kelime ve daha çok fiziksel anlamda alınan keyifleri anlatıyor gibi. Ama aslında insanın hayatına aldığı maddi hazların birçoğu sürekliliği olan şeyler değildir. Ne kadar çok paraya sahip olursanız olun, ne kadar çok cinsel deneyim yaşarsanız yaşayın, şöhreti yedi düvele yayılmış şeflerin elinden çıkma eşsiz lezzetleri ne kadar tadarsanız tadın, bir süre sonra bunları hiç yapmamış gibi hissedeceksiniz ve dahasını isteyeceksiniz. Benim burada konumlandırdığım şekliyle, hazza ulaşmak için yaptığımız şeylerin anlamlı olması gerekir. Bu bazen bir proje için sabahlara kadar çalışmak, bazen de yorgun geçen bir sürenin ardından koltuğa yığılıp bir gün boyunca eski Türk filmleri izlemektir. Bir şeyden korktuğun için değil, kendine iyi geleceğini bildiğin için yaptığın şeyler sana anlam katar. Ve işin güzel tarafı, sonucu başarısızlık olsa bile anlamlı şeyler yaptığın zaman iyi hissedersin, bu huzuru ancak yaşayanlar anlayabilir. Bunu şöyle bir örnekle açıklayabilirim: Birinci kişi, reddedileceğinden korktuğu için sevdiği insana açılamadı. İkinci kişi ise sevdiği insana açıldı ve reddedildi. İkinci kişi bir süre acı ve hayal kırıklığı yaşadıktan sonra yoluna devam edecektir ve zihninde bu kısma dair pişmanlıklar olmayacaktır. Birinci kişi ise, bir ömür boyu, acaba konuşsam ne derdi diye zihninde bir soru işareti ile yaşayacaktır.

> Bir şeyden korktuğun için değil, kendine iyi geleceğini bildiğin için yaptığın şeyler sana anlam katar. Ve işin güzel tarafı, sonucu başarısızlık olsa bile anlamlı şeyler yaptığın zaman iyi hissedersin, bu huzuru ancak yaşayanlar anlayabilir.

Bedel Ödemeye Hazır mısın?

Gençlik zamanlarımın popüler bir grubu vardı, "Hepsi" isminde. Bence gayet başarılı bir gruptu. Ancak Türkiye'de her ortaklığın bir noktada ayrılığa varması gibi bu müzik grubu da dağıldı ve eski popülerliğini bir daha yakalayamadı. Bu grubun her dinlediğimde yüzümde gülümseme uyandıran bir şarkısı var, ismi "Hep Bana". Aslında "Hep Bana" şarkısını ilk olarak Zerrin Özer seslendirmiş ama ben Hepsi grubundan dinledim. Şarkının sözlerini duyduğum zaman danışanlarımın istekleri gözümde canlanıyor. Konunun detayına girmeden önce şarkı sözlerinin bir kısmını seninle paylaşmak istiyorum:

Hem vazgeçip hem seçtiklerimle
Yepyeni bir dünya kursam
Hem isteyip de hem yapmadığım
Hayallerim gerçek olsa
Evli olup bekar kalsam
Çalışmadan zengin olsam
Çok yiyerek zayıflasam

Sevgilimden ayrılmadan
Her gün yeni aşk yaşasam
Gizli olsa, herkes bilse
Hep bana, hep bana...

İstemenin sınırı yoktur, her şeyi isteyebiliriz; küçük ya da büyük, gerçekçi ya da fantastik hiç önemli değil. Hayal edebildiğimiz her şeyi isteme özgürlüğümüz vardır. Ancak iki şeyi bilmek gerek, her istediğimiz gerçekleşemeyebilir ve bir isteğimizin gerçekleşmesi için bedel ödememiz gerekir. Bu iki prensibi hesaba kattığımız zaman isteklerimize ulaşmak daha mümkün olur. Her istediğimizin olmayacağını bildiğimiz zaman daha ulaşılabilir hedefler seçme eğiliminde oluruz ve bu da isteklerimizin gerçekleşme ihtimalini artırır.

Asıl önemli olan konu ise, isteklerimizin gerçekleşmesi için ödememiz gereken bedellerdir. Şarkının sözlerini duyduğum zaman aklıma danışanlarımın gelme sebebi, birçoğunun isteklerinin bu minvalde olmasıdır. Hem kendime zaman ayırayım hem de herkesi memnun edeyim, hem sevdiğim insan benim istediğim şekilde değişsin hem de biz ilişkimize devam edelim, kendim olmak istiyorum ama hiç kimseyle sorun yaşamak istemiyorum, kendi evime çıkmak istiyorum ama ailemle aram bozulsun istemiyorum gibi birçok cümle danışanlarımın isteklerine örnek gösterilebilir. Hem isteğim gerçekleşsin hem de konfor alanımdan çıkmayayım, hiçbir bedel ödemeyeyim beklentisi insanları alınacak kararların tam ortasında belirsizlik ve huzursuzluk içinde bırakabilir. Bir konuda böyle bir yerde kalmış olmak, gerçekten yaşamak istemeyeceğin bir durumdur.

Evrende boşluğa yer yoktur. Mutfak tezgâhının üzerindeki tabakta duran bir elmayı eline aldığında, biraz önce elmanın durduğu alan hava ile dolmuştur. Hayatımızda da boşluğa yer yoktur. Bir şeyi hayatımıza aldığımız zaman, başka bir şeyi

Bedel ödemek hayatın temel kuralıdır ve bunda bir sorun yoktur. Dikkat edilmesi gereken konu, ödediğin bedelin, karşılığında aldığın şeye değmesidir.

çıkarmak zorunda oluruz, isteyerek ya da istemeyerek, farkında olarak ya da farkında olmayarak. İşinde çok başarılı olmak istersen, zamanının önemli bir kısmını işine ayırman gerekir, bunun sonucunda ise ailene ve hobilerine daha az zaman ayırmak zorunda kalırsın. Hayallerinin peşinden gitmek istersin ama bunun için başka şehirde yaşamak zorunda kalırsın ve ailenden uzaklaşırsın. Attığımız her adımın bir şekilde karşılığı yani bedeli vardır. Bedel ödemek hayatın temel kuralıdır ve bunda bir sorun yoktur. Dikkat edilmesi gereken konu, ödediğin bedelin, karşılığında aldığın şeye değmesidir.

Şimdi böyle belirgin örnekler verince bedel ödemek tam olarak anlaşılmayabilir. Birazcık daha detaya inmemiz gerekiyor. Bir örnek vermek istiyorum: Songül Hanım 42 yaşında, 22 yıldır evli, 18 ve 20 yaşlarında iki oğlu var. Eşi büyük bir firmada yönetici. Evlendiklerinden bu yana evlerinden tartışma, gerginlik ve huzursuzluk eksik olmamış. Songül Hanım'ın eşi Vehbi Bey, biraz sessiz, içe dönük yapıda ama inanılmaz fedakâr birisi. Ailesi için yapmayacağı şey yok, bu yapılacaklar ise genelde ailenin ve evin düzeniyle ilgili oluyor. Ama Songül Hanım yıllardır eşinin kendisiyle çok sohbet etmesini, her akşam uzun uzadıya konuşmasını istiyor. Vehbi Bey bu konuda kurslar alıyor, kitaplar okuyor ama bir süre sonra konuşacak bir şeyi kalmıyor. Bu durum, Songül

Hanım'ı çok sinirlendiriyor ve her seferinde neden böyle değilsin, neden konuşmuyorsun, neden espriler yapmıyorsun gibi sorularla eşinin üzerine gidiyor. Vehbi Bey de, her seferinde tamam elimden geleni yapacağım diyor ama 22 yıldır değişen pek bir şey olmamış.

Bazen Songül Hanım'ın öfkesi o kadar artıyor ki, eşini zora sokacak kadar pahalı harcamalar yapıyor; kendisine mücevherler, evlerine çok da gerekli olmayan lüks eşyalar alıyor. Aslında Vehbi Bey'in maaşı ortalamanın üstünde. Ama bu tür harcamaları karşılamak için bazen işyerinde daha fazla zaman geçirmesi gerekiyor. Bu da evde inanılmaz bir öfkeye sebep oluyor, Songül Hanım bu sefer de senin her zaman önceliğin işin diye yükleniyor karşı tarafa.

Bu arada ben Vehbi Bey'le hiç tanışmadım, Songül Hanım'la çalıştık hep. Seanslarımızın büyük bir kısmı hep şikâyetle geçtiğinden, bir gün Songül Hanım'a şu soruyu sordum: "Seni bu kadar mutsuz eden, bu kadar şikâyetçi olduğun birinden neden boşanmıyorsun?" Bu sorum karşı tarafı çok şaşırtmıştı. "Nasıl yani, bu yaşımdan sonra dul mu kalayım?" dedi bana. Ben de, "Geçen 22 yılın ardından Vehbi Bey'in senin istediğin gibi birisi olmayacağını az çok anladığını düşünüyorum, neden onu kabullenmiyorsun ya da ondan ayrılmayı düşünmüyorsun? Çünkü çok mutsuz görünüyorsun, hem kendinle hem de eşinle savaşıyorsun," dedim. Bu yorumlarım onu derin bir sessizliğe soktu.

Sonrasında Songül Hanım'ın ne istediğini ve ne bedel ödemesi gerektiğini konuştuk. İstediği şey, eşinin değişmesiydi ve bu gerçekleşmiyordu. Bu durumda karşısına iki seçenek çıkıyordu, ya onu bu haliyle kabullenecekti ya da yollarını ayıracaklardı. Yani içinde bulunduğu hoşnutsuz durumdan kurtulması için ödemesi gereken bedeller bunlardı. Ama o ayrılırsa dul kalacağını, eskisi gibi hayatının kolay olmayacağını ve maddi rahatlığını kaybedeceğini düşünüyordu. Yani bu bedeli ödemeyi kabul etmiyordu. Eşinin kişilik özelliklerini kabullenmeyi de seçmiyordu. Bu bedel ödememe tercihi, hem onun hem de eşinin hayatını cehenneme çeviriyordu.

Bazen geçmişte yaşadığımız şeyler konusunda derin pişmanlıklar hissederiz. Keşke yapmasaydım dediğimiz şeyler hepimizin başına gelir. Ama bazı insanların pişmanlıkları o kadar yoğun olur ki zamanının büyük bir kısmını pişman olduğu o seçimi düşünerek geçirir. Böyle bir durumda onun karşısına birisi çıksa ve "Pişman olduğun o hatayı geçmişinden sileceğim," dese eminim hiç düşünmeden kabul ederdi. Ama pişmanlık dolu keşkelerimiz geçmişimizden silinirse bunun bedeli ne olacaktır? Şu an olduğun insanı ve deneyimli yanını kaybedeceksin. Bu bedeli ödemeye hazır mısın? Bazen kazanacağımız şeylere o kadar çok odaklanırız ki kaybedeceğimiz şeyleri küçümseriz. Ama geçmişteki hatalardan ders çıkarmış birisinin deneyimlerini silersek, yine aynı hataları yapma eğiliminde olacaktır. Yani aslında yaşananlar yaşanmıştır ve insan yoluna öğrendikleriyle devam etmelidir.

İnsan farkında olmadan da bedel ödemeye devam eder. Geçmişte sana haksızlıklar yaptığını düşündüğün insanlara karşı öfken var, bu öfke çok büyük ve günlük hayatını etkiliyor. Hissettiğin öfke ile gerçekte bir şey yapamadığın insanları cezalandırdığını zannediyorsun. Ama o öfkeyi içinde tutmanın bedeli, şimdiyi hakkıyla yaşayamamandır. Her zaman tependeki bir kılıç gibi, öfke orada bir yerlerde bekler. Rahatlayamazsın, güvenemezsin ve hatta sevemezsin. Hep tetikte olman gerekir.

Ödeyeceğimiz bedelleri seçme özgürlüğümüz vardır. Şikâyet ettiğin bir şeyi değiştirmek istiyor ama değiştiremiyorsan bedel ödemek istemiyorsundur. Sigarayı bırakmak istiyorsun, ama yoksunluk yaşamak istemiyorsun. Evli olduğun insanla mutsuzsun ama dul kalmak istemiyorsun. Dul kalmak bedeli yerine, sevmediğin bir insanla yaşamak ya da sigara yoksunluğu yerine, sigaranın sana verdiği zarar senin bedelin olacaktır. Bir seçim yaptığını bilirsen, daha adaletli olursun. Ve içinde bulunduğun durum için başka insanları suçlamazsın. Sana bir ödevim olacak: Şikâyetçi olduğun, değiştirmek isteyip değiştiremediğin şeyleri defterine yaz ve kendine sor: Bunları neden değiştiremiyorsun, değiştirmek için hangi bedelleri ödemen gerekir? Bu soruları kendine sorman konuyu daha iyi anlamanı sağlayacaktır.

Hangi Durakta Takılı Kaldın?

"Bir şeyden ya da kişiden
(eş, sevgili, iş, para ya da ölüm)
ayrıldığın zaman, neden benim hayatımdan
gitti demek yerine, zaten en başında da
benim hayatımda değildi, geldiği yere geri
döndü diye bakabilmek insana iyi hissettiriyor."

İsviçreli psikiyatrist Elisabeth Kübler-Ross, 1960'lı yıllarda, ölümle sonuçlanacak hastalık tanısı almış kişilerle çalışırken, bu insanların hissettiği duyguların birbirine benzediğini ve belirli bir sıra izlediğini fark etmişti. Tanı alan kişi ilk başta durumu kabullenmiyor ve inkâr ediyor. Kanser tanısı almış bir kişinin doktor yanılıyor deyip belki de onlarca başka doktora gitmesi örnek gösterilebilir. İkinci aşamada ise öfke devreye giriyor ve kişi isyan ediyor: "Milyarlarca insan varken, bu durum neden benim başıma geldi?" Öfkeli kişi kendisini suçluyor, keşke sigara içmeseydim, keşke sağlığıma daha çok dikkat etseydim diye. Çevresindeki insanları suçlamak da sık karşılaşılan davranışlardan birisi. Ailesini, işyerini veya devleti suçluyor kişi; bana bunları yaptırmasalardı her şey daha farklı olabilirdi diye düşünüyor. Ve bir sonraki aşamada ise depresyon gelir, çabalarının boşuna olduğunu düşünen kişiyi umutsuzluk ve anlamsızlık duyguları sarar. Bu dönemdeki kişi her şeyin boşuna olduğunu düşünebilir, tedavi olmak değil her şeyi bırakmak isteyebilir. Ve tüm bu aşamalardan sonra gelen kabullenme aşaması... Kişi içinde bulunduğu durumu tüm gerçekliği ile kabullenmiştir, artık geçmişi suçlamanın anlamsız olduğunu hisseder ve yapabilecek bir şeyi varsa yapar, yoksa kalan zamanını anlamlı hale getirmeye çalışır.

İlk bakışta Elisabeth Kübler-Ross'un bu yaklaşımı sadece ölümcül hastalık tanısı almış kişilerin sürecini konu ediyor gibi görünebilir. Ama bugüne kadar karşılaştığım vakalarda, neredeyse hayat yolunda karşısına bir zorluk çıkan herkes buradaki sürecin bir benzerini yaşıyor. Bu ayrılık, iflas, kovulma, başarısızlık, sevdiğin birisini kaybetme olabilir. Kişi beklemediği bir anda, ağır stres yaratan bir olaya maruz kalıyor ve sonrasında yaşanılanlara uyum sağlamak için bu modeldeki aşamalara benzer bir süreçten geçiyor. Bu arada bu aşamalar her zaman standart değil, bazı insanlarda sıralamalar değişebiliyor ya da bazı aşamalar hiç gözlenmeyebiliyor. Burada kendine durum tespiti yapacak olan sensin.

Bir vaka öyküsü paylaşmak istiyorum seninle. Emine 45 yaşında, 12 yıldır evli. Eşiyle evlenmeden öncesinde de neredeyse evlilik süreleri kadar flört dönemleri var. Tek çocukları var. Bana gelmeden yaklaşık iki yıl önce, eşi Emine'den duygusal anlamda uzaklaşmaya başlamış. Görünürde bariz bir sebep olmamasına rağmen, eş Hakan, bu soğukluk için her zaman yaşadıkları küçük tartışmaları sebep göstermiş. Ancak bu soğukluk geçmediği gibi her geçen gün artmaya başlamış. Bir süre sonra Hakan, ayrı yatmak istediğini, beraber yatınca uykusunu alamadığını söylemiş ve yatakları ayırmış. Emine, bu durumu bana anlatırken gözlerinden yaşlar akıyordu ve şöyle demişti: "Yatakları ayırmasına asla müsaade etmeyecektim." Emine'nin söylediği gibi, çoğu insan geçmişe döndüğü zaman bir şeyleri farklı yapsaydı şu an yaşadıklarının farklı olacağını düşünür. Ama çoğu zaman bu durum doğru değildir, doğru olsa da artık işlevsel değildir. Emine'nin Hakan'ın ayrı yatma isteğine karşı koyamayışının bir sebebi vardı; çok tartışırlarsa onu kaybedeceğinden korkuyordu. Korkuyordu ama henüz bunu bilmiyordu. Şu an yeniden aynı senaryoyu yaşıyor olsa muhtemelen yine aynı şekilde olacaktır.

Aradan geçen zamanla beraber ilişkide hiçbir şey değişmemişti, çok bir paylaşımları olmasa da farklı yataklarda, yine de aynı evde yaşamaya devam ediyorlardı. Ta ki bana gelmeden yaklaşık altı ay önce, Hakan eve biraz alkol almış bir şekilde gelene kadar. Hakan Emine'ye onunla konuşmak istediğini söylemiş. Emine o akşamı anlatırken çok gerildiğini, konuşmayı ertelemek için mutfakta işi varmış gibi davrandığını söylemişti. Çocuk uyumuş, Emine de mutfaktan çıkmayınca, Hakan mutfağa gelip aniden, "Artık seni bir eş, bir kadın gibi sevemiyorum ama ayrılmak da istemiyorum, çocuğumuz için," demiş. Ve o günden sonra Hakan, evin içinde pek konuşmamaya başlamış Emine'yle.

Emine bu duruma çok üzülüyor, ama eşinin içinde bulunduğu durumun geçici olduğunu, belki psikolojik sorunları olduğunu ve ne olursa olsun eskisi gibi olabileceklerini düşünüyordu. Bana geliş amacı da eşimi eski haline nasıl döndürebilirim sorusunun cevabını bulmaktı. Bu arada bu cevabın peşindeyken ben ilk durak değildim, gezilmedik hoca, denenmedik yerel ve uluslararası büyü kalmamıştı. Hiçbiri Hakan'ı eski haline döndürememişti.

Emine ile görüşürken, onun karşılaştığı zorlu bir yaşam olayında biraz önce bahsettiğim inkâr aşamasında takılı kaldığını anlamıştım. Evlilikleri can çekişiyordu; her geçen gün daha kötü bir noktaya giderlerken Emine kendi kendisine, "Sorun yok, her şey eskisi gibi olacak," diyordu durmadan.

Ama anlattığı tabloya göre, eşi hiçbir bireysel ya da çift terapisi kabul etmiyordu, durum en azından sevgi konusunda onun için netti.

Nihayetinde bir gün, bizim görüşmelerimiz devam ederken Hakan evi terk etti ve boşanma davası açtı. Emine'yle uzun zamandır görüşmemize, uzun süreli onu yaşadığı durumla yüzleştirme gayretime rağmen, Emine konuyu sürekli Hakan'ı nasıl etkileyebilirim sorusuna getiriyordu. Emine ile seanslarımız bitti, Hakan'la boşandılar ama Emine hâlâ bir gün Hakan'ın geri döneceğini düşünüyor.

Yaşadığımız olaylar hiç başımıza gelmesini istemediğimiz şeyler olabilir. Çok sevdiğimiz bir insandan ayrılma ihtimali, aldatılmak, sevdiğimiz birisinin hayatını kaybetmesi.... İlk başta kısa bir süre inkâr ve yok sayma aşamasında olmamız gayet makuldür ama bu uzadıkça insanın ruhu hırpalanır. Bir ümit kırıntısının peşinde, ulaşılması imkânsız bir peri kızının peşinden gider gibi.

Karşılaştığım insanların sıklıkla takıldığı bir diğer durak da öfke durağıdır. Hak etmediği şeyler yaşadığını düşünen insan ilk başta bunu kendine yakıştıramaz ve inkâr eder. Eğer sağlıklı bir şekilde bu durak geçilirse sırada kişiyi öfke bekler. Hayata, insanlara, Tanrı'ya, devlete, ailesine, herkese öfkelenir. Tüm dünya bir araya gelmiş ve ona haksızlık yapmış gibi hisseder. Bu arada insanların önemli

> Yaşadıklarımız konusunda, hak arayışımız konusunda artık yapacak bir şey kalmamışsa, hayatımızın geri kalanını da öfke durağına hapsetmemek gerekir.

bir kısmı yaşadıkları olumsuz olayları yaşamayı hak etmiyor olabilirler, gerçekten de adaletsizliğe uğramış olabilirler. Ama yaşadıklarımız konusunda, hak arayışımız konusunda artık yapacak bir şey kalmamışsa, hayatımızın geri kalanını da öfke durağına hapsetmemek gerekir. Öfke durağında takılı kalan birinden söz edince, aklına hemen her şeye bağıran, öfke kusan bir tip gelmesin. Öfke her zaman farklı şekillerde tezahür eder.

Haşim bana yıllar önce gelen bir danışanım. Onunla uzun süren seanslarımızda, Haşim'in istediği için değil "inadına" yaşadığını fark etmiştim. Çok dindar bir ailesi vardı; babası baskıcıydı, annesiyse bu baskıdan onu koruyamayan sessiz bir kadındı. Baba çok erken yaşlarda, Haşim'i katı bir dini yorumu uygulaması konusunda zorlamış, hiç istememesine rağmen bir yıl normal okulundan ayrı kalacak şekilde hafızlık kursuna göndermiş, hafız olamayınca çok fazla tepki göstermiş. Bunun gibi birçok şey, Haşim üniversiteye gidene kadar devam etmiş. Babasından habersiz olarak başka bir şehirde mühendislik yazmış ve evdeki tepkilere rağmen birazcık bir dayısının da katkısıyla üniversiteye gitmiş. Gittiği şehirde kendisine iş bulmuş ve evden hiç para almadan okulunu bitirmiş.

Haşim bana geldiğinde kendisini ne yaparsa yapsın hiç rahat bırakamadığını, sanki her zaman bir savaşın ortasında gibi hissettiğini söylemişti. Birisi ona bir şey dayattığında, bu küçük bir konu bile olsa, asla razı gelmediğini, her zaman hakkını ispatlamak zorunda hissettiğini, işyerinde bir amiri bir konuyu sert bir şekilde dile getirdiğinde bazen neredeyse işine zarar verecek şekilde tersini yaptığını, inatlaştığını söyledi. Dini konular devreye girdiği zaman, öfke neredeyse tüm zihnini ele geçiriyordu. Alkol kendisine dokunuyordu ve nadiren içiyordu, yine de evinde bir bar köşesi yapmıştı ve yurtdışı seyahatlerinde aldığı özel içkileri oraya koyuyordu.

Hatta bu köşeyi sosyal medyada paylaşmayı da çok seviyordu. "Çünkü, babam o fotoğrafları görüyor biliyorum ve deli oluyor," demişti gülerek. Kendini inançsız olarak tarif etse de aslında manevi yönünün kuvvetli olduğunu ifade etmişti. Birisi dini bir konuda bir öneri ya da eleştiri getirdiği zaman, en ateşli ateistlerden daha fazla ateist gibi davrandığını, hatta öyle davranmak zorunda hissettiğini söylemişti.

Haşim yıllarca anlayışsız bir babanın elinde, çocukluğunu yaşayamamıştı. Hafızlık eğitimi almaya gittiği yerde zaman onun için çok zor geçmişti. Ve tüm bunlar için babasını suçluyordu. Haşim, yaşadığı zorlu olayları kabullenmek ve hayatı ayrıştırmak yerine babasından, annesinden ve onların temsil ettiği her şeyden nefret ediyordu. Yani hayatta kendi istediklerini değil, ailesinin istemediklerini yapıyordu. Böylece kendi ruhunda kendi heveslerine yer kalmamıştı, buydu onu yoran. Evet, Haşim'in durumunda olduğu gibi babası ona hak etmediği şekilde davranmıştı, ama sonrasında kendi özgürlüğünü kazanınca bile onu yönlendiren, babasına olan öfkesiydi. Bazen siyahların elinde büyüyünce tek seçeneğimiz beyazmış gibi gelir. Ancak bu çok yorucudur, siyahların beyazı olmak yerine kendi rengimizi keşfetmek gerekir.

Bazen de biten bir ilişkinin arkasından, tüm erkekleri ya da tüm kadınları suçlamak öfkeye işarettir. Birisiyle yaşadığın bir sorunun acısını sonrakilerden çıkarmaya çalışmak, onların da senden uzaklaşmasına neden olacaktır ve seni aynı döngüye hapsedecektir. Öfke konusunda şuna dikkat etmelisin, yaşanılanlar yaşanıldığı yere ve zamana aittir. Birisi seni aldattıysa o aldatmıştır, tüm erkekler ya da kadınlar değil; baban seni çok zorlamışsa bu babanın iyi bir ebeveyn olmadığını gösterir, içinde büyüdüğün tüm kültürün aynı olduğunu değil. Ve zalim gördüklerimize birazcık empati yapmak şarttır; onlar için değil, kendin için. Sana adaletsizlik yapanın bunu sadece sana sen olduğun için yaptığını düşünürsen, öfkeni kontrol edemezsin. Hiç kimse var oluşu sebebiyle, birisinin kendisine yapacağı adaletsizliği hak etmez. Zalimler, kendi içlerinde çözemedikleri problemler sebebiyle zalim olurlar. Sonraki bölümlerde bu konuyu daha detaylı anlatacağım.

İnsanların kendini hapsettiği bir durak da "depresyon" ve "her şey benim suçumdu durağı"dır. Doğal olarak, zorlu bir olay yaşayan herkes bu duraktan geçer. Şöyle yapsaydım farklı olurdular bu durakta en sık kulağa çalınan seslerdendir. Öfke durağının ateşli rüzgârlarından sonra bu durakta sakinlik ve içe kapanma vardır. Kişi yaşadığı zorlu olaylarda kendini çaresiz hissetmeye başlar. Elinden hiçbir şey gelmeyeceğini, kaybettiği şeyin hayatının en önemli değeri olduğunu ve artık o olmadan hayatının hiçbir anlamı olmayacağını hisseder. Örneğin kanser tanısı almış bir kişi keşke sigara içmeseydim, sağlığıma çok dikkat etseydim, sevdiği bir yakınını kaybeden kişi keşke onunla daha çok vakit geçirseydim, bir ayrılık yaşayan biri keşke ona böyle davranmasaydım diyebilir. Ama keşkelerin olmadığı bir hayatın mümkün olmamasını hariç tutarsak, her daim keşkeler içinde yaşamamız bizi bu durağa mahkûm eder. Biraz sonra söyleyeceklerim belki seni biraz kızdırabilir ama durum maalesef böyle.

Diyelim ki seni çok zorlayan kayıp, ayrılık, hastalık hayatından çıktı ve seni o eski haline gönderdik... Sen büyük ihtimalle yine aynı şekilde davranacaksın. Şu an yaşadığın olayın ağırlığıyla ve suçluluğuyla farklı olabilirmiş gibi düşünüyor olabilirsin ama öyle değil. Babanla tartıştığın için üzülüyorsun ama annenle tartışmaya devam ediyorsun, eski ilişkinde yaptığın hataları aynen tekrarlıyorsun, işten kovulduğun için pişmansın ama yeni işinde de benzer şekilde davranıyorsun. Hissettiğin acının ağırlığıyla kendini suçlaman hiçbir işe yaramaz.

Kilolu olduğu için üzülen, ama üzüntüsünü çikolatayla gideren biri gibi bir döngüde bulabilirsin kendini. Yaşanılanlar yaşandı, iyisiyle kötüsüyle, sen de üzerine düşen rolü yaptın. Şunu unutma: Her zaman en iyisi olamazsın, bazen bazı insanların hayatındaki kötü insan sen olursun. Önemli olan geçmişe yanmak değil, geleceği planlamaktır.

> Her zaman en iyisi olamazsın, bazen bazı insanların hayatındaki kötü insan sen olursun. Önemli olan geçmişe yanmak değil, geleceği planlamaktır.

Ve bütün duraklardan sonra varılması gereken nihayet: kabullenme ve bütünleşme. Bu noktaya varışımız çoğunlukla kendi kendine olmayabilir. İnsan hangi aşamada olduğunu fark etmeli ve içinde bulunduğu durumu sorgulamalı: Yaşadığın her şeyin insani olduğunu, öfkenin de suçluluğunun da hepsinin gerçeklik payları olduğunu bilmen gerekiyor. Ama insan sadece kendini bilince, her titreşim can yakıcı olabiliyor. Kendi içinin karanlık olduğunu ve ne çok keşken olduğunu, ne çok hata yaptığını düşünüyorsun bazen, inan herkesin içi biraz karanlık ve bu çok normal.

Son aşamaya direkt değil kendimizi zorlayarak geçiyorsak hayatın rutinlerine dahil olmamız çok önemli. Kendine bir referans noktası belirlemelisin, bütün bu olanlardan önce keyfinin yerinde olduğu bir zaman dilimindeki sen... İşte o halin ne yapardı, gününü nasıl geçirirdi, hangi arkadaşları ile görüşürdü, kendini geliştirmek, eğlenmek için ne yapardı? İşte bu cevaplara göre o kişiyi kendine baz alıp eski halini taklit etmeye zorlamalısın kendini. Adım adım...

Hint felsefesinde önemli kaynaklardan biri olan *Bhagavad Gita*'da çok güzel bir pasaj vardır. Kabullenmeyi çok iyi anlattığını düşünüyorum:

Ne olduysa hayırlısı için oldu.
Ne oluyorsa hayırlısı için oluyor.
Ne kaybettin ki ağlıyorsun?
Ne getirdin ki kaybettin.
Ne yarattın ki yok oldu?
Ne aldıysan buradaydı
Ne verdiysen buradaydı
Sana bugün ait olan
Dün başkasına aitti
Yarın da bir başkasına ait olacak
O zaman ne için boşuna üzülüyorsun?

Kaç Cephede Birden Savaşıyorsun?

"Her şeyle savaşamazsın.
Her konuda en iyisini yapamazsın.
Her zaman mantıklı davranmak mümkün değildir.
Bazen akışına bırakmak gerekir.
Bazen savaşmak yerine
yenilmek gerekir, huzurlu olabilmek için."

Birçok danışanıma, bazı tartışmalarda ya da çatışmalı durumlarda altta kalmasını ve hatta yenilmesini özellikle ödev olarak veririm. İlk bakışta biraz garip bir yöntem gibi göründüğünün farkındayım ama kesinlikle işe yarıyor. Farkında olmadan o kadar çok cephede savaşıyorsun ki artık savaşlarının sayısını bile unutmuşsun. İçsel kaynaklarının önemli bir kısmını şu ânına ve sana faydalı olan şeylere değil, tam olarak ne için ve ne zamandır savaştığını bilmediğin savaşlara lojistik destek sağlayarak geçiriyorsun. İster istemez bu savaşları sürdüren birisinin rahatlamış ve huzur dolu bir şekilde hayata devam etmesini bekleyemeyiz. İşte bu savaşları anlamak ve sonlandırmak için konunun özüne inelim biraz.

İnsan içine doğduğu aileyle birlikte bir hayat mücadelesine başlıyor. Aile içindeki dengeleri anlamak, sevilme, birey olma, başarma gayreti derken birçok alanda bunları yapabilmek için mücadele vermek gerekebiliyor. Anne karnında yaşayan be-

beklere onları nelerin beklediğini söyleseydik sanırım birçoğu doğmak istemeyebilirdi, hatta ben iyiyim böyle dokunmayın bana bile diyebilirlerdi. Ama işin garibi insanı dinç ve hayata karşı hevesli tutan şeylerin başında da bu mücadele geliyor. Mesela elimize sınırsız zenginlik ve konfor geçtiği zaman, insan ruhu çürümeye, her şeyden sıkılmaya, sahip olduğu hiçbir şeyden tat alamamaya başlıyor. Ama bir şekilde, bir bilgisayar oyununun aşamaları gibi, sahip olduğun maddi ve manevi şeyler için mücadele ediyorsan, bu şeylerin hepsi çok değerli ve anlamlı oluyor. Bir de mücadelenin şöyle bir güzel tarafı var, mücadele ederken yorulduğunda, ara verdiğinde içtiğin bir bardak su bile sana dünyanın en güzel şeyiymiş gibi gelebiliyor. İnsan mücadeleden korkar ve konforlu alanından çıkmak istemez, ama mücadele onu gerçek anlamıyla yaşatan şeydir.

Bir yanda mücadele, diğer yanda savaşlar... İkisinin arasında önemli farklar var diyebilirim. Mücadele insanın, içinde var olan en iyi halini ortaya çıkarmak için ortaya koyduğu deneyimsel çabadır. Mesela tenis oynamaya başlarsın ve içinde iyi bir sporcu olup olmadığını keşfedersin. Piyano çalmayı denersin, içinde keşfedilmeyi bekleyen müzisyeni keşfedersin. Sanki henüz tamamı aydınlanmamış bir haritada, gitmediğin herhangi bir yöne doğru adım attığında, orada keşfedilmeyi bekleyen doğal güzellikleri keşfediyormuş ve haritanın yöneldiğin kısmı sana açılıyormuş gibi düşünebilirsin. Bu harita senin benliğinin ve potansiyelinin haritasıdır. Mücadele yaşamın hakkını vermektir ve sana bahşedilen yeteneklerini kullanmak için bir fırsattır. Yaptığımız her şeyin diğer insanlarla bir ilgisi vardır ama yine de mücadele en çok insanın kendisi için yaptığı bir eylemdir. Kendini keşfetmek ve sınırlarını görmek için.

Savaş ise kendini diğer insanlara karşı kanıtlama ve varlığını ispat etme çabasıdır. Diğer insanlara güçlü, başarılı, bakımlı, güzel, kontrollü olduğunu kanıtlamak için, bazı durumlarda kendine rağmen ortaya koyduğun çabadır. Verdiğin savaşları daha iyi anlamanı sağlamak için bazı örnekler vermek istiyorum. Trafikte gidiyorsun ve birisi önüne kırdı. Sen kurallara uygun bir şekilde giderken, densizin birinin yaptığı bu davranış seni çok sinirlendiriyor ve o arabanın peşine takılıyorsun, belki onu sıkıştırıp, arabanın da camını açıp tepkini dile getiriyorsun. Doğal olarak diğer aracın sürücüsünün, "Özür dilerim, sizi incittiğimin farkında değildim," demesini beklemiyoruz. Aynı şekilde, belki de çok daha fazlasıyla, o da sana tepki veriyor, belki de küfrediyor. Sonrasında kimsenin kazanmadığı bu savaşta, canın sıkılmış, fazlasıyla öfkeli bir şekilde eve gidiyorsun, o gün keyifle yapmayı planladığın hiçbir şeyden keyif almıyorsun. Diğer aracın sürücüsü tamamıyla haksız, hakkını yedirmek istemedin ve o insana haddini bildirmeye çalıştın. Peki o insan haddini bildi mi? Artık bir daha öyle araç kullanmayacağını mı söyledi? Daha önce yaşadığın benzer tecrübelerden eminim sonucun hiç de öyle olmayacağını biliyorsun. Buradaki savaşının sebebi, birisinin senin hakkını yediğini hissetmen ve senin hakkı yenmiş bir insan olarak yenilmişlik duygusundan kurtulma çaban.

Elif'i anlatmak isterim burada sana. Sevdiği tarafından terk edilmiş bir kadın Elif. Sevdiğini düşündüğü kişinin kendisi için aynı duyguları hissetmediğini öğrenmiş, sonrasında sancılı bir boşanma sürecinden sonra eşinden ayrılmıştı. Aradan çok uzun bir zaman geçmeden, eski eşinin hayatında birisi olduğunu öğreniyor. Ve bu noktadan itibaren, tüm sosyal medya hesaplarını herkese açık hale getirip, her zaman eğlendiği, tatilden tatile koştuğu, inanılmaz neşeli olduğu mesajı veren fotoğraflar paylaşıyor. Böyle görünmek için gerçekten çok savaş veriyor çünkü eski eşinin başka bir kadını tercih etmesi, Elif'in kendisini yetersiz ve tercih edilmeyen birisi gibi hissetmesine neden oluyor. Ve Elif, bu histen kurtulmak için her zaman çok eğleniyormuş gibi görünme savaşı veriyor. Beklentisi, hem çevresindeki insanların, hem eski eşinin, hem de eski eşinin hayatında olan kadının kendisinin ne kadar güçlü olduğunu fark etmesi.

Örnekleri çoğaltabiliriz: Sokaktaki bakkala giderken bile şık olmak zorunda hissetmek, önemli olmayan birinin yaptığı minik bir saygısızlığa hemen tepki vermek, yalnız başına bir yere gitmemek, hep kalabalıklarla beraber olmak istemek, markette sıranın önüne geçen birisine, yemeği geç getiren garsona, internetten yaptığın alışverişte ürünü geç kargoya veren firmaya karşı her zaman tepki göstermek zorunda hissetmek.

Ben bunları anlatırken senin aklından muhtemelen şöyle bir cümle geçiyor: "Ne yani hakkımızı da aramayalım?" Elbette ki hakkımızı arayacağız, ama her daim bir hak savaşçısı halinde yaşadığın zaman, kazananı olmayan bu savaşların seni çok yorduğunu, her daim tetikte olmak zorunda olduğunu hissedeceksin. Savaşların mücadeleden en önemli farkı, savaşların genelde kazananı olmamasıdır. Verdiğin emek, sana her zaman pahalıya patlar. Sen devamlı uğraşırsın, ama insanlar yine yapacağını yapar. Hakkımızı ararken her şeyin en adil haline ulaşma çabası hem çok yorucudur, hem de maalesef gerçekçi değildir. Adını hatırlamadığım bir romanda, kahramanlardan birisi bir çiftliğin kâhyası için şöyle diyordu: "Kâhyaların hepsi çiftlikten çalar, bunu da masraflara yazmalısın." Evet, tam olarak böyle, kâhyalar hep çalar ama önemli olan ne kadar çaldığıdır. Hiç çalınmasın dersen, her zaman kontrol etmen, geceleri uyumaman, her zaman tetikte olman gerekir. İşte o azıcık çalma payı, senin rahat olmanı sağlayan kısım. Zaten çok çalınırsa fark edersin. Birileri de bizim hakkımızı biz ne yaparsak yiyecek; trafikte, sırada önümüze geçecek, saygısızlık yapacak, yemeklerimiz ya da kargolarımız geç gelecek. Bunların hepsi bu dünyada başına gelecek. Önemli olan kısım şu, bu yaşadıkların gerçekten tetikte olmanı, her zaman savaşmanı gerektiren şeyler mi? Yoksa savaştığın zaman kazandığından daha çoğunu kaybettiren şeyler mi? Birisi ısrarlı bir şekilde senin hakkını yiyorsa, her zaman saygısızlık yapıyorsa, alman gerekeni alamıyorsan elbette ki o zaman mücadele edeceksin.

Mücadele ile savaş arasındaki bir diğer önemli ayrım, mücadeleyi kendi gelişimin için, savaşı ise kendini diğer insanlara kanıtlamak için yapıyor olman. Unutma, kendini kimseye kanıtlamak zorunda değilsin, bırak insanlar ne düşünürlerse düşünsünler. Gerçekten sana önem verenler, senin nasıl birisi olduğunu zaten anlayacaktır. Tam tersi şekilde, sen ne kadar iyi olmaya çalışırsan çalış birileri seni hep eksik ve yanlış bulacak. Benim kendi adıma, edindiğim en önemli hayat tecrübelerinden birisi bu oldu. Hep, benim kendimi gösterme çabamın diğer insanların beni nasıl algıladığını belirlediğini düşünürdüm. Ama, insanların bir kısmı ben ne kadar hatalı olsam da beni seviyor, bir kısmı da ben ne kadar mükemmel olursam olayım benden nefret ediyor. Bunu anladığımdan bu yana, kendi haritamı genişletmek için çabalıyorum.

Mücadele ve savaş arasındaki bir diğer fark da, savaşların güvensizlik içermesidir. Daimi olarak savaşan kimse için, insanlar, toplum, sistem her şey ve herkes güvenilmezdir. Bu güvensizlik sebebiyle savaşan kimse her daim kontrol etmek ister ve bu kontrol çabası bir

Unutma, kendini kimseye kanıtlamak zorunda değilsin, bırak insanlar ne düşünürlerse düşünsünler.

seferlik değildir, düzenli bir şekilde yapılması gerekir. Her zaman insanların ona saygı duyduğunu, hakkının yenmediğini, güçlü ve yeterli görüldüğünü ve kandırılmadığını test eder. Bu sebeple küçük aksaklıklar bile içindeki kocaman alarmları çalıştırır, kişi kaygılı hisseder. Halbuki mücadeleci için, insanların bazısı iyidir, bazısı kötüdür. Her iyi insanın içinde biraz kötülük, her kötünün içinde de biraz iyilik vardır diye düşünür. Kendisini hayatın akışına bırakmıştır, ben elimden geleni yaparım ama bazen işler istediğim gibi gitmez diyebilir. Küçük adaletsizlikler için, olabilir böyle şeyler, gayet insani diye yaklaşır. Mücadelesini gerçekten kazançlı olacağını düşündüğü alanlarda verir.

Doğal Sensörlerine Güven

Bu bölüme benim hayat felsefemi özetleyen bir cümleyle başlamak istiyorum: "Beni benden alırsan, seni sana bırakmam."

Nasıl, gerçekten harika bir hayat felsefesi değil mi? Tam bu satırları okurken içinde bir şeylerin kıpırdandığını tahmin ediyorum. Belki de kitabın ilk sayfalarında yer alan özgeçmişime bakıp, bu adam klinik psikolog değil miydi diye kontrol ettin. Çünkü doğal akış içerisinde, çok anlamsız gelen ve bana duyduğun güvene aykırı bir şey söylemiş oldum; hem alakasız, hem de bir psikoloğun kitabında olmaması gereken bir cümleydi söylediğim. Ne demek istediğimi ilerleyen satırlarda açıklayacağım. Ama İbrahim Tatlıses'in "Beni Benden Alırsan" şarkısına haksızlık etmek istemem, bence gayet güzel sözleri var.

Hepimiz bu dünyaya bazı sensörlerle geliriz. Bu sensörlerin amacı, güvende olup olmadığımızı, sevilip sevilmediğimizi, doğru şeyi yapıp yapmadığımızı anlamaktır. Karşılaştığımız insanlarda, bulunduğumuz ortamlarda, izlediğimiz reklamlarda, sosyal medyadaki paylaşımlarda her zaman sensörler devrededir. Doğduğumuzdan bu yana sensörler hep aktif olduğu için, onlara alışmışızdır ve varlıklarını unutmuş olabiliriz.

Sana Havva'dan bahsetmek istiyorum. Havva 35 yaşında ilk kez anne olmuştu ve bebek doğduktan sonra kaygısının çok arttığı şikâyetiyle bana gelmişti. Her zaman bebeğinin yanında olmak istiyor, devamlı çocuğunun başına bir şey gelmesin diye tetikte bekliyordu. Hatta bu koruma hali o kadar abartılı bir hal almıştı ki Havva bebeği babasının ve destek olmak için yanına gelen kendi annesinin kucağına bile vermek istemiyordu. Neyse ki en kolay aştığımız konu bu oldu. Havva'nın zihnine yerleşmiş bazı korku senaryoları vardı: "Ya iyi bir anne değilsem, ya yanlış yapıyorsam, ya yaptığım herhangi bir şey çocuğumun psikolojisini bozarsa" diye kendi kendini yiyip bitiriyordu. Kendisine zaman ayırması konusunda bir ödev verince, bebeğini eşine emanet edip doğumdan önce sık görüştüğü bir komşusuna kahve içmeye gitmişti. Ancak daha kahveyi yarılamadan bir kaygı atağı geçirmiş ve koşturarak eve gitmiş. Bu kaygı atağını neyin tetiklediğini sorduğumda, içinden şu düşüncenin geçtiğini söyledi: "Bebeğin evde yalnız başına, sen burada keyif yapıyorsun. Çok kötü bir annesin!" Bu düşünce bir karadelik gibi büyümüş ve kaygı atağını tetiklemişti. Havva'nın geçmişine çok girmeyeceğim ama kısaca anne babasının o daha bebekken ayrıldığını, kendisinin ise ananesinde büyüdüğünü söyleyebiliriz. Annesi sonrasında daha farklı birine dönüşmüş olsa bile, Havva'nın çocukluğunda çok sıcak ve ilgili bir anne değilmiş. Havva'nın bu yaşantıları onun zaten içinde olan annelikle ilgili sensörlerini yok saymış ve içine bir sürü ekstra kontrol mekanizması kurmuştu. Yani zaten iyi anne olup olmadığıyla ilgili anne olmak isteyen her kadının içinde, eğer gerçeklikle bağlantısını koparacak kadar ciddi bir psikolojik rahatsızlığı yoksa bir annelik sensörü mevcuttur. Yani çocuğuna davranış şeklini belirleyen bir denge mekanizması. Ama Havva, farkında olmadan çocuklukta yaşadığı anne hasretini kendi çocuğu yaşamasın diye ekstra kontrol mekanizmaları geliştirmiş. Bu da onun keyfini sürebileceği bir annelik deneyimi yaşaması yerine kendi hayatını cehenneme çevirecek bir annelik deneyimi yaşamasına neden olmuştu.

Özellikle geçmişte yaşadığın travmalar, doğal sensörlerin üzerine ekstra kontrol mekanizmaları geliştirmene neden olabilir. Bir önceki ilişkinde travmatik bir aldatılma deneyimi yaşadıysan, şu an yaşadığın ilişkinde partnerine aşırı güvensiz olup, onun her şeyini kontrol etmeye çalışıyor olabilirsin. Geçmişte herkese iyi niyetli yaklaşımından dolayı, diğer insanlar tarafından kullanılmışsan şu an karşılaştığın herkesi didik didik ediyor olabilirsin. Bir arada olmaman gereken insanlarla, bulunmaman gereken bir ortamda bulunduğun için bir hata yapmış ve bunun bedelini ağır bir şekilde ödemiş olabilirsin. Bunun sonucunda, kendini doğal keyiflerden bile mahrum ediyor olabilirsin, ya yine aynı hatayı yaparsam diye. Geçmişte yaşadığın başarısız bir iş deneyimi yüzünden, şu andaki işinde senden beklenenden çok daha fazlasını yapıp, kendini yıpratıyor olabilirsin.

İşte bu örneklerde bahsettiğim durumlarda, kişiler doğal sensörlerini yok kabul edip üstüne herkesi ve her şeyi kontrol etmeye başlıyorlar. Böyle olunca da hayatın spontanlığı ve keyfi gidiyor, yerine bir eziyet hali geliyor. Bu durumu, soğuk bir havada üstüne sadece bir mont giymen yeterli olacakken, birkaç kat montu birden giymen ve sonunda neredeyse hiç hareket edemez hale gelmene benzetebilirim. Gelelim başta İbrahim Tatlıses'in o cümlesini neden yazdığıma. Ekstra kontrol mekanizmaları olmadan da, doğal sensörlerimiz bize neyi doğru neyi yanlış yaptığımız konusunda fikir veriyor. Bu kitabı okurken, birden beklenmedik bir cümle ile karşılaştığında doğal sensörlerin devreye girer ve "Bir dakika, burada garip bir şey oluyor," der.

Havva'yla yaptığımız seanslardan birisinde şöyle bir soru sormuştum: "Bana güvenip güvenemeyeceğinle ilgili beni değerlendirdin mi?" O da, "Zaten sizi öncesinden tanıyordum, güveniyordum, dolayısıyla bir değerlendirme yapma ihtiyacı hissetmedim," dedi. Ben de ona, aslında beni ilk seansta değerlendirdiğini ama bunu farkında olmadan yaptığını söyledim. "Nasıl?" diye sordu. Ben de ona, "İlk seansı düşünelim, sen bana geldiğinde bu seans odasını gördün, beni gördün. O an gördüğün haliyle değil de, odanın ortasında bir piknik tüpü olsa ve onun üstünde bir tavada yarısı yenmiş bir menemen olsa, koltuğun oradan görülen balkonda benim atletlerim asılı olsa, benim gömleğimde biraz önce yediğim menemenden domates lekesi kalmış olduğunu görsen, ne yapardın?" dedim. Gülerek cevap verdi, "O an bir şey demezdim, ama sonrasında sanırım ofisinizin olduğu caddeden bile geçmezdim," dedi. "Bak, beni değerlendirmişsin farkında olmadan ve gelmeye devam ediyorsun. Doğal sensörlerin birçok açıdan sen farkında olmadan beni değerlendirmiş, beni önceden tanıyor olsan bile, sonrasında senin güvenine ters düşecek bir şey olmadığını düşünüp devam etme kararı almışsın."

İşte anlatmaya çalıştığım şey tam olarak bu. Olağanüstü durumlar hariç, ki nadiren olağanüstü durumlar yaşarız, doğal sensörlerimiz güvenliğimizi sağlamak için fazlasıyla yeterlidir. Ama ben, hayatımda nadiren karşılaşabileceğim olağanüstü durumlar için kendi hayatımda hep olağanüstü hal ilan edersem, kaygı ruhumu sarar ve hayatım eziyetle dolu olur. Bunun için dikkat edilmesi gereken şeylerden birisi, ortalamayı dikkate almaktır. Mesela yeni bir annenin, çevresindeki annelere bir göz gezdirmesi faydalı olacaktır. Eğer senin bebeğinin özel bir rahatsızlığı ve dolayısıyla özel bir bakıma ihtiyacı yoksa, kendini toplumun genel anne profilinde davranmaya zorlayabilirsin. Bu konuda ekstra araştırmalar içine girmek her zaman, aşırı kontrol geliştirmeye neden olacaktır. Çok fazla kontrollü olduğunu düşündüğün bir konuda, toplumun normunu referans almak en iyi başlangıç noktasıdır. İlk başta kendini çok suçlu hissetsen de ortalamaya uymak konusunda dirençli olmalısın. Unutma, senin doğal sensörlerin var.

Ne Beklersen, O Olur

Bilgi veren kitaplardan ziyade romanların, halk hikâyelerinin ve hatta türkülerin bile insan psikolojisine dair önemli farkındalıklar kazandıracağını düşünmüşümdür hep. Yunan mitolojisinde yer alan hikâyelerin de önemli bir kısmı günümüz dünyasında bazı insan davranışlarını anlamak için bize önemli fikirler verebiliyor. Bu bölümde asıl anlatmak istediğim konuya gelmeden önce sana Kıbrıslı Pygmalion'un hikâyesini anlatmak istiyorum.

Mitolojiye göre, Kıbrıs adasında yaşayan heykeltıraş Pygmalion kendi halinde yaşayan, bekâr ve işine âşık bir heykeltıraştı. Pygmalion'un yaşadığı yerde, yani Kıbrıs adasındaki kadınlar, aşk ve güzellik tanrıçası Afrodit'e yani bir diğer adıyla Venüs'e saygı göstermediklerinden ve hatta onun tanrıçalığını kabullenmediklerinden, Venüs adanın kadınlarını lanetlemiş ve onları ahlak yoksunu insanlar haline getirmişti. Kendine uygun bir eş arayan Pygmalion, lanetlenmiş bu kadınlarla karşılaşınca, hayal kırıklığına uğramış ve evlilik düşüncesinden uzaklaşarak tamamıyla kendini sanatına adamış.

Bu süreç içerisinde kendi kafasında şekillendirdiği kusursuz kadının heykelini yapmaya başlamış. Fildişinden yaptığı heykel şekillendikçe, yaptığı eserin güzelliği karşısında büyülenmeye başlamış ve en sonunda heykel bittiği zaman onu güzel kıyafetlerle ve mücevherlerle süslemiş. Pygmalion yaptığı heykelin, kusursuz ve çok güzel olduğunu görerek bu cansız nesneye âşık olmuş ve hatta dışarıdaki dünyada aradığı mutluluğu bulamayan bu adam, aşkına karşılık veremeyen bu cansız heykel için aşk acısı çekmeye başlamış. Evet, en sonunda istediği kadar kusursuz birisine ulaşmış ama durum ortadaymış.

Pygmalion yaptığı bu heykele Galatea adını verir. Heykele canlı bir kadınmış gibi davranmaya başlar, ona hediyeler alır, onunla uyur, onunla tek taraflı da olsa sohbet etmeye başlar. Ve zihninin bir kenarında her zaman asılı olan bir hayali vardır; heykel bir gün canlanacak, gerçekten ona eş olacaktır. Bu hayali gerçekleştirmek için sık sık Venüs'ün tapınağına gider, adaklar adar ve bu duasını dile getirir. Bir gün yine Venüs için düzenlenen bir şenlikte, "Siz tanrılar madem ki her şeyi yapacak güçtesiniz, bana da bir eş verin, fakat ne olur heykelime benzesin," diye dua eder. Şenlikten eve döndüğünde, heykelin olduğu yerde cansız bir şekilde durduğunu gören heykeltıraşın içini yine acı kaplar, ama yatmadan önce büyük bir aşkla bağlı olduğu heykelini öpmeye gider. Öperken soğuk ve sert olan dudakların yavaş yavaş yumuşadığını ve sıcaklaştığını fark eder. Bir tedirginlikle heykelden geri çekildiği zaman, heykel Galatea'nın canlandığını görür. Çaresiz aşka düşmüş bu adama acıyan Venüs, onun duasını yerine getirmiştir. O günden sonra, tüm masallarda olduğu gibi Venüs'ün de kutsadığı bu çift mutlu mesut bir hayat yaşar.

Her şeyin daha güzel olduğu eski günlerden güzel bir masal. Her şey eskiden daha güzel değildi aslında, insan geride kalan zamanların mücadelelerini bile güzel hatırlıyor. Freud'a atfedilen bir söz var: "Geriye dönüp baktığında en güzel günlerinin mücadelelerle geçen günler olduğunu fark edeceksin." Sanırım geçmişe dair hikâyelerin bizi büyülemesinin sebebi, yaşarken hissedilen acıların, anı haline geldiği zaman tatlı bir hatıraya dönüşmesi...

Neden bu hikâyeyi anlattım ya da yazar burada ne demek istedi? Eğer sabırsızlanıyorsan asıl mevzuya şimdi geçiyoruz. Şimdi bu bahsettiğim hikâyenin romantik tarafından biraz uzaklaşıp en temelde hikâyenin ana fikrini bir cümleyle özetleyelim. Nasıl anlatırdık bu hikâyeyi? Ben şöyle derdim: "Adam bir şeyi o kadar çok istedi ki, o gerçek oldu." Şimdi gerçek hayata bakalım. Bize ne istersek yapabileceğimizi söyleyen birçok yaklaşım var, kastettiğim kesinlikle bu değil. Hayatta her istediğimizi başaramayız ya da heykelleri canlandıramayız. Ama acaba çevremizdeki insanlardan ve hatta kendimizden beklediğimiz şeyler, nelerle karşılaşacağımız konusunda bir etkiye sahip mi? İşte burada seninle paylaşmak istediğim bir psikolojik deney var: "Rosenthal Deneyi."

Rosenthal deneyini 1960'lı yıllarda Robert Rosenthal ve Lenore Jacobson, California'da 18 öğretmen ve 650 öğrenci üzerinde gerçekleştiriyorlar. Deneyin içeriği şöyle, deney ekibi birçok öğrenciye gizli bir şekilde IQ testi uyguluyor. Bu IQ testinin sonuçları ne öğrencilere ne de öğretmenlere açıklanıyor, sonuçları sadece deneyin uygulayıcıları biliyor. Test uygulanan çocuklardan ortalama sonuçlar alan 650 çocuk seçiliyor. Bu çocuklardan rastgele seçilen bir kısmının öğretmenlerine, çocukların üstün zekâlı oldukları söyleniyor, diğerlerinin öğretmenlerineyse hiçbir şey söylenmiyor. Öğretmenlere bu bilgi verildikten yaklaşık bir yıl sonra çocuklara tekrar bir test uygulanıyor. Tahmin edin ne oluyor? Üstün oldukları söylenen ama aslında diğerlerinden hiçbir farkı olmayan çocuklar bu son testte gerçekten de diğer çocuklardan çok daha iyi sonuçlar alıyorlar.

Bu deneyin sonucunda öğrendiklerimiz, insanların gelişimine ve davranışlarına dair birçok açıdan önemli farkındalıklar kazandırıyor bize. Yolun başında birbirinden farkı olmayan çocuklar, ne oldu da yıl sonunda önemli derecede farklılaştı? İşte burada psikoloji biliminin bize söylediği şeyler şunlar:

Burada bütün süreci ve sonucu belirleyen en kritik rol öğretmenlere verilen bilgi aslında. Öğretmenlerin bir kısmı, öğrencilerinin özel olduğuna dair bir bilgi alırken, diğer öğretmenlere bir şey söylenmiyor. Öğrencilerinin üstün zekâlı olduğunu zanneden öğretmenlerin davranışlarında önemli değişiklikler oluyor. Öğrencilerine daha fazla zaman ayırıyor, onlar bir konuyu anlamadıklarında tekrar tekrar anlatmaktan usanmıyorlar ve onlara birer dâhiymiş gibi davranıyorlar. Sınıfta biraz yaramazlık ve şamata çıkınca belki de içlerinden, "Bunlar zeki çocuklar, bu kadar hareketlilik normal," deyip, kahvelerini yudumlarken şefkatle gülümsüyorlar. Peki, öğretmenlerine bir şey söylenmeyen diğer sınıflarda neler oluyor? Öğretmenler bıkkın, öğrencilerden soğumuş durumda. Çocuklar bir şeyi anlamadıklarında yeniden anlatmak zor geliyor, çünkü nasılsa tekrar anlattıklarında da anlamayacaklar; sınıftaki bir düzensizlikte aşırı tepki verebiliyor, "Zaten bunlar ileride bir yerlere gelmez, bari toplum düzenini öğrensinler," diye sert ve empatiden uzak bir yaklaşım sergiliyorlar. Çocuklara ümitsizlikle yaklaştıkları için, onlara özel zaman ayırmıyorlar.

Burada öğretmenler hepimizi temsil ediyor aslında. Hepimizin hem kendimize, hem de diğer insanlara dair ön kabulleri var ve ona göre davranıyoruz. İşin ilginç yönü şu, öğretmenler çocuklardan ne bekliyorsa, çocuklar mucizevi olmamakla birlikte öğretmenlerin beklentilerine göre performans gösteriyorlar. Yani aynen heykeltıraş Pygmalion gibi, ne bekliyorsak farkına olmadan ona göre davranıyoruz ve davranışlarımız karşımızdaki insanın kim olduğunu belirliyor. Burada yapılan deney bir sınıf ortamında yapılıyor. Peki, bu olgu, sadece sınıflarda mı karşımıza çıkıyor? Beraber düşünelim... Bir iş yerinde, bir aile içerisinde, bir ilişki içerisinde de benzer durumlar olabilir mi acaba?

Diyelim ki çalıştığın iş yerinde, amirin konumundaki insan daimi olarak senin hata yapacağın üzerine temellenmiş bir ön yargıya sahip. Devamlı seni kontrol ediyor, fikirlerine hiç güvenmiyor ve şans vermiyor, çok küçük hatalar yaptığında bile aşırı tepkiler veriyor. Aslında sen işine hevesli, geleceğe yönelik planları olan bir insansın. Eğer bu işten ayrılmadığını varsayarsak, içindeki bu olumlu duygular ne olacaktır? Sana güvenilmediği, hep sorun çıkaran eleman gözüyle bakıldığı için, bir süre sonra sen de tam olarak beklenildiği gibi hiçbir şey üretmeyen, işe dair tüm heyecanını yitirmiş ve sadece işini yapmış olmak için yapan birisine dönüşeceksin. Tam tersi bir durumla karşı karşıya olsak ne olurdu? Sana inanan bir yöneticin var, içindeki fikir kıvılcımlarını ortaya çıkarman için seni cesaretlendiriyor, yaptığın hatalara hoşgörüyle yaklaşıyor. Böylece sen de çok büyük ihtimalle işine heyecanını kaybetmeyen, işini daima geliştiren birisine dönüşeceksindir.

Bir aile düşünelim, anne ya da baba çocuğuna hiç güvenmiyor, daimi olarak onu kontrol ediyor, her hatada suçluyor ve başaramayacağını ifade ediyor. Böyle bir ailede yetişen çocuk üstün yetenekli bile olsa, kendine tıpkı ebeveynlerinin baktığı gibi bakacaktır ve güvensiz birisi olacaktır. Hayat içerisinde eminim karşılaşmışsındır, çok yetenekli olanlar değil, kendini daha iyi ifade edenler hep daha iyi konumlara geliyor. Bu yeteneğin de arkasında çoğunlukla "Sen yaparsın, sana inanıyorum" diyen bir ebeveyn vardır. Çocuk yapamayacak olsa da denemekten vazgeçmeyecektir ve günün birinde başaracaktır.

Bir ilişki düşünelim, eşlerden birisi her zaman diğerini kıskanıyor ya da haksız yere suçluyor. Bu suçlamanın içeriği her ne olursa olsun, karşı ilk başta öyle olmadığını anlatmaya çalışacaktır, belki jestler yapacaktır. Bu durum bir süre böyle devam edecektir. Ancak sonrasında karşı taraf her ne yaparsa yapsın partnerinin kendine yönelik inancını değiştiremediğini fark eder ve zaman içinde çabalamayı bırakır. Haliyle kendisini suçlayan partner haklı çıkar. "Ben zaten senin nasıl biri olduğunu biliyordum," bile diyebilir. Peki, kişi başından beri böyle miydi yoksa her zaman ve adil olmayan şekilde suçlandığı için mi o insana dönüştü? Eşi tarafından ne olursa olsun kıskanılan ve aldatmayla suçlanan kişilerin günün birinde eşini aldattığına, sorumsuzlukla suçlananlarınsa tamamen umursamaz bir insana dönüştüklerine sıklıkla şahit oldum.

Dünyada doğduğu andan itibaren yalnız olan bir insan olsaydı, bu insan muhtemelen bir bilinci olduğunu ve insan olduğunu fark edemezdi. Bizim varlığımızın kanıtı diğer insanlardır. Diğer insanların gözlerinde gördüğüm Beyhan benim varlığımın devamına inanmamı sağlıyor. Sadece varlığımın devamına değil, aynı zamanda kim olduğumu anlamam konusunda da diğer insanların bana bakış açısı önemli. Her insanın değil ama özellikle benim kendime yakın

> Beni insanlar iyi görürse içimdeki iyiyi keşfediyorum, kötü görürlerse iyinin değerli olmadığına inanıp içimdeki kötüyü öne çıkarıyorum.

konumlandırdığım insanların beni değerlendiriş şekli bir süre sonra kişiliğim üzerinde önemli etkiye sahip oluyor. Beni insanlar iyi görürse içimdeki iyiyi keşfediyorum, kötü görürlerse iyinin değerli olmadığına inanıp içimdeki kötüyü öne çıkarıyorum. Bu nasıl ki beni etkiliyorsa, benim bakışım da çevremdeki insanların içindeki iyiyi mi yoksa kötüyü mü çıkaracaklarını etkiliyor. Çevremdeki insanların nasıl birisi olacağını biraz da ben belirliyorum yani.

Gelelim Pygmalion etkisi dediğimiz bu etkinin kendi benliğin üzerindeki etkisine. Diğer insanların senin üzerindeki etkinin haricinde, içinde konuşan, başka birinin sesi gibi eleştirel bir ses de vardır. Aslında bu sesin de kaynağı genelde erken yaşta maruz kaldığımız aşırı eleştirilerdir. Bize bu aşırı eleştirileri yapan insanlar artık hayatta olmasa bile, içimizdeki bu eleştirel taraf, o insanların söylediklerini tıpkı bir papağan gibi ezberlemiştir ve her kritik durumda bunu tekrar eder durur. Bir sunum yapacak olursun, yapamazsın der o ses ve en ince detayına kadar sana bir senaryo sunar; çıkacaksın sahneye, bildiklerini unutacaksın, sesin titreyecek ve herkes seninle alay edecek. Bunu o kadar çok sık tekrar edersin ki içinden, bir süre sonra gerçekten sahnede sesin titrer, bildiklerini şaşırırsın ve insanlar seninle alay ediyormuş gibi hissedersin. Bir ilişki içinde küçük bir sorun yaşadığında bile, seni sevmiyor bu yüzden böyle davranıyor, seni terk edecek, yine yalnız kalacaksın, kimse seni sevmeyecek diye durmadan tekrar edersin ve korktuğun başına gelir. Çünkü bu kadar olumsuzluk neticesinde, kendin olmaktan uzaklaşırsın ve ilişkideki sağlıklı bakış açını kaybedersin. Bunu iş, ilişki, sınav, mülakat gibi birçok alana uyarlayabilirsin. Peki bu durumla baş etmek için ne yapmak gerekir?

Çoğunlukla içimizden gelen o eleştirel ses otomatik olarak çalışır. Artık o kadar alışmışızdır ki, sanki o ses sadece gerçekten olabilecekleri söylüyormuş gibi gelir. İlk olarak bu sesin farkına varmalısın, gerçekten o ses gerçekleri mi söylüyor yoksa söyledikleri gerçeğe mi dönüşüyor? Bunu anlamanın yolu, bizi bekleyen kritik anlar için olumlu hayalleme dediğimiz şeyi yapmak. Bir sınava mı gireceksin, en ince detayına kadar harika geçtiği, bir ilişkide gergin misin, her şeyin yoluna girdiği ve onun seni sevdiği, bir sunum mu yapacaksın, insanların seni ayakta alkışladığı bir senaryo hayal etmelisin. Bizzat kendi hayatımda da uygulayıp faydasını gördüğüm bir yöntem bu. Kendine iyiyi en detaylı haliyle telkin ettiğin zaman, onun gerçekleşme olasılığı artıyor. Kendinde ve çevrendeki insanların içindeki en iyiyi görüp ona göre davranırsan sonuç beklediğinden şaşırtıcı olacaktır.

Yarın Daha Az Acıyacak

Daha önce, yaşadığımız olumsuz olaylar karşısında bazı duraklardan geçtiğimizden bahsetmiştim. Bu bölümde özellikle yaşadığın acı bir olayın ilk aşamasında hissettiğin o şok durumunda, duygularını nasıl yönetebileceğini anlatmak istiyorum sana. İnsan hiçbir zaman sadece o an hissettiği şey yüzünden üzülmez; geçmişe ve geleceğe referans vererek, normalde sadece olayın hissettireceği acıdan birkaç kat daha fazlasını yaşar.

Peki bu nasıl oluyor? Çok basit bir örnek üzerinden gidelim; bir sınavda istediğin notu alamıyorsun ve o an için o dersten başarısız oluyorsun. Ve bu başarısızlık, bir sonraki sınavlara daha çok çalışmanı gerektirecek. Olay en basit haliyle böyle. Ama biraz daha detaylara indiğimizde, başka şeyler olduğunu göreceğiz. Sınav sonucunu internetten öğreniyorsun ve istediğin notun yakınından bile geçmeyen sonuçla karşılaşıyorsun. İşte tam o anda göğsünün üzerine bir öküz oturmuş gibi geliyor. Ve kafandaki projeksiyon makinesinin başındaki kişi düğmeye basıyor. Projeksiyon makinesinin yansıttığı filmde, geçmişte yaşadığın başarısızlıkları tek tek görüyorsun. Filmi izledikçe modun düşüyor, meğer ne de çok başarısızlık hikâyem varmış diye düşünüyorsun ve sonucunda kendine inancını kaybediyorsun. Peki projeksiyonun başındaki makinistin işi bitti mi? Hayır, bir de gelecek filmi var, onu da izletmek için yeni filmi oynatmaya başlıyor: Bu sefer, aslında öyle olmasını gerektirecek hiçbir kanıt olmamasına rağmen, bundan sonra bütün sınavlardan başarısız olduğunu, okulu bitiremediğini, evden kovulduğunu, evsiz kalıp köprü altlarına düştüğünü görüyorsun bu filmde. Abartıyorum sanma, danışanlarımın azımsanmayacak bir kısmının sokaklara düşüp evsiz olma korkusu vardı.

Aslında tekrarı olan bir başarısızlık seni bir birim üzebilecekken, sen geçmişi ve geleceği de işin içine kattığın için belki de beş katı daha fazla üzülüyorsun. Bu bilinçli olarak yaptığın bir şey değil, sadece uzun zamandır böyle davrandığın için refleks haline gelmiş bir alışkanlık diyebiliriz, yani düşünmeden, otomatik bir şekilde yapıyorsun.

Bir insanın başına gelebilecek olumsuz olaylara örnek vermek gerekirse, kendisinin ya da sevdiklerinin hastalanması, sevdiği birisinin vefatı, ayrılık, aldatılma, reddedilme, sevdiği birinin başına gelen olumsuz bir olay, işten kovulma, diğer insanlarla problemler yaşama, maddi kayıplara uğrama, bir kazaya karışma gibi olayları sıralayabiliriz. Bu tür olayların herhangi birini yaşadığımız ilk anda, çoğu zaman buna hiç hazırlıklı olmayız ve bir yüzleşme ânı yaşarız. Bu ânı, hiç ummadığın anda birinin, üzerine 50 kilogramlık bir ağırlığı atması gibi düşünebilirsin, ne yapacağını şaşırırsın; ağırlığı tutmaya çalışırsın ama gücünün yetmediğini düşünürsün, kendine zarar vermemeye çalışırsın, belki de elin ayağın birbirine dolaşır. İşte bu anda geçmiş, şimdi ve gelecek duygusal bir bombardıman yapar ve ezildiğini hissedersin. İlk başta böyle hissetmen çok ama çok normal. Şunu da unutmamak gerekiyor, genelde hissettiğin yoğunlukta zarar görmezsin. Yani o anda yaşadığın her neyse elbette seni etkiliyordur ama biraz önce verdiğim oran örneğinde olduğu gibi seni etkileyen kısım bir birimken sen beş birim hissedersin. Böyle bir yüzleşme ânında hatırlaman gereken şey şu: Hissettiğin kadar zarar görmüyorsun.

İlk ânın şoku birkaç saatle, birkaç gün arasında bir süreçte geçecektir. İlk başta kontrol edebileceğin kısımlar çok sınırlıyken, sonraki aşamalarda kontrol alanı genişler. Kendini birazcık daha sakin hissettiğinde duygularını ve düşüncelerini izlemeyi denemeni öneririm, sakin bir köşeye geçerek, nefes alış verişini izleyerek ya da herhangi hareketsiz bir nesneye bakarak, zihninden neler geçiyor bir izle bakalım. Bunu bir şeyleri protesto eden insanlara benzetebilirsin, her birinin elindeki pankartta başka bir şey yazıyor olacak. Ben sık karşılaştığım bazı pankartlar hakkındaki yorumlarımı paylaşmak istiyorum:

Bir daha hiçbir şey eskisi gibi olmayacak: Evet bir daha hiçbir şey eskisi gibi olmayacak, bir şekilde yaşananlardan çok fazla etkilendin. Ama yaşadıklarının seni dönüştürdüğü şey aslında seni hayatının ileriki aşamalarında daha fazla zorlanacağın konularda dayanıklı hale getiriyor. Bu iyi ya da kötü değil, gerekli olan bir şey. Üzülerek, zorlanarak yaşamın sonuna kadar karşına çıkacak, belki şimdi düşünmesi bile zor deneyimlere hazırlıyor bu durumlar seni. Yani, evet hiçbir şey eskisi gibi olmayacak ama yeni olan eskiden daha kötü olmayacak. Çok sevdiğim yazar Haruki Murakami'nin bir sözünü paylaşmak istiyorum: "Fırtına geçtikten sonra onu nasıl atlattığınızı hatırlamayacaksınız. Nasıl hayatta kaldığınızı da. Hatta fırtınanın dinip dinmediğinden bile emin olamayacaksınız. Ancak bir şey kesindir; fırtınadan çıktıktan sonra fırtınaya girenle aynı insan olmayacaksınız."

Hissettiğin bu duygular hiç geçmeyecek, hep kötü hissedeceksin: İçimizdeki protesto gösterilerinde en sık taşınan pankartlardan biri de budur. Şu anda hissettiğin duygu hiç geçmeyecek ve hatta gitgide artan bir şekilde hayatı senin için yaşanılmaz hale getirecek. Tüm pankartların önemli bir özelliği var, sen dikkatini ona ne kadar çok çevirirsen, o pankart o kadar büyümeye başlıyor ve ondan başkasını göremez hale geliyorsun. Bu duyguların hiç geçmeyeceğine yönelik o pankart, kötü bir olay yaşamış her insanın içinden geçer. Ama işin aslı böyle değildir; bir acı yaşandığı andan itibaren alışma hali de devreye girer. Zihnimiz hem zihinsel hem de fiziksel acıyı bir şekilde sönümleyecek bir sisteme sahiptir. Zihinsel acılarda bu sistemlerden bir tanesi, alışma halidir. Hissettiğimiz acı aynı kalsa da, o acının durduğu yer genişliyor gibi düşünebilirsin. Bu pankarta verilecek alternatif cevap şu olabilir; zaman en iyi terapisttir, her geçen günle beraber daha az kötü hissedeceksin, alışacaksın. Bazı günler acının yükseldiği ve hiç geçmediği algısı tekrar gelecek. Bu da beklenen şeylerden birisi, iki adım ileri bir adım geri iyileşeceksin, dönüşeceksin. Burada önemli olan, ilk şok dalgası geçtikten sonra, en basit günlük rutinimizi devam ettiremeye çalışmaktır. Yemek yemek, uyku düzeni, kendini diğer insanlara kapatmamak, işlerini asgari düzeyde de olsa devam ettirmek gibi rutinler alışma sürecimizi

> Zaman en iyi terapisttir, her geçen günle beraber daha az kötü hissedeceksin, alışacaksın.

hızlandıracaktır. Yemeden içmeden kesilen, uyumayan bu konuda böyle davranmaya devam eden birisinin duygusal anlamda toparlaması da çok zor olacaktır.

Bu yaşadıklarınla baş edemeyeceksin, gücün yetmeyecek: Hiç kimse yaşamadığı bir dert konusunda nasıl bir mücadele ruhu ortaya koyabileceğini öncesinden kestiremez. Ve bugüne kadar karşılaştığım vakalarda her zaman şunu gördüm; başımıza gelmesinden korktuğumuz şeyler başımıza geldiğinde genelde korktuğumuzdan daha az etkileniyoruz. Korkulan senaryo için genelde alışma ve elimizden geleni yapabileceğimiz faktörler zihnimizde devre dışıdır, çünkü safi korku vardır. Ama gerçek hayatta, korkulan yaşandıktan sonra, devreye alışma ve sonrasında da mücadele ruhu girer. Ve mücadele edip minicik bir ilerleme kat ettiğimizde, kafamızda her şeyin daha da iyi olabileceğine dair bir umut belirir. Babasının kanser tanısı aldığı gün, kendisi için her şeyin bittiğini düşünen danışanımın içinden, yaklaşık iki hafta sonra tam bir mücadeleci çıkmıştı. Türkiye'deki tüm doktorları araştırmış, tanısı konulan kanser türü hakkında güncel tüm araştırmaları okumuş ve bu arada babasının işiyle ilgili yapılması gerekenleri yapmıştı. Ve bunları üniversitenin final sınavları sürecinde yapmıştı. Aynen bu danışanımda olduğu gibi, başımıza gelen olumsuz olaylarda, hepimiz gücümüzün yetmeyeceği korkusuna kapılırız. Bu, daha önce aynısını yaşamamış olmandan kaynaklanır. Ama içinde bir yerde saklı duran ve bekleyen bir mücadele kutusu olduğundan emin olabilirsin. O kutu gerektiği zaman aktif olacak.

Zaten hep böyleydin ya da gelecekte işler daha da kötü olacak: Başta da bahsettiğim gibi, şimdi yaşanan olayların haricinde, geçmişi ve geleceği düşünmek daha da kötü hissettirir. İlk atak geçtikten sonra aklına gelenleri ayrıştırman, hangisi doğru hangisi yanlış belirlemen gerekir. Geçmişte gerçekten bu durumun benzerlerini mi yaşadın? Bilerek mi hata yaptın? Böyle olacağını bilsen yapar mıydın? Geçmişte yaptığın hatalar, şimdiki yaşantınla ne kadar bağlantılı? Geçmişte sadece olumsuz şeyler mi yaptın, gurur duyduğun yaşantıların neler? Bu soruları sorarak geçmişle ilgili olumsuz düşüncelere bir filtre uygulayabiliriz. Gelecek için sorabileceğin sorular ise şunlar: Şu an bu konuda başarısız olman, ayrılık yaşaman, kötü hissediyor olman gelecekte aynı şekilde gideceğini mi gösterir? Bundan öncesinde çok etkilendiğin olaylar hakkında şu an ne hissediyorsun, hâlâ ilk zamanlardaki gibi önemsiyor musun? Şu an yaşadığın olay hakkında bir yıl sonra ne düşüneceksin? Bu sorularla gelecek için seni kaygılandıran düşünceleri filtreleyebilirsin.

Her Zaman Vakit Vardır

İnsan özellikle yaşamının belirli dönemlerinde zamanını nereye harcayacağı konusunda kontrol sahibi olamıyor. Geriye dönüp baktığın zaman, sen de yaşadığın hayatın istediğin hayat olmadığını fark etmiş olabilirsin. Belirli bir yaşa gelene kadar ailenin yanında kalırsın ve onların istedikleriyle uyumlu yaşaman gerekir. Aileler bazen senin isteklerinle uyumlu olabilirken bazen tamamen kendi istediklerini sana dikte etmiş olabilirler.

Sonrasında üniversite, iş hayatı, kendini kanıtlama, kendi temel ihtiyaçlarını düzenli bir şekilde karşılamak ihtiyacı, aile kurmak derken hep bir koşturmaca içinde olursun. Özellikle 20'li yaşlarda birçok insanın, başta da bahsettiğim gibi sosyal benliğinin ön planda olduğunu görürüz. Bir danışanım, 20'li yaşlarını tam olarak hatırlayamadığını, devamlı koşturduğunu, sanki yarı sarhoş bir dönem yaşadığını söyleyerek tanımlamıştı. Özellikle bizim gibi, istenilen seviyede ve saygınlıkta iş bulmanın çok zor olduğu ülkelerde, gençlik dönemlerinin uçarı halleri, iş bulma ve kendini kanıtlama döngüsünde sönebilir ve yerini umutsuz bir çabalama haline bırakabilir. Bir de bakmışsın ki bu mücadele içerisinde uzun yıllar geçmiş. Geldiğin noktaya baktığında, bir zamanlar olmayı hayal ettiğin yerin çok uzağında olduğunu fark edebilirsin.

Sadece iş bulmak ya da kendini kanıtlamak olarak düşünmemek gerek. Belki de daha kendini bilmeden evlendin ya da evlenmek zorunda kaldın. Evlilik yoluna girince kendin olamadın, kendi kararlarını uygulayamadın, annenden, çevreden gördüğün kadın rolünü benimsedin. Daha evliliğin ne olduğunu anlamadan çocuk sahibi oldun, çocuğu büyütmenin, evle ilgilenmenin telaşesiyle yıllar yılları kovaladı. Bu kadar telaşeden vakit bulup bir kenarda kahveni içme fırsatı bulduğunda, hayatının şu anki halinden memnun da olsan kendin için pek bir şey yapmadığını fark edeceksin. Bu da derin bir hüzne sebep olacak.

Hayat zaten kendi başına birçok zorlukla karşımıza çıkıyor. Bir de bunun üstüne, içine doğduğun ailenin sana yaşattıkları, başına gelen talihsiz olaylar, işlerin arka arkaya ters gitmesi derken, sen de o ânı kurtarmak adına, hissettiğin olumsuz duygulardan kurtulmak için yanlış baş etme mekanizmaları geliştirdin. Belki alkol, madde kullanımı, belki de her sıkıntıda aşırı yeme. Ya da hayat üstüne geldikçe, sen de ondan kaçtın ve kendini hayata, diğer insanlara kapattın. Hayat zorladı, sen yanlış yöntemlerle günü kurtardın, her günün bir önceki güne benzer şekilde geçti. Yanlış alışkanlıkların içinde olmana üzüldün, kendine kızdın ve daha çok düştün bu alışkanlıklara. Diğer insanların seni suçlamasına, dışlamasına ve yargılamasına üzüldün, kırıldın, derken iyice bağlandın kötü alışkanlıklara. Böyle böyle yıllar geçti.

Diyelim ki o zamanlarda senin için iyi olduğunu düşündüğün bir insanı hayatına aldın, ona inandın, onun için belki de birçok şeyden vazgeçtin. Çevrendeki insanların o insan hakkındaki uyarılarına kulak asmadan, sen tüm saflığınla karşındaki insana inandın. Ama o kişi, senin bu fedakârlıklarını hep boşa çıkardı, seni hayal kırıklığına uğrattı. Benim için en uygunu dediğin insanın sana saygı duymadığını, seni kısıtladığını ve sana zarar verdiğini fark ettin ama bir gün düzelir diye yaptığın fedakârlıkları artırdın, sabrettin, hep sabrettin. Arada kendini kurtarma girişimlerin oldu ama sonrasında belki yalnız kalmaktan korktuğun, belki de karşı tarafın sönük ikna girişimlerine umut bağladığın için geri döndün. Her geri dönüşle beraber tekrar gidebilme cesaretini kaybettin ve şimdi, geçen bunca zamandan sonra hiçbir şeye gücün yetmeyecekmiş gibi geliyor.

İnsanı çok yoran şeylerden biridir zaman baskısı; artık bu kadar zaman geçtikten sonra benim hiçbir şeye gücüm yetmez, vakit çok geç, hâlâ düzelemedim, kendim için bir şey yapmanın anlamı kalmadı, bu insandan kurtulmam mümkün değil, artık bir şeyleri değiştirmek mümkün değil diye düşünürsün. Ara ara değişim girişimlerinde bulunsan da bu zaman baskısı, tepende eli kılıçlı bekleyen biri gibidir ve elindeki kılıcı sallayarak durmadan konuşur: "Bu yaştan sonra mı, artık çok geç, yapamazsın, bak kaç gün oldu hâlâ yapamadın, zamanın yok, yapacak olsan bu zamana kadar yapardın, kendini kandırma..." Ve sen daha yolun başındayken, bu zaman baskısı yüzünden tamamen ümitsizliğe kapılırsın ve vazgeçersin. İçinden cılız bir ses yükselir: "Sanırım haklı, bu saatten sonra değişmeyecek, böyle gelmiş böyle gidecek..."

Ben tam tersini düşünüyorum, her yaşta her durumda yeterince zaman vardır. Yakın zamanda, yönetmen Theo Angelopoulos'un *Sonsuzluk ve Bir Gün* isimli filmini izledim. Filmde ömrünün son günlerini yaşayan ünlü bir yazarın hikâyesi anlatılıyor. Filme dair heyecan kaçıran ipucu vermeyeceğim ama insan ömrünün son birkaç gününde bile önemli değişiklikler yapabilir, hikâye bunu anlatıyor. Tam olarak ne demek istediğimi filmi izleyince anlayacağını düşünüyorum. Peki böyle bir imkânın varsa neden tam tersi şekilde sıkışmış hissediyorsun?

Bunun en temel nedeni kendine karşı acımasız oluşundur. Şöyle bir örnek verelim, bugüne kadar beraber çalıştığın bir kişi var. Ve o kişi senin tüm uyarılarına rağmen hatalar yapmaya devam ediyor. Sen her seferinde uyarırsın ama her yeni hatayla birlikte sabır toleransın düşer, sonrasında hırçınlaşmaya, hakaret etmeye başlarsın. İşte kendine davranış şeklin tam olarak böyle. Yıllardır hem topluma hem de kendine göre bazı hatalar yaptın, bazı şeyleri ihmal ettin ve artık kendine sabrın kalmamış durumda. Her yeni girişimde, hadi, hadi, çabuk, çabuk diye kendi kendini sabote ediyorsun. Bu da seni telaşa sokuyor, her seferinde aynı olumsuz sonuçla karşılaşıyorsun.

Kendi geçmişine dönüp bak, bugün olmak istediğin yerde olamayışının tek sorumlusu sen misin? Bugüne kadar karşılaştığım vakalarda, en kötü alışkanlıkların bile içimizde eksik kalan duyguları telafi etmek için ortaya çıktığını gördüm. Çok kaygılı ve bunalmış hissettiği için alkolik olan, hissettiği yalnızlığı, öfkeyi ve dışlanmışlığı bastırmak için madde kullanan, günlük hayatın zorlukları karşısında kendisini yemeye veren, hayatta hiçbir desteği olmadığı için hayatta kalmak için her şeyi kendisi yapmak zorunda kalan ve bunun için durma-

Kendi geçmişine dönüp bak, bugün olmak istediğin yerde olamayışının tek sorumlusu sen misin?

dan çalışmak mecburiyetinde birçok insan var. Senden bir isteğim var, sadece şunu düşün; geriye dönüp bak, yapamadığın, bırakamadığın şeylerin tek sorumlusu sen misin?

Biraz derine indiğinde, altta yatan ve senin sorumluluğunda olmayan şeyler göreceksin. Olumsuz hayat koşulları, sosyal desteğin olmaması, yanlış insanlarla karşılaşmak... Bu senin hiç sorumluluğun yok demek değil, sadece tüm sorumluluk senin değil demek. Eğer tüm sorumluluğu kendine yüklersen, değişim için gerekli olan sabır ve kendine göstermen gereken şefkati içinde bulamayabilirsin. Biraz önceki çalışan örneğini biraz değiştirelim: Beraber çalıştığın kişinin zor zamanlar geçirdiğini ama buna rağmen çabaladığını fark ediyorsun. Bu süreçte de bazı hatalarla karşılaşıyorsun. O hata yaptığı zaman yanına yaklaşıp, "Olur böyle şeyler, yine deneyelim istersen," dediğini hayal eder misin? Bence sonuç çok farklı olacaktır. Bu sebeple, değişmek istiyorsan zaman asla geç değildir.

Önemli olan küçük adımlarla yavaş yavaş başlamaktır. 40 yaşına gelene kadar kitap okumamış olabilirsin, zararlı alışkanlıkların pençesinde yaşıyor olabilirsin, sana zarar veren bir insanla yıllar geçirmiş olabilirsin, seni tüketen bir işe uzun zamandır katlanıyor olabilirsin, hiç önemli değil. Eğer değişmek ve değiştirmek istiyorsan, birkaç saat ömrün de kalmış olsa bence her şeyi olmasa da bir şeyi değiştirebilirsin. Değişim konusunda yapılan yanlışlardan birisi de insanın kendisini benzer yaştaki diğer insanlarla kıyaslamasıdır. Böyle olunca arayı kapatmak için kocaman adımlar atmak zorunda hissedersin ve bu da seni başarısızlığa sürükler. 10 yaşından 40 yaşına kadar bacakları felçli olan bir insanı hayal edelim, bu insan geliştirilen yeni bir tedavi yöntemiyle iyileşince, birden 40 yaşındaki birisi gibi koşmasını bekleyebilir miyiz ondan? Bu insanın başlangıç noktası 10 yaşındaki bir çocuk seviyesidir. Senin de aydınlandığın ve artık değişmeliyim dediğin nokta kendi başlangıç noktandır ve nerede bıraktıysan oradan başlarsın. 50 yaşında zararlı bir ilişkiden kurtulmak için adım attıysan kıyas noktan belki de 20 yaşındır. Doğru kıyaslama insanı motive ederken, yanlış olanı başarısızlığa mahkûm eder.

Sonuç olarak zaman her zaman vardır, sen doğru bir şekilde yaklaştığın zaman.

Aşırı Şefkat Hem Kendine Hem de Muhatabına Zulümdür

"Aşırılıklar beni hep ürkütür. Bir kişiyi, işi, durumu ya da düşünceyi saplantı derecesinde aşırı sevmek genelde sevilen şeyle ilgili değildir. Başka bir duygunun telafisi olma ihtimali çok yüksektir."

Filmlerde klişe olmuş meşhur bir sahne vardır; bir ekip zorlu bir beladan kurtulmak isterken, gruba liderlik eden kişi yaralanır ve grubun geri kalanına, "Beni bırakın, siz yolunuza devam edin," der. Gruptan çatlak sesler çıksa da grubun vefakâr üyeleri çoğu zaman liderlerini geride bırakmazlar ve canları pahasına mücadele ederek hep beraber kurtulurlar. Filmlerin duygularımızı köpürten sahneleridir bunlar genelde. Ama gerçek hayatta maalesef işler böyle yürümüyor. Karşılaştığım birçok durumda, kendini diğer insanları ya da sadece bir insanı kurtarmaya adamış insanların kendilerini tükettiklerini ve hatta ciddi psikolojik zorluklar yaşadıklarını fark ediyorum.

Psikolojide net bir şekilde adı konmuş olmasa da bazı kaynaklarda "kurtarıcı kompleksi" diye geçen bir davranış kalıbı var. Bu komplekse sahip insanlar, diğer insanların yaşadıkları sorunlarda onlara yardım etme ve onları kurtarma ihtiyacı hissediyorlar. İlginç olan, kurtarıcı kompleksine sahip insanların karşılarına çıkan insanlardan başka, özellikle yardıma ihtiyacı olan ve kendi hayatına dair sorumluluk almamış insanları farkında olmadan araması ve bulması. Hep dile getirilen bir ifade vardır ya, "Sorunlu insanlar hep beni buluyor!" diye, işin aslı tam tersi; farkında olmadan sen onları arıyorsun ve buluyorsun.

Bu davranışa sahip kişiler, diğer insanlara yardımcı olabildiği müddetçe iyi hisseder, yardımcı olamıyorsa işe yaramıyormuş gibi bir hissiyat ortaya çıkabilir. Bir yandan da hayatlarının amacının diğer insanlara yardım etmek olduğu konusunda adı konmamış bir motivasyonları vardır; birilerine yardım etmeyeceksem hayatın ne anlamı var gibi bile düşünebilirler. Bu takıntılı kurtarma davranışları, hayatın bir noktasında kişiyi tükenmişlik noktasına getirir. Yani kurtarıcı olmanın bedeli kendinden vazgeçmektir. İşin kötü tarafı, kurtarma çabalarının birçoğunun taşıma suyla değirmen döndürmeye benzemesidir. Sen uğraştıkça, çırpındıkça karşı tarafta bir şeyler biraz değişiyormuş gibi görünür ama azıcık geri çekildiğinde her şey hızla eski haline döner. Bu da ister istemez, seni her daim çırpınmak zorunda bırakır. Bu durumun sebebi şudur, birini değiştirmeye, kurtarmaya çalıştığın zaman onun adına sorumluluklarını üstlenmiş oluyorsun ve onu tembelleştiriyorsun. Sonuç olarak kurtarıcı olmak ne bunu yapana, ne de sözde kurtulana yarıyor. Peki, bu davranış kalıbı işlevsiz olmasına rağmen kişiler neden böyle davranmaya devam ediyor?

Bunu okuyunca belki bana kızacaksın ama, bunun sebeplerinden birinin gizli narsisizm olduğunu söyleyebilirim. Ama bu öyle kişilik bozukluğu seviyesinde olan bir narsisizm değil, sadece hayatındaki insanlar için en iyisini, en doğrusunu senin bildiğine dair örtük bir inanç taşıyorsun. Belki de haklı olmakla beraber, çevrendeki insanların kendi kaynaklarıyla yapabilecekleri en iyi şeyleri düşünüyorsun ve bunu onlara dikte ediyorsun. Kendini ifade ederken, "Ama ben seni düşünüyorum, senin için en iyisi bu" gibi cümleleri sıklıkla kullanıyor olabilirsin. Her ne kadar karşı tarafın iyiliğini düşünüyor olsan da, farkında olmadan kendi perspektifinden bakarsın. *Senin* iyini, *senin* doğrunu dikte edersin karşı tarafa. Belki genel geçer toplumsal kabul gören önerilerin var, ama unutma, insanlar biriciktir. Çok basit bir örnek vermek istiyorum: Her girdiği sınavdan derece yaparak çıkan bir genci düşün. Sen bu çocuğun tıp ya da mühendislik yazmasını öneriyorsun; çünkü var olan zekâsıyla yapılabilecek en iyi şeyin bu olduğuna kanaat getirmiş durumdasın. Toplum da seninle bu konuda aynı fikirde olduğu için önerilerinde ısrarcı olabiliyorsun. Ama bu çocuk, yemek yapmayı çok sevdiği için aşçı olmak istiyor. Sen bunu duyunca, "Nasıl olur, bu kadar puanı, zekâyı nasıl heba edersin?" diye tepki gösteriyorsun. Ama bu sadece senin görüşün. Eğer kendi görüşünü zorla yaptırırsan, hayatı mutsuzlukla geçecek bir insanın yetişmesine vesile olmuş olursun. İnsana dair şeylerin matematiksel doğruluğu yok ki. Senin ve toplumun doğru dediği şey, karşı taraf için çok yanlış olabilir.

Kurtarıcı kompleksinin bir diğer sebebi de, geçmişimizde yaşadığımız acılardır. Kişi kendi geçmişinde birçok zorlu olay yaşamıştır, ancak kimse ona yardım etmemiştir, el uzatmamıştır. İlerleyen yaşlarla beraber bu yaşantılar tekrarlanmasa bile, bu yaralı kuşlar yaralı insanlara yakın olmak konusunda çok istekli olabiliyorlar çünkü onların yanında kendilerini güvende hissediyorlar. Onların hissettiği acı, bir şekilde yalnız olmadığını hatırlatıyor. Diğer yaralı kuşları iyileştirerek, onların benliği üzerinden kendi yalnız çocuklarına temas ediyorlar. Bir tarafıyla terapötik bir durum olmasına rağmen, daha önce bahsettiğim sebeplerden dolayı bu iyileştirme çabası abartıldığı zaman sıkıntılı durumlar ortaya çıkabiliyor. Bazı durumlarda iyi ya da kötü, aşırı duygu yoğunluğu yaşadığımız insanları, kendi geçmişimizde yer alan başka insanlara aktarırız. Bu bazen kendi yaralı çocukluğumuz, bazen de görevlerini yeterince yerine getirmemiş ebeveynlerimiz olur.

Bir diğer sebep de, bu davranış kalıbını kullanan insanların her sorunun bir çözümü olduğuna ya da olması gerektiğine inanmalarıdır. Halbuki bazı sorunların çözümü yoktur, özellikle hastalık, travma veya keder gibi büyük sorunların acil bir çözümü yoktur. En iyi ilaç zamanla yaşanacak gelişmelerin etkisi ve yaraların kabuk bağlamasıdır. Ama bir kurtarıcı, her zaman çözüm arar, araştırır, sorunun sahibi kişiden çok daha fazla o sorunla ilgilenir. Şöyle bir örnek vereyim; kanser tanısı almış birisi, birkaç doktor gezdikten sonra güvenilir ilişki kurduğu bir doktorla yola devam etme kararı alıyor. Diğer doktorlar gibi, bu doktor da çok da iç açıcı şeyler söylemiyor ama elinden geleni yapacağı konusunda ümit veriyor. Hasta, bu kişiyle tedavisine devam etme kararı alırken, kurtarıcı devreye giriyor ve inanılmaz bir eforla yeni doktorlar, yeni tedaviler araştırıyor. Hastayı doktor doktor gezdiriyor, her an güçlü olması gerektiğini hatırlatıyor, öneriler veriyor. Ama durmadan, sanki 100 metre koşusundaymış gibi, neredeyse nefes almadan. Sen o hasta yerinde olsaydın ne hissederdin? Ben çok bunalırdım açıkçası. Yardımcı olmaya çabalarken karşı tarafa daha kötü hissettirebilirsin. Biraz önce söylediğim gibi, her sorunun acil bir çözümü yoktur. Bazen birisine yapabileceğin en faydalı şey, onların yaşadıkları zor şeyler hakkında öneri vermeden, sadece konuşmalarını dinlemektir.

Bazı durumlarda da kurtarıcılar, başkalarına yardım ederek var olduklarını düşünürler. Özellikle erken yaşlarda, aile üyelerinden birine yardım ettiğin müddetçe değer ve kabul gördüğün bir ailede büyümüşsen, diğer insanların seni kabul etmesi ve sana değer vermesinin tek yolunun, onlar için kendini feda etmek pahasına elinden gelen her şeyi yapmak olduğunu düşünürsün. Örneğin, aile bütçesine yardım etmek için erken yaşlarda çalışmaya başlamak, anneyi babadan korumak, annenin yerine getirmediği görevleri çok erken yaşlarda senin üstlenmen gibi yaşantılar bu duruma sebep olabilir. Bu sebeple kurtarıcı olan insanlar aynı zamanda en çok kullanılan insanlardan olabilir. Çünkü koşulsuz şartsız bir şekilde birisine, hem de her istediğinde bir şekilde yardım etmek, kendi hayatını mahvetmek pahasına buna devam etmek, özellikle istismara yatkın kişiler tarafından kullanılmana neden olabilir.

Kurtarma davranışının temelinde yardımcı olduğun insanların içinde bulundukları problemi kendi başlarına çözemeyeceğine ve senin daha iyi çözebileceğine yönelik bir inanç yatar. Ne kadar iyi niyetli olursa olsun kurtarıcılık, çok çabalayıp yeterince sonuç alamadığın için sana başarısız hissettirir. Sağlıklı ilişkilerde olması gereken dengeli sorumluluk paylaşımı senin ilişkilerinde olmadığı ve neredeyse kendi isteğinle tüm sorumluluğu kendi üzerine aldığın için çabuk tükenirsin. Ve bu tükenme de bıkkınlık, öfke, hayattan lezzet alamama, umutsuzluk gibi duygulara sebep olabilir.

Bir yandan da kurtarıcıların ilişkilerinde ciddi sorunlar çıkabilir. Özellikle kurtarma davranışının altında yatan ana sebep "ben en iyisini bilirim" inancıysa, partnerin senin ona yardım etme girişimlerini, sanki kendisine onarılması gereken kırık bir eşya gibi davranıldığı yönünde yorumlayabilir. İnsanlar oldukları haliyle kabul edilmek yerine değiştirilmeye çalışılmaktan rahatsızlık duyarlar. İlişkilerin ilk zamanlarında bu duygular pek ifade edilmese de en başından itibaren içeride birikmeye başlar.

Peki kurtarıcı kompleksinden kurtulmak için ne yapmalı? İlk olarak, en iyi yardım istenildiği zaman verilen yardımdır, bunu kabullenmen çok önemli. Başlangıç olarak sevdiğin insana, bir yardıma ihtiyaç duyduğu takdirde yanında olacağını hatırlatmak çok değerlidir. İkinci olarak, eğer sevdiğin biri senden yardım isterse, onun için en iyi olanın ne olduğuna sen karar vermemelisin, bunun yerine ona nasıl yardım edebileceğini sorman faydalı olabilir. Sevdiğin insanın başına olumsuz bir şey geldiğinde kendini çok kötü hissedebilirsin, elinden bir şey gelmemesi seni duygusal anlamda hırpalayabilir. Senin desteğinin de bir fayda sağlamadığını hissettiğin zaman daha kötü hissedebilirsin. Ama unutma, herkes kendi kaderini yaşıyor, herkes bazen sorunlarla karşılaşır ve bu da hayatın doğal bir parçasıdır. Bazen bu insanların başına gelen şeyler, kendi seçimlerinin sonucu olabilir. Sen, çok yakının bile olsa diğer insanların seçimlerinden sorumlu değilsin.

Kardeşi eroin bağımlısı olan bir danışanım olmuştu. Hayatını tamamıyla kardeşine adamış, küçük yaşlardaki iki çocuğunu bile neredeyse gözden çıkarmıştı görüşmeye başladığımızda. Kardeşi defalardır tedavi görüyor, temiz kaldığı kısa aralıklardan sonra tekrar eroine başlıyordu. Danışanım, her türlü tedavi için elini taşın altına koyuyor, krediler çekiyor ama yine sonuç aynı oluyordu. Bazen insanların şikâyet ettikleri şeylerin bile kendi seçimleri olduğunu fark etmek gerekiyor. Bu danışanımla çalışmalarımız neticesinde, daha mesafeli bir yardım modelini hayata geçirmiştik; kontrollü bir şekilde kendi hayatını ve ailesini geride bırakmadan destek vermek. Birini gerçekten desteklemek, yaşadıklarında öğrenmek ve büyümek için ona alan vermeyi de içerir.

Kurtarıcı tuzağına düşmemek için dikkat etmen gereken en önemli şeylerden biri kişisel bakımdır. Sağlıklı ilişkiler-

> Kimse bir başkasını kurtaramaz, insanlar kendilerini kurtarırlar.

de bir karşı tarafa veriyorsan bir de kendine vermen gerekir, böyle böyle sunduğun iyiliği sürdürülebilir hale getirirsin. En zorlu zamanlarda, fiziksel refakatçilik gereken durumlarda bile asla kendini ihmal etmemelisin. Kişisel bakım bencillik değil, hayatına sağlıklı bir ruh haliyle devam etmen için zorunluktur. Kendine zaman ayırman, önem verdiğin başka şeylerle de ilgilenmeyi bırakmaman, yardımcı olmaya çalıştığın insandan başka insanlarla da görüşmen iyi hissettirecektir. Ayrıca ara ara kendine, "Şu an nasılım?" diye sorman çok işlevsel olacaktır.

Birine yardım etme çabası iyi niyetle başlarken hızlıca karşı taraf için zorlayıcı bir davranış biçimine dönüşebilir. Senin mükemmel tanımın, karşı tarafın istediği mükemmele uymayabilir. Birini kurtarmakla, onu kendi doğrularını bulmak için motive etmek arasında önemli bir fark vardır. Kimse bir başkasını kurtaramaz, insanlar kendilerini kurtarırlar. Biz sadece ona kendi doğrusunu bulması konusunda destek verebiliriz.

Yüzmeye Çalışırsan Boğulursun

"Sen ne kadar iyi bir insan olursan ol,
diğer insanların seni sevmek gibi bir zorunluluğu yok.
Aynı durum diğerleri için de geçerli.
Kimseyi sevmek zorunda değilsin.
Böyle düşününce insan daha iyi hissediyor."

Yapılanması ülkemizdeki SAT (Su Altı Taarruz) komandolarının yapılanmasına benzer Amerikan Donanması'nın Navy Seal isimli bir özel askeri birliğinden bahsetmek istiyorum. Navy Seal'a dair anlatılan meşhur bir hikâye var; bu özel birliğin eğitim kampında, adaylar elleri ve kolları bağlı bir şekilde yaklaşık üç metrelik bir havuza atılır. Bu aşamanın amacı adayların beş dakika boyunca boğulmadan suyun içinde kalmalarıdır. Seni bilmiyorum ama çok iyi yüzemeyen birisi olarak bu senaryoda kendimi hayal edince birazcık rahatsız oldum.

Başarılı olmaya çalışan öğrencilerin bir kısmı daha sınavın başında panik olup çığlık çığlığa yardım isterken, bir kısmı da suyun dibine batana ve hatta bilinçsiz kalana kadar çabalamaya devam eder. Ama sınava katılanların büyük bir kısmı bu sınavda başarısız olur. Hatta rivayetlere göre geçmişte bu aşamada ölen öğrenciler bile olmuş. Peki başarılı olan öğrenciler, yüzmeyi çok iyi bildikleri için mi başarılı oluyorlar? Cevap kesinlikle hayır. Hatta şöyle diyeyim, bu sınavı geçmek için yüzme bilmene bile gerek yok.

Bu hikâyeye, *Kafaya Takmama Sanatı* isimli kitabı ile bir dönem ülkemizde de popüler olan Mark Manson'ın bloğunda rastladım. Onun da vurguladığı üzere, bu sınavdan geçmek için yüzme bilmene gerek yok. Sınavı geçenlerin hangi yöntemi kullandığından bahsetmeden önce insanların başarısızlık sebeplerinden bahsetmek istiyorum. İlk sebep, bu kadar kısıtlı hareket imkânıyla kendini suyun üstünde tutman insani yeteneklerin ötesinde olabilir. Ve sen ne kadar çaba harcarsan aslında başaramayacağın bir şey için enerjini tüketirsin ve yavaş yavaş batarsın. Yüzmeyi benim gibi geç öğrenenlerdensen, ne kadar çok çırpınırsan o kadar çok batacağını deneyimlemişsindir diye düşünüyorum.

Başarısızlığın bir diğer sebebi panik duygusudur. Çırpınmaların sonucunda istediğini elde edemeyen kişi korkmaya başlar, korku başladıkça en ilkel savunma mekanizmaları devreye girer ve daha çok çırpınmaya başlar. Bu durum korkunun ve kaygının arttığı bir döngü haline gelir. Ve bu duygular artınca kişi görüş açısını ve çözüm odağını kaybeder. Yani sonuç yine başarısızlık.

Peki böyle zorlu bir görevde başarının sırrı nedir? Çok basit, kendini suya bırakmak. Ellerin kolların bağlıyken, kendini suya bıraktığın zaman yavaş yavaş dibe batacaksın ve dibe değdiğin anda ayak parmak uçlarında kendini yukarı doğru iteceksin, yavaşça. O güçle beraber kafan suyun üstüne çıkacak ve bir sonraki tura yetecek kadar oksijeni ciğerlerine çekebileceksin. Başarısız olanların harcadığı eforun çok azını harcayarak bu sınavdan geçmen, yani hayatta kalman mümkün olacaktır.

Bir kendine yardım kitabında, neden Amerikan Donanması'na bağlı bir özel birliğin hikâyesini anlattım? Çünkü bu davranış kalıbının hayatımızın birçok alanı için geçerli olduğunu düşünüyorum. Hayat karşımıza sorunlar çıkarıyor, biz de o sorunlar karşısında başarılı olmak istiyoruz, tıpkı bu sınavda olduğu gibi. Ama mücadeleden anladığımız çoğu zaman suyun içinde bizi içeri çeken çırpınmaya benziyor. Yöntem olarak bunu kullanan insanların bir dezavantajı var, ne kadar uzun süredir çırpınıyorsan çırpınmayı bırakmaya cesaret etmen o kadar zor olur. Çünkü daha önceki başarısız girişimlerin korkuyu içine kazımıştır ve korku insanların hatalarını tekrarlamasına neden olur.

Bu havuz hikâyesinde temel bir gerçeklik var: Suyun içinde batıyorsun ve ellerin kolların bağlı. En temel hayati içgüdülerin çırpınmanı emrediyor. Çırpınırsan batıyorsun. Ama beyninin ilkel emirlerine uymak yerine kendini suyun şiir gibi olan ritmine bırakırsan bu sınavdan keyif bile alıyorsun. İşte hayatta da bunun gibi ilk bakışta yapmamız gerekeni yaptığımızda daha çok zarar göreceğimiz ve tersi etki yaratan durumlar vardır.

Neredeyse birçok insanın en büyük şikâyetlerinden biri, çok emek vermesine rağmen diğer insanlar tarafından yeterince önemsenmediği, emeklerinin karşılık bulmadığı ve sevilmeme durumudur. Buradaki sevilme arzusunu, boğulmamak gibi düşünebilirsin. En büyük amacın sevilmek ve bunun için çırpınıyorsun, çünkü beyninin ilkel emirleri elinden gelen tüm çabayı ve özveriyi ortaya koymanı emrediyor. Peki sen ne yapıyorsun? Normalde bir ilişkinin gerektirdiğinden çok daha fazla çaba harcıyorsun, tüm sorumlulukları üzerine alıyorsun, durmadan sevgi sözcükleri fısıldıyorsun, neredeyse sevgisini umduğun insana yapışık bir haldesin. Elinde bir cihaz var ve karşı tarafın nabzını tutup ona göre davranıyorsun. Çünkü beyninin ilkel tarafı bunu söylüyor sana. Şimdi hikâyeyi diğer kişinin gözünden anlatalım: Birisi var hayatında, sen istemeden sana güzellikler yapıyor, varlığı senin varlığına bağlı gibi, hep senin istediğin gibi yaşıyor, yaşamak istiyor. Seni bilmem ama benim karşımda böyle bir insan olsaydı, onun bolca sunduğu bu sevgi sofrasına karşı ilgim bir süre sonra azalırdı. İstemeden yapılan büyük fedakârlıklara eskisi gibi dikkat edemezdim, belki fark etmem bile mümkün olmazdı. Ve bir süre sonra hayatını neredeyse bana adamış olan insandan uzaklaşabilirdim.

Çok benziyor değil mi havuz sınavına? İkili ilişkilerde, insanlar emek verip elde ettikleri şeylere değer verirler ve kendileri olabilen, sınır koyabilen insanları daha çok severler. Bu arada yolun başında senin aşırı çaban karşı tarafın hoşuna gidiyor ya da karşı taraf bu durumdan rahatsız değilmiş gibi görünse de, dediğim gibi, kendine rağmen çok yoğun bir çaba gösteriyorsan hiçbir zaman insanların önceliği olamayacaksın. Hayatımın 36 yılını geride bıraktım ve aslında hayatımızı kontrol ettiğimizi *zannettiğimizi* fark ettim. Sanki ben çabalayınca oluyormuş gibi geliyor ama aslında durum pek öyle değil. Seni seven sevecek; sen kilolu da olsan, kötü alışkanlıkların da olsa, hiç çaba harcamasan da... Kimisi de sen elinden gelen her şeyi yapmana rağmen bir türlü seni sevemeyecek. Böyle bir durumda kendini akışa bırakmak en iyisi; elbette sevdiğini göster ama sevgi dilenme. İnsanlar için fedakârlıklar yap ama bunu kendine rağmen yapma. İlla herkesin senin kadar emek vermesi gerekmez ama hiç emek vermeyene sen de emeğini sunma.

> Elbette sevdiğini göster ama sevgi dilenme. İnsanlar için fedakârlıklar yap ama bunu kendine rağmen yapma.

Çok çabaladığın zaman tersi etki yapan bir diğer konu da mutlu olma çabasıdır. Sanırım modern insanın ulaşmak istediği iki büyük şey var, birincisi ölümsüzlük diğeri de daimi mutluluk hali. Böyle bir nokta cennetin tasviri gibi olurdu. Özellikle mutluluk konusu kayıp hazinelerimizden. Karnını doyuran ve güvenlik ihtiyacını sağlayabilen insanların sonraki durağı mutluluk arayışı oluyor. Mutlu olma hissiyatının peşinde koşarken önümüze hazır formüller düşüyor; gezmek, yemek, yeni ilişkiler, yeni deneyimler, yeni eşyalar. Bunlara ulaşmaya çalışan insanlar sonrasında devamlı kendilerini kontrol ediyor, "Şu an nasılım, daha mutlu muyum?" diye. Ama mutlu olma sonucuna odaklanılarak yapılan her şey, akışın doğallığını bozuyor, her daim bir şeyler yapmak zorunda olan insanları ortaya çıkarıyor.

Modern insanın yapılacaklar listesi kabarık, mutlu olma çabası için birçok şey deneniyor. Ama karşılaştığım insanlarda, süreç olarak değil de sonuç olarak mutluluk hedeflenmişse, mutlu olmak için ne kadar çok şey yaparlarsa yapsınlar, kimileri için hayal edilmesi güç deneyimler bile yaşasalar, aldıkları keyfin çok kısa sürdüğünü ve hırçınlaştıklarını gözlemliyorum. Yani yine havuz sınavına dönüyoruz. Mutlu olma amacıyla yapılan etkinlikler, yaptıklarının özünü gözden kaçırmana ve şekle takılmana sebep oluyor. Ve bu süreçte yapılan her eylemin tadı kısa sürüyor, her geçen seferle bu süre daha da azalıyor. Yapılan en temel hata; bir şeyin yapılması ve hemen arkasından bu beni mutlu etti mi diye ölçülmesi oluyor. Ve doğal olarak hayatın karşımıza çıkardığı hüzünler, kaygılar, hayal kırıklıkları bile mutluluk çabası ile düzeltilmesi gereken pürüzler haline geliyor. Daha çok mutluluk çabası da mutsuzluğu artırıyor. Hâlbuki sonucundan ziyade iyi hissettiren küçük deneyimleri yapmaya odaklansak, bazen gelen sıkılma hissini bile ondan kurtulmaya çalışmadan yaşasak, doğal süreci içinde olabildiğince mutlu olarak yaşayacağız. Mutlu olmak için değil yaşamak ve gelişmek için yapınca anlamı oluyor. Ayrıca insanın hayatının çok büyük bir kısmı ortada bir yerlerde geçer; yani ne mutsuzsundur ne mutlusundur, yaşamaya devam ediyorsundur.

Çok çabaladığın zaman tersi etki yapacak olan bir diğer şey de saygı arzusudur. Bazı insanlar için saygı sensörleri çok gelişmiştir ve bu konuda çevrelerindeki insanlardan beklentileri çok fazladır. Yapılan çok basit bir şaka, hitap edilirken kullanılan bir cümle bile bu insanlar için saygısızlık olarak yorumlanabilir. Çoğu şeyi saygısızlık olarak yorumlayan insanlar, çevrelerindeki insanlara bu konuda sıklıkla uyarılarda bulunur ve hatta bazen tepki gösterebilir. Saygı görmek için bu kadar çok çaba harcıyor olmak maalesef dışarıdan kırılgan bir benlik algısına sebep olur. Eğer insanların senden çekineceği bir statün varsa arkandan, böyle bir statün yoksa yüzüne senin için hoş olmayacak şeyler söyleyebilirler. Halbuki diğer insanların sıradan davranışlarını görmezden gelmek, tepkini sadece çok ciddi durumlarda ortaya koymak, insanlara hoşgörülü yaklaşmak seni daha saygın bir insan yapacaktır. Saygı avcıları deyince aklıma eski filmlerde, kendine güveni olmadığı için çevresindekilerin kendisine saygı duymasını isteyen kral örnekleri geliyor. Hatta kendisine hürmette yapılan minik hatalarda bile, insanları yıllarca zindanlara kapatan krallar. Bütün bu hiddete rağmen, bu insanlar en çok istedikleri şeyden mahrum kalırlar ve kapalı kapılar arkasında onlara dair alçaltıcı hikâyeler anlatılır.

Kendini değiştirmeye dair uyguladığın yöntem konusunda da bu kural geçerlidir. Bambaşka bir insan olmaya çalışırken seni sen yapan şeyleri kabullenmez ve onlarla savaşa girersen değişim çaban hayal kırıklığı ile biter. Çoğu insan için değişim, kâğıt üzerinde teoride planlanmış bir girişimdir. Kendisine bir rol seçmiştir ve o rolü hayatına uydurmaya çalışıyordur. Sen de sevgili dostum, kaygılı bir insansan aşırı umursamaz olmayı, içe dönük birisiysen aşırı girişken olmayı arzuluyor olabilirsin. Ama önce kendini tanıyıp neyin değişip neyin değişmeyeceğini iyi tesit etmen gerekir. Mesela ben kaygılı bir insanım ve uzun süre kaygıdan tamamen kurtulmaya, gamsız bir insan olmaya çalıştım. Ama bu yoğun mücadele benim için çok yorucu oldu. Çözümü ve huzuru, kaygılı bir yapıda olduğumu kabullenerek buldum. Kaygı kenarda konuşan dırdırcı bir insan gibi, onunla beraber yaşıyorum ama onu eskisi kadar ciddiye almıyorum artık.

Hayatta arzuladığımız birçok şeye, delicesine onlara koşarak değil, kendimizi hayatın akışına bırakarak ulaşabiliriz.

Çok uğraştığın zaman tersi etki yapacak şeylere daha fazla örnek verebiliriz; birini ikna etmek için çok çaba harcamak, insanları etkilemek için çok çeşitli yollar denemek, memnun kalmadığın bir konuda aşırı tepki vermek, mükemmel olmaya çalışmak bunlardan bazılarıdır.

Sonuç olarak, hayatta arzuladığımız birçok şeye, delicesine onlara koşarak değil, kendimizi hayatın akışına bırakarak ulaşabiliriz.

Kusurlu Olan Daha Çok Sevilir

"Hata yok, tesadüf yok. Tüm olanlar, öğrenmemiz için bize verilmiş nimetlerdir."
– Elisabeth Kübler-Ross

Bugüne kadar sevilmek için hep mükemmel olmaya çalıştıysan, kusurlu olanın daha çok sevileceğini söylemem sana garip gelebilir. Ama gerçekten öyle, kusurlu insanlar mükemmel olanlara göre daha sempatik ve sevilebilir algılanıyorlar. Bu konuda yapılmış çok ilginç bir psikoloji deneyinden bahsetmek istiyorum.

Sosyal psikolog Elliot Aronson, 1960'lı yıllarda dört kişiye 50 farklı soru sormuş ve bu kişilerin soruları cevapladığı anların sesini kaydetmişti. Sonrasında bu ses kaydı 48 farklı öğrenciye dinletildi ve öğrencilerden bu kişileri puanlamaları ve yorumlamaları istendi. Deneyin şaşırtıcı sonuçlarına geçmeden önce soru cevap kısmına dair bazı detaylardan bahsetmek istiyorum. Soruları cevaplayan dört kişiden ikisi entelektüel seviyeleri yüksek ve neredeyse soruların tamamına doğru cevap veren kişiler, diğer ikisiyse ortalama düzeyde ve yanlış cevapları daha fazla. Yüksek performanslı kişilerden biri, soruları cevaplarken kahvesini masaya döküyor ve buna sesli bir tepki veriyor. Ya da aynı kişi bazı basit telaffuz hataları yapıyor. Aynı hatalar orta düzey performanslı kişilerden biri tarafından da yapılıyor. Diğerlerinde buna benzer hatalar olmuyor. Bu arada bunların hepsi önceden planlanmış kurgu tepkiler.

Gelelim deneyin sonuçlarına... İlginç kısım şu, yüksek performanslı olup küçük hatalar yapan katılımcı, üniversite öğrencileri tarafından en çok sevilen kişi olmuştu ve en yüksek puanı o aldı. Yüksek performanslı olup hata yapmayan kişiyse soğuk ve ulaşılamaz algılandı. Orta düzey performansa sahip olup hata yapan kişi, kendi emsali olan kişiden daha düşük puanla değerlendirildi. Bu deneyden hayata dair öğreneceğimiz çok şey olduğunu düşünüyorum.

İlk olarak şunu belirtmekte fayda var, eğer durmadan hata yapıyorsan, gerçek performansını ortaya koymak için hiçbir çaba göstermiyorsan, hata yapıyor olman sempatik algılanmaktan çok olumsuz algılanmana sebep olacaktır. Ancak elinden gelen çabayı ortaya koymana rağmen mükemmel olamayabilirsin, sana güzel haberlerim var; bu kadar mükemmel olmaya çalışmasan da kusurların ortaya çıkınca daha sıcak ve samimi bulunacaksın. Bu psikolojik etkiye, Pratfall Etkisi deniliyor.

Bu durum aslında birçok profesyonel insan tarafından kullanılan bir beyaz manipülasyon tekniğidir. Oscar alacak oyuncunun sahneye çıkarken ayağının kayıp düşmesi, bir siyasetçinin burnu akacak şekilde ağlaması, bir televizyon sunucusunun canlı yayındayken küçük kızının gelip yayını sabote etmesi ilk bakışta tesadüfi gibi görünse de aslında tam olarak bahsettiğimiz Pratfall Etkisi'ne örnek gösterilebilir. Zamanında tanıştığım bir aşçı, yemeğinin lezzetinin daha net hissedilmesi için tuzlulara çok az şeker, tatlılara da çok az tuz attığından bahsetmişti. Var olan güzellik çoğunluğu kaplasa da azıcık kusur insanı çok daha sevilebilir hale getiriyor.

> Elinden geleni yaptığın zaman, kusurlarını saklamak yerine itiraf ettiğin zaman, açık yaşadığın zaman, diğer insanlar sana daha fazla hayranlıkla yaklaşacak.

Birçok insan hayatta mükemmel olma çabası içerisinde ve haliyle herkeste olan kusurlarını saklamak istiyor. Ancak kusurlar, insan olmanın güzelliği. Hepimizin aciz olduğu zamanlar ve alanlar var. Kusurlarının varlığını ağır bir yük gibi yaşayan insanlar, bunları saklamak zorundaymış gibi hisseder. Ama saklanan kusurlar, sebep olduğu olumsuzluklardan çok daha fazla olumsuz etkilemeye başlar kişiyi. Olmadığın bir insan gibi davranmaya çalıştıkça ruhun yorulur. Gün içerisinde sana uygun olmayan dar bir ayakkabıyla gezmişsin gibi gelir ve evinde tek başınayken rahat edebilirsin ancak. Bu mükemmel görünme çabasının arkasında sevilme, beğenilme arzusu ve dışlanma korkusu olabilir. Ama gördüğün üzere, elinden geleni yaptığın zaman, kusurlarını saklamak yerine itiraf ettiğin zaman, açık yaşadığın zaman, diğer insanlar sana daha fazla hayranlıkla yaklaşacak.

Özellikle sosyal kaygı durumunda, kişi kaygılandığının anlaşılmaması için çok çabalar, bu da onu daha çok kaygılandırır. Ama kaygılandığını, heyecanlandığını itiraf eden birisi genelde karşı taraftan güzel bir tebessüm alır. Ve sen bir şeyleri saklamak zorunda olmadığın için daha az kaygı hissedersin. Kusurlarını saklayan bir insan kendi olamaz, kendi mükemmel versiyonunu oynuyormuş gibidir. Kendin olmanın garip bir tarafı olsa bile, bu tarafını ortaya koyman sana daha iyi hissettirecektir.

Bu konuda söyleyeceğim bir diğer şey de şu; kendini aşırı ciddiye almak hatalarını saklama ihtiyacını ortaya çıkarır. Sanki dünya dediğimiz yer yüzü asık takım elbiseli insanların dünyayı kurtardığı bir yer de, böyle bir yerde sen de elinden gelen ciddiyeti göstermelisin, ortamı bozmamalısın gibi hissediyor olabilirsin. O koca koca adamların hepsi şu an bu dünyada değil, ölüm herkes için geçerli. Bunu hatırladığın zaman dünyanın bir oyun alanı olduğunun daha çok farkına varıyorsun. Dünya senin oyun alanın, bu sebeple kendinle dalga geçmekten hiç kaçınmaman gerekiyor. Kendisiyle, yaşadıklarıyla dalga geçebilen bir insan hayata karşı daha esnek oluyor. Ayrıca zihnin ciddiye aldığın şeyleri gerçekmiş gibi yaşarken, dalga geçebildiğin şeyler konusunda "Bunun üstesinden gelebilirim" diye düşünüyor. Rezil olduğun bir senaryoyu düşün, her şeyi çok ciddiye aldığın için çok üzüldün belki de. Ama önce sen kendinle dalga geçseydin, üzerinde hiç düşünmeyeceğin önemsiz bir ayrıntı olacaktı bu an hayatında.

Sonuç olarak söylemek istediğim şey şu, sen elinden geleni yaptığını düşünüyorsan sonrasını hayatın akışına bırakmalısın. Olan olduğu gibi olsun, kusurların seni tamamlayan en önemli unsurlardan. Ayrıca olmadığın bir insan gibi davrandığın zaman, kendinin yüzeyinde kalırsın, derinlerini unutursun. Bu da kendine yabancılaşmış milyonlarca insandan biri yapar seni.

> Olan olduğu gibi olsun, kusurların seni tamamlayan en önemli unsurlardan.

Mutlu Olmak İçin İhtiyacın Olmayan Şeyler

"Yaşamın yaşadıklarındır.
Yaşamaya 'karar' verdiklerin,
ya da yaşamak istediklerin değil..."
– Oruç Aruoba

Hepimizin içinde bir yerlerde hayatta doğru ilerlemek için geliştirdiğimiz formüller var. Kimileri bunun farkında, kimileri de daimi olarak aynı sonuçla karşılaşsa da kullandığı formülün farkında olmadığı için aynı hataları tekrar etmeye devam ediyor. Mutluluk konusunda bile... Daha önce söylediğim gibi, amacın mutluluk olsa da bazen kullandığın yöntem mutsuzluğunun kaynağı olabiliyor. Bir yemek yaptığını düşün, bu yemek normalde üç çeşit malzemeyle yapılabiliyor ama sen kan ter içinde kalarak bu yemeğin içine onlarca malzeme koyuyorsun. Evet, yemek yine güzel oluyor ama işin ilginç tarafı şu, sen bu yemeği üç çeşit malzemeyle yapsaydın da aynı lezzete, belki de daha fazlasına sahip olacaktı. İşte mutluluk konusunda ortaya koyduğun çabaların bir kısmı mutlu olmana hiçbir katkı sağlamaz, bilakis, hem seni yorar hem de mutsuz olmana sebep olur.

Mutlu olmak için ihtiyacın olmayan şeylerden birisi kontrol çabasıdır. İnsanın narsisistik bir tarafı var; aslında dünya içerisinde uzun vadede bıraktığımız iz herhangi bir ağaç kadar bile değil, oysa yaşarken her şeyi kontrol edebiliyormuş gibi hissediyor günümüz insanı. Hayat başımıza gelen ihtimallerden oluşuyor. Birçok ihtimal var ve biz bunların bir kısmını yaşıyoruz, yeni ihtimallerin başımıza gelmesiyle de yolumuza devam ediyoruz. İhtimaller arasında seçim yaptığımız anlar olsa da o seçeneklerimiz de daha önceki seferlerde bizim kontrolümüz dışında gelişen ihtimallerin ortaya çıkardığı seçenekler oluyor. Yani aslında hayat ve değişkenler üzerindeki etkimiz ve kontrolümüz çok sınırlı. Hal böyleyken, insanın mutlu olmak için her şeyi kontrol edebileceğini zannetmesi ve bunun için ciddi bir emek sarf etmesi hem boşa kürek çekmek oluyor, hem de her an tetikte olmayı gerektirdiği için çok yorucu oluyor.

Kendi seçimlerimiz gibi görünen şeylerin üzerinden kısaca geçelim. Mesela inandığın din ya da seçtiğini düşündüğün siyasi yönelim... Sen mi onları seçtin yoksa içine doğduğun ailenin etkisiyle mi onlara yöneldin? Sevdiğin ve belki de evlendiğin kişiyle sen seçtiğin için mi birliktesin? Kısmen evet ama aynı şehirde olmanız, aynı ortamda denk gelmeniz gibi durumlar aslında sizin birbirinizi tanımanıza vesile oldu. Hayatta çok mücadele ettiğin ama olmayan bir şeyi düşün, kendi haline bıraktığın zaman işlerin bazen kendi kendine hallolduğuna hiç şahit olmadın mı? Aslında biraz detaylı bakınca kontrol gücümüz konusunda kendimizi kandırdığımızı netlikle görebiliriz. İşte böyle bir noktada hayatın akışı içerisinde, bir şeyleri sıkıca tutmak sadece elinin acımasına neden olur. Sen elinden geleni yaptığına inanıyorsan yeterli, bazı şeyler olacak bazıları olmayacak. Bazıları seni sevindirecek bazıları üzecek. Bu sen onları kontrol etmediğin için öyle değil, kontrol etmeye çalışsaydın da öyle olacaktı.

Bir diğer beyhude çaba da kendini ispatlama çabası. Biraz önceki bölümde de kısmen değindim. Sen ne yaparsan yap bazı insanlar seni sevecek bazıları sevmeyecek. Burada da aslında gizli bir kontrol çabası var. Ben elimden gelen çabayı gösterirsem insanlara kendimi sevdirebilirim. Ama insanların birbirini sevmesinin bir matematiği yok, bazen hiç sebep yokken birilerini seversin, bazen de sebepsiz nefret edebilirsin. Bu noktada bazı insanların senin hakkında olumsuz düşündüğünü, yanlış yorumlar yaptığını, aptal, beceriksiz, değersiz olarak etiketlediğini göreceksin. Ama hakkında her olumsuz yorum yapana cevap verecek olursan, kendini ispatlamaya çalışırsan çok işin var demektir. Bu bir kovayla denizi boşaltmaya çalışmak gibidir, yaptığını zannedersin ama biri gider biri gelir. Bırak insanlar senin hakkında istediklerini desinler, herkese kendini kanıtlamak zorunda değilsin.

Mutlu olduğunu hissetmek bir algı meselesidir çoğu zaman. Bu algıyı belirleyen en önemli ölçümlerden birisi de "ben ne durumdayım, diğerleri ne durumda" kıyaslamasıdır. Mutlu hissetmek için ön kabulde bulunduğumuz yanlışlardan birisi de diğer insanlardan daha iyi durumda olduğumuzda gerçekten iyi ve mutlu olduğumuzu hissetme algısıdır. Bu sanırım yapılacak en yanlış ölçümlerden birisidir. Herkesin başlangıç noktasının ve hikâyesinin farklı olduğu düşünüldüğünde, diğer insanlarla yaptığın kıyaslama kendine büyük bir haksızlık olacaktır. Başkaları için bir malikâneye sahip olmak önemsiz bir ayrıntıyken senin için başını sokabilecek bir yuvan olması dünyanın en önemli şeyi olabilir. Ama ne zaman ki diğerleriyle kıyaslamaya girişirsin, canını dişine takarak elde ettiğin şeyler sana değersiz görünmeye başlar. İyi durumda olup olmadığını test etmek istiyorsan ölçümü kendi üzerinden yapmalısın, önce nasıldın, şimdi nasılsın? Kendi geçmişinle şimdini kıyaslarsan daha mutlu hissettiğini fark edeceksin.

Ah diğer insanlar, hem mutluluğumuzun hem de mutsuzluğumuzun en büyük kaynaklarından biri. Diğer insanlarla ilgili hissettiklerin, senin hislerin üzerinde önemli ölçüde etkilidir. Bu hisleri belirleyen en önemli şeylerden birisi de, diğer insanlarla her zaman iyi geçiniyor olmak, herkesi sevmek ve herkesin seni sevmesini beklemek olabiliyor. Ama insanların birbiriyle ilgili hissettiği şeyler biraz önce de söylediğim gibi kesin bir formülü olmayan şeyler. Bu sebeple karşılaştığın bazı insanları hiç sebep yokken çok sevmemen, bazı insanların sohbetinin sana hiç çekici gelmemesi ve onlarla vakit geçirmek istememen gayet doğaldır. Nasıl ki diğer insanlar senden hazzetmeyebiliyorlar, sen de onları sevmeyebilirsin. Önemli olan detay karşı tarafa zarar vermiyor oluşundur. Hatta sevmediğin insanlarla beraber çalışmak zorunda kalabilirsin, bir şekilde ilişki içinde olmak zorunda olabilirsin, hiç sorun değil, sevmeyebilirsin, ama o insanın varlığına ve sınırlarına saygı göstermek zorundasın. Bir insanı sevmemen, ondan nefret ettiğin anlamına gelmez, sadece dünya üzerinde kısıtlı olan vaktini onunla geçirmek istemediğin anlamına gelir. Nefret sevgisizlikten öte bir şeydir.

Sen maddi ya da manevi olarak bir şeye sahip olduğun zaman geçici olarak daha mutlu hissedersin, çok da uzun olmayan bir süre sonrasında yine sen aynı sensindir.

Mutlu olmak için büyük şeylere ihtiyacın olduğunu zannedebilirsin. Bu arada konuştuğum birçok insan, lafa gelince asla öyle olmadığını iddia etse de içinde bulunduğumuz kültürel yapı bizi koşullamış durumda. Asıl değerli olanın büyük şeyler olduğunu, küçük şeylerinse sadece hobi değerinde olduğunu düşünüyoruz, farkında bile olmadan. Kendini mutlu olma konusunda şartlandırırken, şuna sahip olursam, bir ilişkim olursa, evlenirsem, istediğim işe girersem gibi koşullar koyuyor olabilirsin. Ama içindeki mutluluk potansiyeli genelde içsel farkındalığınla ilgilidir. Sen maddi ya da manevi olarak bir şeye sahip olduğun zaman geçici olarak daha mutlu hissedersin, çok da uzun olmayan bir süre sonrasında yine sen aynı sensindir. Elbette ki sahip olduklarının hissettiklerin üzerinde etkisi vardır ama bu tamamen belirleyici değildir. İnsanları bazen çizgi filmlerdeki dünyadan haberdar olmayan, kendi evreni içinde takılıp giden varlıklar olarak görüyorum. Rahmetli Oruç Aruoba'nın bu durumu ifade eden çok güzel bir sözü vardır: "Yengeç, suda yaşar; ama yüzme bilmez, suyun içinde yürür." İnsanların büyük çoğunluğunun dünyanın işleyiş düzenini çözemediği için çok daha fazla acı çektiğini düşünüyorum. Bu acının kaynaklarından birisi de, dünyada başımıza hep iyi şeyler geleceği, her zaman mutlu olma beklentisidir. Ama dünya bize iyi ya da kötü şeyler vaat etmemiştir, sadece başımıza olaylar gelir ve biz onlara anlam yükleriz. Her daim olumlu beklenti içinde olan insanlar, başlarına acı dolu bir olay geldiği zaman daha çok üzülürler, çünkü yaşadıkları acıdan başka bir de hayal kırıklığı vardır; böyle bir şey olmamalıydı diye. Hayatın tüm ihtimallerinin hepimiz için ansızın karşımıza çıkacağı konusunda hazırlıklı olmak bence insanı ruhsal açıdan daha esnek bir hale getiriyor. Mutlu olmak için her zaman her şeyin yolunda gitmesine gerek yoktur, zor şeyler yaşarsın, üzülürsün, yasını tutarsın, sonrasında hayat devam eder, yine mutlu olursun.

Ve son olarak sadece belirli fiziksel özelliklere sahip olduğun zaman mutlu olabileceğini zannedersin. Boyum daha uzun, burnum daha küçük, saçlarım daha gür, vücudum daha şekilli olsun, ancak o zaman insanlar beni daha çok beğenir beklentisi içinde olabilirsin. Bu tarz şikâyetleri olan ve sonrasında estetik ameliyatlarla rahatsız oldukları bedensel görünümü değiştiren insanlarla yolum defalarca kesişti. Önceki hallerine oranla değişiklikten sonra fiziksel anlamda daha çok beğenilir oldular. Ancak başlangıç noktasında ilgi artışı olsa da, ilişkiye dönüşen ilgilerin sonrasında önceden yaşanılan değersizlik ve sevgisizlik şikâyetleri olduğu gibi kaldı. Yani insanlar fiziksel anlamda beğenirler ama ilişkiyi sürdüren senin içeride kim olduğundur.

Bazen de değiştiremeyeceğin fiziksel özelliklere sahip olursun ve tüm dikkatini ona verirsin. Boyum daha uzun olursa hayat benim için bambaşka olurdu. Senin dikkatin neredeyse insanların da dikkati oraya çekilir. Sen boyuna taktığın zaman, insanlar da senin boyunu fark ederler. Çünkü bu konuyu çok merkeze aldığın için farkında olmadan bu konuda konuşursun. O âna kadar belki de bu konunun farkında olmayan karşı taraf sen konuştukça, "Aa, gerçekten de kısa" diye düşünmeye başlar, aynen senin gibi. Değiştiremeyeceğin şeyleri mutluluğun için şart yapmamalısın, odağını güçlü yönlerine çevirmelisin.

Hayatını Mahvetmek İçin Garantili Öneriler

Muhtemelen hep diğer insanlardan şikâyet ediyorsun, hayatını çekilmez hale getirdikleri için. Elbette diğer insanların hayatını mahvetme konusunda etkisiz olduklarını iddia etmeyeceğim. Bazı insanların ilginç bir şekilde diğer insanlara zarar vermek konusunda uzmanlaştıklarını görüyorum. Ama ne olursa olsun, bir insanın hayatını mahveden genelde kendisi oluyor. Bu bölümde de, başkalarına fırsat vermeden kendi hayatını nasıl mahvedebileceğini anlatacağım. Haksız mıyım ama, sana zarar vermeleri için başkalarını yormaya gerek yok, kendi kendine de gayet iyi yapabilirsin bunu. Tabii eğer yapmıyorsan…

Her insanın içinde onu hayatın tehlikelerine karşı koruyan sensörler sistemi olduğundan bahsetmiştim. İşte bu sensörler her insanın içinde aktiftir ama bazı insanlarda alarm verirken çıkardıkları ses azaltmıştır ya da bu insanlar o seslere tamamen kulak tıkamıştır. Eğer kendi hayatını mahvetmek istiyorsan, birileri senden sana rağmen ve hatta sana zarar verecek şekilde bir şeyler istediğinde evet diyebilirsin.

Bu arada, içindeki sensörler böyle bir durumda aktif hale gelecek ve sana rahatsızlık hissettirecektir. Yapma, yanlış yapıyorsun gibi iç sesler de olabilir sensörün alarmı, gerginlik, huzursuzluk, karın ağrısı gibi işaretler de. Ama sen kendini o kadar baskı altında hissedersin ki evet demeye mecburmuşsun gibi gelir, yine kendi hakkını yersin.

Sensörlerin alarmının nasıl görmezden gelindiğine dair bir örnek vermek istiyorum. Bir gün bir danışanımla hayır diyebilmek konusunu konuşuyorduk. Aramızda şöyle bir diyalog geçti:

"Diyelim ki, yanındaki çantayı sen izin almadan aldım, içini karıştırdım, hatta paran varsa içinden çekip aldım. Böyle bir şey yapsaydım ne derdin, nasıl bir tepki verirdin?" diye sordum. O da, "Beyhan hocamın sanırım paraya ihtiyacı var ve benden istemeye çekindiği için böyle bir davranış yaptı diye düşünür ve hiçbir şey demezdim," diye yanıtladı.

Ben de, "Peki, akşam eve gittiğinde, yalnız kalıp bu ânı hatırladığın zaman ne düşünürsün?" diye sordum. Bu soruma danışanımın verdiği cevabı her hatırladığımda hâlâ sesli olarak gülüyorum. Danışanım, "Görüyor musun şerefsizi, beni dolandırdı, diye düşünürdüm," dedi. O bu cevabı verdiği zaman çok gülmüştük. Hayır diyememen, aptal olduğun anlamına gelmiyor. Sadece birisi senden senin sınırlarını aşacak bir şey istediğinde o an hissettiğin duygusal baskı akıl sensörünün alarmını duymanı engelliyor. Ama sonrasında duygusal baskı ortadan kalktığında her şey tüm açıklığıyla gözünün önüne seriliyor. Burada eğer hayatını mahvetmek istemiyorsan yapacağın şey şu olmalı, birisi sınırlarını ihlal ettiğinde bedensel rahatsızlık hislerini görmezden gelme ve sadece hemen evet demek yerine kendine biraz zaman ver. Akıl sensörünün sesini duyduktan sonra kendin için en doğru kararı vermen daha kolay olacaktır.

Kendini mahvetmek istiyorsan, yapman gereken bir diğer şey de, kendin için bir şeyler yapmadan çevrendeki insanların seni kurtarmasını beklemektir. Hayatında yaşadığın sorunlar konusunda acı çekiyorsun ama bu konuda sorumluluğu üzerine almıyorsun. Bu mahvetme yöntemi iki taraflıdır, ilk kısımda hayatında yaşadığın sorunlar için her zaman başkalarını suçlarsın, diğer kısımda ise bu sorunlarından kurtulmak için diğerlerinin senin için bir şeyler yapmasını beklersin. Yaşadığın sorunlu ilişkide bile kendin ayrılma sorumluluğunu üzerine almak yerine o ayrılsın dersin. Bu yöntemi kullanan insanlar, çevrelerindeki insanlardan daimi beklenti içindedirler ve bu sebeple sık sık hayal kırıklığı yaşarlar. Ailenin, sevgilinin, eşinin ve hatta devletin senin sorunlarını çözmeni beklersen, çok beklersin. En yakının olan insanlar bile, sen kendi sorumluluğunu almadıktan sonra sana fayda sağlayamazlar.

Hayat bir ticaretten ibarettir. Böyle söyleyince biraz garip geliyor farkındayım ama gerçek böyle. Maddi ya da manevi bir şeyler satarsın, bir şeyler alırsın. İhtiyacı olan birine yardım edersin, duygusal tatmin yaşarsın. Yani en masum görünen fedakârlıklarda bile yapanın kendi çıkarına olan bir şey vardır. Böyle söyleyince bu durumdan rahatsız olduğumu düşünmeni istemem, sadece durumu izah ediyorum; bu durum kötü bir şey değil, eğer ticaret adilse. Ama bazı insanlar bu ticarette hep malına en az değeri veren tüccarı seçerler ve hep zararına ona satarlar ortaya koyduğu şeyleri. Yani sana değer vermeyen, sana emek harcamayan insanlara en değerli şeylerini sunuyorsan, bu kârlı bir alışveriş değildir. İşin kötü tarafı ise bunu daimi bir şekilde yapıyorsan ruhsal şirketin daimi olarak zarar eder ve bir süre sonra iflas bile çekebilirsin. Ruhsal şirketin iflas etmesi ise ruhsal rahatsızlıkların ortaya çıkmasıdır. Eğer senin için hiçbir şey yapmayan birine çok fazla emek veriyorsan, hayatını mahvetme yolunda emin adımlarla ilerliyorsun demektir.

Biraz önceki konuyla ilgili olarak bir şeyden daha bahsetmek istiyorum. Eminim çevrende seni aşağılayan, küçük düşürmeye çalışan, açıklamalarını dinlemeyen, hatta kendini açıklama girişimlerini bile seni suçlamak için kullanan insanlar vardır. Ve sen bütün iyi niyetinle bu insanlara karşı, defalarca kendini anlatma, açıklama girişimlerinde bulunursun. Anlamıyorlar, değil mi? Anlamamalarının, sana kötü davranmalarının sebebi seninle çok az ilgili. Bu sebeple açıklamaların onlara ulaşmıyor. Birisi sana hak etmediğin şiddette ve içerikte bir tepki veriyorsa, bu tepkinin kaynağı senin davranışından ziyade o insanın kendi içinde verdiği savaşı senin üzerinden gerçekleştirmesidir. İşte bunu fark ettikten sonra hayatını mahvetmek istiyorsan, bu insanlara kendini durmadan anlatmaya çalış, çırpın, defalarca yap ve hiç vazgeçme bu çabandan. Belki bir gün anlarlar. Ama niyetin bu değilse, bu insanlara kendini anlatmaktan vazgeçebilirsin.

Kendini mahvetme yöntemleri yolculuğuna tam gaz devam ediyoruz. Sıradaki yöntem şu, yeni tanıştığın insanlara hayatını, yaşadıklarını, sırlarını tüm açıklığıyla anlatırsan eminim karşılığını alacaksındır. Bazı insanlar konuşmayı seviyorlar ve kendi hayatına dair tüm detayları çok az tanıdığı insanlara bile tüm açıklığıyla anlatmayı tercih ediyorlar, hiçbir filtre kullanmadan. Eminim bu kadar açık olduğun insanlardan sana sevgisiyle şefkatiyle faydası olanlar olmuştur. Ancak insanların bir kısmı, ilk tanıştığın zamanda kendilerini tanıttıkları gibi iyi niyetli olmayabilirler. Ve senin anlattığın şeyleri, seni maniple etmek ya da sonrasında bir gün küçük düşürmek için kullanabilirler. Bir de şu var, unutma, hayatının her alanını teklifsiz bir şekilde anlattığında, karşındaki insana hayatınla ilgili yorum yapma, hayatını

> Önerim, hayatının merkezine birini alıp tüm hayatını ona adaman olacaktır, eğer hayatını mahvetmek istiyorsan.

yargılama hakkını da vermiş olursun. Ve yeni tanıştığın insanlarla bu kadar açık ve çok konuşmak hak ettiğin saygıyı görmene de engel olabilir. Bu sebeple hayatını mahvetmek istiyorsan yöntem belli. Ama aksi şekilde hareket etmek istersen, kendini adım adım ve yavaşça açmanı öneririm. Güvenilir ve uzun süredir tanıdığın insanlara açık olmak sana iyi gelecektir.

Son olarak önerim, hayatının merkezine birini alıp tüm hayatını ona adaman olacaktır, eğer hayatını mahvetmek istiyorsan. Daha önce de söyledim, hiçbir erkek ya da kadın kutsal değil. Ama bazen hayatına giren kişileri o kadar çok sevdiğini düşünüyorsun ki, diğer her şeyi geri plana atıp onu merkeze alıyorsun. Bir süre sonra seni besleyen diğer kaynaklar hayatından çıktığı için merkeze aldığın kişiye bağımlı oluyorsun, onsuz nefes almak bile zor geliyor. Tersi doğru olan şeyleri anlattığım bölümde, insanların üstüne aşırı düşmenin onların senden uzaklaşmaya sebep olabileceğini anlatmıştım. Birini çok sevsen bile, arkadaşlara, iş hayatına, aileye ve kendine ait özel zamanlara ihtiyacın olacak. Bunları feda ettiğin hiçbir ilişki sağlıklı bir ilişki değildir. Tabii tercih senin.

Hatalar Yapıldıkları Yere Aittirler

Hayat yolunda hepimizin nasip bohçasına birbirine benzer şeyler düşüyor. Kiminin maddi imkânları fazla olurken bu imkânların tadını çıkaracak fırsatı ya da zamanı olmuyor, kimi ise maddi imkânları kısıtlıyken bile içtiği sudan dahi keyif alıyor. Yani bir şekilde eşitlenebiliyor durumlar. Peki görünüşte birçok insanın imrendiği hayatlara sahip bazı insanlar neden hayatın en küçük sorunlarından bile çok fazla etkileniyorlar? İşte burada hayatın gidişatına dair beklentilerimiz yaşadıklarımızdan çıkardığımız yorumu belirliyor. Bu yorum o anda gerçek olmasa bile, zihnimiz onu gerçek olarak algılıyor. Yani normalde hiç önemli olmayan küçük bir aksaklığı çok kötü bir şey gibi yorumlarsan gerçekten çok kötü etkileniyorsun.

Danışanlarımdan birisi, düğünü öncesinde fotoğraf çekiminde yaşadığı bir aksaklık neticesinde yaklaşık bir ay süren ve kendini çok kötü hissettiği bir dönem yaşamıştı. Bu arada fotoğraflar çekilmişti, sadece istediği pozlardan birkaçında sıkıntı çıkmıştı. Sadece güzel anılar biriktirmek için yapılan ve aslında mutluluğa direkt katkısı olmayan bir olay, evliliklerinin en güzel sayılabilecek dönemlerinden birine gölge düşürmüştü. Başka bir danışanım da, uzun süren ve sancılı bir hastalık sonucunda annesini kaybettiğinin ertesi günü bana gelmişti. Kurduğu cümleyi hiç unutamam: "Uzun zamandır bu kadar rahat uyumadım, sonunda annem acılarından kurtuldu ve özlediği yere gitti." Elbette acıları boyutları itibariyle kıyaslamak bizi doğru sonuca ulaştırmaz ama bu örnekleri verişimin sebebi şu, hissettiğimiz acıyı belirleyen şey yaşadığımız olaylar değil, onları yorumlayış şeklimiz.

Daha çok öğrenilmiş çaresizlik kuramıyla tanıdığımız Amerikalı psikolog Martin Seligman'ın bir de öğrenilmiş iyimserlikle ilgili çalışması var. Seligman iyimserliğin öğrenilebileceğini söylüyor bize, kötümserliğin ve yaşadığın küçük olaylarda bile olumsuz duygusal reaksiyonlar vermenin sebebi, farkında olmadan kullandığın bakış açısı kalıpları. İşte, bu kalıpların da farkına varman ve değiştirmek için çabalaman önemli farklılıklar yaratacaktır.

İyimser insanlar, hayatlarında yaşadıkları bir başarısızlığı sadece o alanla değerlendirirken, kötümserliğe eğilimli insanlar hangi konuda bir sıkıntı yaşarlarsa yaşasınlar bunu o konuyla hiçbir ilgisi olmayan şeylerle de ilişkilendirip hayatları mahvolmuş gibi hissediyorlar. Örneğin, bir ilişkisinde sorunlar yaşayıp ayrılan biri, hayatta hiç kimsenin onu sevmediğini, hiçbir kayda değer başarısının olmadığını, bir ilişkiyi bile yürütemeyen birisinin yaptığı diğer anlamlı şeylerin hiç önemi olmadığını düşünmeye başlar. Bu düşünce çukuruna düşen kişi, durum tam aksi de olsa, hayatı gerçekten zannettiği kadar berbatmış gibi hissetmeye başlar. Halbuki bu kişi sadece ilişkisinde sorun yaşamıştır, başka bir alanda değil. Onu seven bir ailesi, samimi arkadaşlık ilişkileri ve hayatın iş, gelişim gibi alanlarında ciddi emekler harcanarak kazanılmış başarıları vardır. Kötümser eğilimde olan kişi, yaşadığı bir alandaki olumsuzluğu hayatının tüm alanlarına geneller. İyimser kişinin yaklaşımı ise şu şekildedir, evet ilişkimde sorunlar yaşadım ve ayrıldım, bu durum için çok üzgünüm ancak sorun sadece ilişkimdeydi, diğer alanlarda değil. İyimser üzülmeyecek diye bir durum da yok tabii, öyle bir şey hayatın akışına ters olurdu. İyimser de üzülecek ama sadece yara aldığı yerden üzülecek; sağlıklı olan hiç üzülmemek değil, yara aldığın yerden üzülmektir. Bu konuda örnekleri çoğaltabiliriz; bir derste başarısız olup tüm okulun berbat olduğunu düşünmek, yaptığın onlarca projeden birinde sorun çıktığında tüm işinin mahvolduğunu düşünmek, bir arkadaşınla sorun yaşadığında tüm arkadaşlık ilişkilerinin yalan olduğunu düşünmek gibi.

Bu hataya düşen insanlar, aynı zamanda yaşadıkları başarısızlıkları ve sorunları, kişilikleriyle ilişkilendirirler. İlişkimde sorun yaşadım, demek ki sevilmeye layık bir insan değilim, işte okulda sorun yaşadım, benden bir şey olmaz gibi kişiliğe dair bir bağlantı kurmak hayata dair motivasyonu ve sonrasında karşımıza çıkacak güçlüklere dayanma kapasitemizi azaltır. Her insan hayatı boyunca binlerce hata yapar ve her gün aynı hatayı yapmıyorsa, bu onun kişiliğiyle ilgili değildir; hayatın akışı içerisinde karşımıza çıkan olağan aksaklıklardır.

Gelelim iyimser ve kötümser bakış açısına sahip insanlar arasındaki bir diğer farka. Kötümser insanlar yaşadıkları problemlerde olabildiğince olumsuza o kadar odaklanıyorlar ki, gözleri ondan başka bir şey görmüyor ve zaman algısı kayboluyor. Yani yaşadığı problemin içine düştüğü zaman, artık bu durumun hep böyle devam edeceğini, eski güzel günlerin tamamen geride kaldığını hissetmeye başlar. İbn-i Sina'ya atfedilen bir rivayet vardır. Rivayete göre kiloları ve yaşları aynı olan, aynı cinsteki iki kuzu aynı şartlardaki iki ayrı kafese konulur. Bu iki kafesin yanında bir kafes daha vardır ve orada da bir kurt vardır, ancak bu kurdu sadece kuzulardan birisi görebilmektedir. Aradan bir süre geçtikten sonra kurdu gören kuzunun her daim huzursuz olduğu, yemeden içmeden kesildiği gözlemlenir. Kurdu görmeyen kuzununsa keyfi yerindedir. Ve işin sonunda kurdu gören kuzu hastalanarak ölür. Diğer kuzu yaşamaya devam eder. Bu hikâyede kahramanlar kurtla kuzu olsa da, insanlarda da durum tam olarak böyledir. Neye inanırsan öyle oluyor. Yani bir problem hiç geçmeyecekmiş gibi hissettiğinde, gerçekten başına hiç geçmeyecek ve her gün ağırlığını artıracak bir problem gelmiş gibi yıpranırsın.

İyimser insanlardaysa durum başta kötümserlerdekine benzer bir şekilde ortaya çıkıyor, panikliyorlar, çok korkuyorlar, çok üzülüyorlar. Ama sonrasında problemin dibinden ayrılmak akıllarına geliyor. Birazcık olaydan ve kendinden uzaklaşınca, büyük resmi görmeye başlıyorlar. Ben buna benzer olayları daha önce de yaşadım, aştım ya da bu problemi benden başka insanlar da yaşadı ve aşabildiler, onlar aşmışsa ben de üstesinden gelebilirim diye düşünüyorlar. Yani şu anda çok kötü hissetmem her zaman böyle hissedeceğim anlamına gelmiyor. Çok ağır sorunlar altında eziliyor olsan bile günün birinde eskisi gibi işlerin düzeleceğini bilmek ve hissetmek insana rahatlık verir. Örneğin, sana birini seçmek zorunda olduğun iki seçenek sunsaydım, birincisi ne zaman biteceğini (bir ömür boyu sürme ihtimali de var) bilmediğin bir baş ağrısı mı, yoksa ne zaman biteceği kesin olarak belli ve çok da uzun sürmeyecek çok sancılı bir hastalığı mı seçerdin? Seçim şartları koşullara göre değişkenlik göstermekle beraber, insan her zaman netliği seçme taraftarı olur. Çünkü belirsizlik durumunda, zihin her zaman tetikte kalmak zorunda hisseder, en kötüsünü yaşıyormuş gibi reaksiyon verir.

İnsan bazen kötü günler geçirir. Her zaman ihtimal dahilindedir bu durum. Kötü günler geçirirken de hayatın hep böyle olduğunu düşünmek yerine, belki de sadece bugün kötü bir gündür diyebilmek iyi gelir. Yaşadığın problemleri geçmişte yaşadıklarınla kıyaslayıp, onlara karşı verdiğin mücadeleyi şu an yaşadıklarına karşı da verebileceğini, bu güce sahip olduğunu hatırlayabilirsin. Ve şu anda yaşadığın şeylerin birkaç ay sonra seni ne kadar etkileyeceğini, aylar geçtikten sonra hâlâ bu kadar umursayıp umursamayacağını kendine sorman iyi gelebilir.

İyimserler ve kötümserler arasındaki bir diğer fark da, kötümserler yaşadıkları iyi şeyleri dışsal faktörlere, kötü şeyleri ise içsel faktörlere bağlıyorlar. İyimserlerdeyse durum tam tersi. Yani eğer kötümser eğilimlere sahip birisiysen, güzel bir şey yaptığın zaman, bunu sahiplenmek yerine şans eseri oldu, zaten olacaktı, ben ne yaptım ki gibi yorumluyorsun. Hatta bu yapıdaki bazı insanlar kendilerine yapılan iltifatları bile değersizleştirmede usta olabilirler. Bu konuya ileride değineceğim. Ama şimdi şu kadarla yetineyim, güzel şeyleri sahiplenmeyen insanlar, kötü bir şey olmayagörsün, hatta başka bir yerde birisinin ayağına taş değsin, kendilerini suçlama eğiliminde olabiliyor. Hayatında karşına çıkan ve başarısızlık olarak kabul ettiğin şeylerde, kendi payını hep yüzde yüz olarak değerlendiriyorsan sen de bu kategoriye giriyorsundur. Hâlbuki hiçbir başarısızlık tamamen senin sorumluluğunda değildir.

İyimser insanlardaysa durum dediğim gibi tam tersi. İyi bir şey ortaya çıktığı zaman bunu sahipleniyorlar, bunu ben seçtim, yaptım veya başardım demek eğer gerçekten öyle olmuşsa kesinlikle bencillik demek değildir. Emek veren bedenini ve zihnini takdir etmektir. Aynı zamanda gelecekte aynı güzel işleri tekrar yapma konusunda motivasyon verir. Kötü olaylarda ise elbette kendi payını da görmekle beraber, dışsal koşulların etkisini de hesaba katar. Çünkü bazen sen ne yaparsan yap, olmaz. Çünkü zamanı gelmemiştir, koşullar olgunlaşmamıştır, senin elinde olmayan sebepler devreye girmiştir. Bu durumlar da hesaba katılınca, kişi başarısızlıklarda da kendini hakkaniyetli olarak yargılar. Benim bu durumda payım gerçekten ne kadar? Sadece kendi sorumluluğunun yükünü taşıdığında, en ağır yükler bile taşınabilir hale gelir.

Kimseye Özür Borçlu Olmadığın Şeyler

Özür dilemek güzel şey, eğer gerçekten özür dilenmesi gereken bir durum yaşanmışsa. Ancak bazı insanlar vardır ki, seanslarda oturma biçimlerinden yola çıkarak onlara koltuğun ucunda oturan insanlar diyorum, bu insanlar neredeyse var olduğum için özür dilerim bile diyebilecek kadar baskı altında hissediyorlar. Evet, özür doğru yerde insani erdemlerden en güzeli ve inanılmaz onarıcı bir etkisi var, ama gerekmediği yerlerde dilenen her özür ruhundan bir parçayı koparıyormuşsun gibi etki eder. Bu bölümde kimseye özür borçlu olmadığın ve hatta açıklama yapmak zorunda bile olmadığın şeylerden bahsedeceğim.

Biraz önce de söylediğim gibi bazı insanlar var olduğu için bile özür dilemek zorundaymış gibi hissederler. İşte burada var olmak kısmını detaylandırmak istiyorum; var oluşun sana özeldir, diğer insanlardan farklıdır ve zaten seni güzel yapan kısım da tam olarak budur. Belki de birazcık hassas yapıdasın, şahit olduğun şeyler seni çabucak üzüyor, insanlarla yaşadığın tartışmalar kafana takılıyor, gerilimli ilişkiler, rekabet seni yoruyor. Ya da diğerlerinin kolayca yaptığı şeylerde bile sen korkuyorsun ya da kendini kaygılı hissediyorsun. Bugüne kadar bu tür özelliklerine hep kurtulunması gereken yükler gibi bakmış olabilirsin, olsun. Ama hassas ve duygusal yapını, senin var oluşunun dokusunu oluşturan kumaş gibi düşünebilirsin. Bu değişebilecek bir şey değildir. Bundan dolayı böyle özelliklere sahip olduğun için özür dilememelisin, herkesin bir yapısı var ve sen de böylesin. Çevrende seni sevdiğini söylemesine rağmen her konuda eleştiren insanlar olabilir, bu konuda sana yüklenebilirler de; aşırı hassassın, çok kafaya takıyorsun diye. Özür dilediğin zaman, karşı taraf sana daha da fazla yüklenebilir. Böyle konularda ben böyleyim diyebilmek çok önemlidir.

İnsan yaş aldıkça, az çok kendisine neyin iyi neyin kötü geleceğini anlamaya başlıyor. Ve bu yıllarla gelen bilgelik, dışarıdaki insanları değiştirmek yerine kendini korumanın en işe yarar yöntem olduğunu içinde barındırıyor. İşte bu nedenden dolayı, hayat yolunda belki kan bağıyla, belki bir evlilikle, belki de yıllardır devam ettiği için bir bağlılık oluşması sebebiyle görüştüğün ya da görüşmek zorunda hissettiğin insanlardan uzaklaşmak, onları hayatından çıkarmak isteyebilirsin. Böyle bir karar aldığında, çevrendeki insanlar seni yargılayabilirler; o senin abin, ablan, akraban, eşin, arkadaşın, nasıl olur da onunla iletişimini kesersin, nankörsün, değer bilmiyorsun, yanlış yapıyorsun diye. Böyle zamanlarda bir tarafın yoğun bir şekilde o insanla görüşmemeyi ister, diğer taraftan da özür dilersin böyle yaptığın için. Bir de şöyle bir durum var; emin olarak yaptığın bir şey için özür dilersen, o konuya dair güvenini, emin oluşunu yitiriyorsun, içine bir şüphe düşüyor. Kendini en iyi sen biliyorsun, bir karar almışsan almışsındır. Ve birilerini sana zarar verdiği için hayatından çıkardığında kimseye özür borçlu değilsin.

Bazı insanlar kendi kazandığı paradan kendilerine bir şeyler aldıkları zaman bile suçlu hissedebiliyorlar. O kadar çok alışmışlar ki vermeye, vermek zorunda olmaya, parayı kendi de kazansa asla kendine bir şey almamalı, kendini ödüllendirmemeli. Yetişkin bir insan olmana rağmen belki de hâlâ her şeyini ebeveynlerine vermeye ya da tüm kazandığını kendi ailen için harcamaya devam ediyor olabilirsin. Ama insan yoruluyor ve kendini de ödüllendirmek istiyor, çok doğal olarak. Böyle bir durumda kendin için para harcarsın ve içine bir suçluluk çöreklenir. Ve eğer o güne kadar tüm kazandıklarını harcadığın insanlar, anlayışlı insanlar değilse seni sadece kendini düşünmekle suçlayabilirler. Bir tarafın çok şaşırır, nasıl bana bu haksızlığı yapabilirler diye, bir tarafın da ya gerçekten sadece kendimi düşünüyorsam diye tedirgin olur. İşte böyle anlarda özür dilemek zorunda hissedebilirsin kendini. Ama şunu unutmamalısın, kazanan sensin harcayan sensin, elbette bakımından sorumlu olduğun insanları düşüneceksin, onlara yardımcı olacaksın ama kendin için yaptığın şeyler konusunda kimseye bir özür borçlu değilsin.

Kendin için harcadığın zaman suçlu hissedip özür diliyorsan, muhtemelen kendine zaman ayırdığın ve önceliklerin bazen çevrendeki insanlardan farklı olduğu için de özür dilemek zorundaymış gibi hissedebilirsin. Hepimizin hayatta değer verdiği, zamanını geçirmek istediği şeyler birbirinden farklıdır. Kimisi zamanın büyük bir kısmını ailesiyle geçirmek ister, kimisi daha çok yalnız ve kendiyle ilgilenerek zaman geçirmeyi, kimisi de sosyalleşmeyi çok sever. Öncelik mevzusu kişisel bir konu olduğu için, herhangi birinin önceliği diğerlerinden daha önemlidir diyemeyiz. İşte burada, kazandığın parayla ne yapacağın, parayı nerede harcayacağın, hafta sonlarını nasıl ve nerede geçireceğin, boş zamanlarını nasıl değerlendireceğin zorunlu durumlar haricinde senin kararındır. Ama çevrendeki insanlar bizimle zaman geçirmiyorsun, paranı bizim istediğimiz şekilde kullanmıyorsun, bizim dediğimiz yerlere gelmiyorsun, bizim gibi yapmıyorsun diye seni suçluyor olabilirler. Bu da sende özür dileme ihtiyacını ortaya çıkarabilir. Ama kendine iyi geleni ve ne yapmak istediğini sen biliyorsun. Bu konuda da kimseye bir özür borcun yok.

Topluma uyumlu olmak elbette önemlidir ama kendin olma cesareti bazen diğer insanların beklentilerini gerçekleştirmemeyi de gerektirir. Çok fazla özür dileyen insanların, çevrelerindekilerin beklentilerini boşa çıkarmama, onlarla sorun yaşamama gayreti vardır. Ama böyle davrandığın zaman, bir süre sonra kendini değil onları yaşamaya başlarsın. Hayatta orijinal bir şekilde var olmuş her insan bir noktada uyumsuz olmayı, toplumun bu konuda onu yargılamasını göze almıştır. Sen de bazen kendin olma yolunda diğer insanlarla ters düşeceksin, topluma uyumsuz olacaksın. Ama bu özür dilemen gerektiğini değil doğru yolda olduğunu gösterir.

Bazı insanlar, karşılarına çıkan güçlüklerle hep tek başına mücadele eder, çünkü yardım istemek konusunda sorun yaşarlar. Bazıları yardım istemeyi diğer insanlara yük olacağı endişesiyle tercih etmezken bazıları da bu isteğin kendisini zayıf göstereceğinden çekindiği için yardım istemez. Ama bazen diğer insanların bize yardım etmesine izin vermek onlara yapılmış bir iyilik olabilir. Hem o anda yardımına ihtiyacının olması o kişiye kendisini özel hissettirecek, hem de bu yakın olduğunuzun bir işareti olarak yorumlanacaktır. Hiç yardımını istemediğin birisiyle muhtemelen gerçekten yakın değilsindir. Zayıf görünme kısmına gelince, bir insanın her zaman yardıma ihtiyacı vardır. Bu sebeple insanlar topluluklar halinde yaşar, hâlâ aile kurumu varlığını sürdürmeye devam eder. Yardım istemeni güçsüzlük olarak yorumlayan insanlar varsa bu insanları iyi bir şekilde değerlendirmeni öneririm. Çünkü böyle bir yaklaşım sana zarar verebilir. Bu tür düşünceler sebebiyle çok sıkıştığın bir anda yardım istediğin için özür dilemek zorunda hissedebilirsin, ama bu da diğer konular gibi özür dilememen gereken şeylerden birisidir.

> Hiç yardımını istemediğin birisiyle muhtemelen gerçekten yakın değilsindir.

Susunca Yok Oluyormuş İnsan

Sevdiğim şair Cahit Zarifoğlu'nun insanı derinden vuran çok güzel bir sözü vardır: "Keşke vaktiyle, saçma da olsa iki laf etseymişim. Susunca yok oluyormuş insan, çok sonra öğrendim." Çevremdeki her insan benden en az bir kez, şiirlerin ve romanların insan psikolojisine dair, çoğu psikoloji kitabından daha fazla derinlemesine gözlem içerdiğini duymuştur. Burada da tam olarak öyle, o kadar derin bir tespit var ki, bizzat yaşayanın ağzından, en rahatsız edici çıplaklığıyla.

İnsanın varlığının en büyük kanıtı ilişkide olduğu diğer insanların gözlerindeki yansımasıdır. Onlarla kurduğun iletişim, senin onları, onların seni algılayışı bu dünyada kendin için biçtiğin rolü tanımlar ve kapladığın yeri belirler. Her insanın içinde kocaman bir maden var, türlü türlü sürprizleri barındıran, *Alice Harikalar Diyarı*'ndaki gibi, rengârenk ve eğlenceli. Dışarıdan çok rutin bir hayatı olan, hayattan hiçbir şey beklemiyor gibi görünen insanları ruhunu azıcık eşeleyince ne arzular, ne tutkular çıkıyor, bir bilsen. Demem o ki, her insanın içi rengârenk. Peki, ama öyleyse neden bazı insanlar çok siyah beyaz görünüyorlar? İşte burada kendini ortaya koymanın önemi anlaşılıyor. İnsan ilişkide olduğu insanlardan bir şeyler bekler; nasıl olduğunu, ne istediğini, ne istemediğini ifade ettiğinde, karşısındaki insan onu anlasın anlamasın, ondan gelen her söz, onun kişiliğinin yansımasıdır. Karşı taraf senin istediğini yapmasa bile, "Aaa Beyhan bunu istemiyormuş ya da sevmiyormuş" gibi bir tanımlama belirir zihninde, kafasında Beyhan imajının eksik olan yapboz parçaları tamamlanır. Yıllar içerisinde verdiğimiz her tepkiyle insanların bizi algılayışını tam bir insan haline getiririz. Yani olması gereken bu, ama işler her zaman gitmesi gerektiği gibi gitmiyor.

Kimi insanlar, kendilerini ifade etmekten geri duruyorlar. Daha önce birkaç kez değindim aslında, her davranışın mantıklı ya da mantıksız bir nedeni vardır. Cinayet de işliyorsan, uyuşturucu da kullanıyorsan kendi içinde bunun bir sebebi vardır. Kendine ve diğerlerine zarar veren davranışlarının sebebi genelde sorunlarınla yanlış bir şekilde baş etmeye çabalamandır. Diyelim ki kendini çok yalnız ve dışlanmış hissediyorsun, bu olumsuz hissin ortaya çıkardığı duygu durumuyla uyuşturucu kullanarak baş edebilirsin. Anlık bir rahatlama yaşarsın belki ama uzun vadede daha derin bir bataklığa saplanırsın. Sana mantıksız da gelse her davranışının altında gününü kurtarmaya yarayan bir sistem vardır. Bir şeyi mi erteliyorsun? Sebebi belki de başarısız olmaktan korkman ve dolayısıyla o görevden kaçman. Birisine hak etmediği kadar çok mu değer veriyorsun, belki de diğer insanların seni ancak o zaman sevebileceğini düşünüyorsun. Mantık bu şekilde işliyor.

Peki bu konu kendini ifade etmediğin zaman nasıl çalışıyor? Bunun birden fazla sebebi olabilir. Benim sık karşılaştığım sebepler şu şekilde; birinden yardım istediğin takdirde karşı tarafa yük olabileceğin endişesi, diğer insanlara yaklaştığın zaman onların seni hayal kırıklığına uğratabileceği korkusu, karşı taraf nasıl olsa beni anlamayacak ya da ben anlatırsam, ifade edersem ne faydası olacak inancı ve bir şekilde kendini ifade etmenin seni güçsüz gösterebileceğine yönelik kaygın... Her birinin geçmiş yaşantılarda bir kökeni vardır.

Çocukken sıklıkla yaşadığın deneyimler ilerleyen yaşlarda tekrarlamasa bile, sen sanki tekrar yaşıyormuşsun gibi tepki veriyor olabilirsin ve bunun farkında bile olmazsın. Özellikle duygusal açıdan ebeveynleri tarafından erken yaşlarda tatmin edilmemiş kişilerde kendini koruma refleksi gelişebilir. Yani çocukken ebeveynlerinden doğal olarak beklediğin sevgiyi, ilgiyi ve şefkati göremediğin için çocuk aklınla ve duygusallığınla çok kırılmışsındır. Ve tekrar tekrar kırılmamak için kendini koruma moduna almışsındır. İlerleyen yaşlarda çevrendeki insanlar gerçekten sana değer verme niyetinde olsa bile, çocukluk çağında yaşadıkların sebebiyle güvenlik modunda kalırsın ve kendini ifade etmek senin için kırılma ihtimalini gündeme getirdiğinden hep geride durursun; içeride bir yerlerdeki o korku seni geride tutar.

Susmana sebep olan bir diğer inanç da "Konuşsam ne olacak ki?" inancıdır. Eğer bu inanca sahipsen, hayatında bir şeylerin daha iyiye gitmesini sağlayan tek şeyin eylem olduğunu düşünüyorsundur. Yani bir derdin ya da isteğin olduğunda bunu konuşmanın tek gerekçesi, karşı tarafın bu konuda bir şeyler yapabilmek ihtimalidir sana göre. Oysa gerçekte durum bunun tam tersidir. Hissettiğin herhangi bir şeyi başka bir insana aktardığında, karşındaki insan sana hiç tepki vermeyip gözleriyle sadece şefkatli bir şekilde baksa bile kendini daha iyi hissedersin. Her zaman dikkatimi çeken ve beni hâlâ şaşırtan bir şey var. Psikoterapide ilk seansta, karşı tarafın hikâyesini alırız sadece; bugüne kadar neler yapmış, hangi sorunları yaşamış, nasıl bir ailede büyümüş, hangi tedavileri görmüş, vesaire. Acil bir durum söz konusu değilse, genelde ilk seansta bir yorum yapmaya fırsat olmaz, sadece karşı tarafı dinleriz, tanımaya çalışırız. Ve neredeyse istisnasız bir şekilde, her ilk seansın sonunda danışanlar çok rahatladıklarını ifade ederler, hâlbuki tek yaptıkları onları dinleyen birilerine kendilerini anlatmaktır. Yani sadece anlatmak bile kayda değer bir etkiye sahiptir. Hatta bir kişiye değil cansız bir nesneye anlatmak, bir kâğıda yazmak bile benzer etki yaratabilir.

Burada içinden şöyle bir şey geçiyor olabilir, elbette kendimi beni anlayan birisine ifade etmek çok iyi gelir. Ama karşı taraf beni hiç anlamıyor ki, neden kendimi yorayım? İşte burada da önemli bir konu var, kendi hayatımda bizzat uyguladığım. Eskiden, çevremdeki insanlara kızdığım ya da kırıldığım zaman bunu ifade etmekten çok rahatsız olurdum. Hatta bizzat hakkım yenmesine rağmen sustuğum çok olmuştur. Kendimi bu konuda gözlemleyince bunun sebebinin, konuşsam da bunun bir işe yaramayacağına yönelik inanç olduğunu keşfettim. Ama ben konuşmayınca içimdeki o his kaybolmuyordu, her geçen günle beraber ifade etmediğim mevzunun kalan kısımlarını fantastik bir senaryo şeklinde tekrar tekrar kurguluyordum. Her seferinde kendi intikamımı aldığım, hatta bazen şiddet içeren hayaller kurduğumu hatırlıyorum. Bu durum bazen zihnimi bir haftadan daha fazla oyalayabiliyordu. Sonrasında kendime bir kural koydum, o an için tepki vermemiş ya da kendimi ifade etmemiş olabilirim. Ama bir olayın üzerinden 24 saat geçmesine rağmen o olay beni hâlâ etkiliyorsa, zihnimde senaryolar kurmama neden oluyorsa, o konuyu kesinlikle muhatabı ile konuşmamaya karar verdim. Tabii bu durum ilk başta beni inanılmaz zorladı, sorunlu durumu konuşmadan çok kez vazgeçmeye niyetlendim ama sonrasında dirayet gösterip konuştum, işte o zaman konuşma ters gitse ve beklediğim gibi geçmese bile hep rahatladığımı hissettim. İnsanlar sen onlara kendini ifade ettiğinde ilk başta tepki gösterseler de uzun vadede sana saygı duymaya başlıyorlar.

Sadece olumsuz konular için değil, güzel şeyleri ifade etmek konusu da tam olarak böyle. Çok geçmiş yıllardan kendi yaşadığım bir örneği seninle paylaşmak istiyorum. Ortaokul yıllarımda uzaktan uzağa çok sevdiğim bir kız vardı, ama onu sevdiğimi ifade etmek bir yana, o yakınımdan bir yerlerden geçtiğinde bile o kadar heyecanlanıyordum ki, sanki kalbim duracakmış gibi geliyordu. Platonik olarak sevdiğim bu kişiye kendimi hiç açmadım, sonrasında okullar bitince de bir daha görme fırsatım kalmadı. Aradan yıllar geçti, İstanbul'da üniversite okurken, bir arkadaşım, "Bak seni bir Ankaralı ile tanıştıracağım," dedi ve beni kendi okulundan birisiyle tanıştırdı. "Merhaba ben Beyhan," dedim, karşı taraf "Merhaba Beyhan, ben seni çok iyi tanıyorum zaten," dedi gülerek. Onun beni tanımasına çok şaşırdım ve nereden tanıdığını sordum. Ortaokuldaki en samimi arkadaşının bana âşık olduğunu, durmadan tüm arkadaşlarına bıktıracak kadar benden bahsettiğini söyledi. Birazcık daha detay öğrenince, benim uzaktan âşık olduğum o kızdan bahsettiğini anladım. Hatta, o kızı tarif ederken kullandığım bir kod ismi vardı: "Pembe Gocuklu." Tanıştığım bu kişiye sordum, "Pembe gocuğu da var mıydı?" Cevabı, "Evet," oldu. O an içimden garip bir his geçti, biraz pişmanlık, biraz da hislerimin karşılıklı olduğunu aradan yıllar geçmesine rağmen öğrenmenin bıraktığı o tatlı duygular. Ben onunla konuşsam bile, elbette o yaşlarda aramızda bir ilişki gelişmesi mümkün değildi ama yine de keşke konuşsaymışım diye pişmanlık hissettiğimi hatırlıyorum.

Duygularını kırılmaktan, kırmaktan korkmadan ifade etmelisin ki insanlar senin farkına varabilsin.

Ara ara bu hatıramın üzerinde düşünürüm; sadece aşk için değil belki de birçok konuda nasıl olsa olmaz diye, zihnimden gerçek dünyaya çıkarmaya cesaret edemediğim şeylerin belki de bir toprağı, bir karşılığı vardı. O isteklerimin olmayışının sebebi, insanların buna izin vermemesi değildi belki de, sadece benim hislerimi ifade etmeyişimdi. Birçok insanın hayatında böyle durumlar oluyor. Sevdiğini söylemediğin için onun da seni sevdiğini öğrenemiyorsun, kırıldığını söylemediğin için onun senden özür dilediğini ve hatalı davranışını telafi ettiğini göremiyorsun ve daha nicesi…

Her ne olursa olsun susmamak gerekiyor kendi duyguların konusunda, eğer sebebi başka insanlarsa. Kırılmaktan, kırmaktan korkmadan ifade etmelisin ki insanlar senin farkına varabilsin. Başka türlü, sen dünyanın en güzel çiçeğini içinde yetiştiriyor olsan da insanlar hiçbir zaman bunu fark edemeyecek.

Memento Mori: Ölümü Hatırlamanın Psikolojik Faydaları

Yıllar önce gazetelerde bahsi geçen bir tartışmayı hatırlıyorum. Tam olarak kimin bu konuyu açtığını hatırlayamasam da, popüler bir yazar İstanbul'da işe giderken ve işten dönerken Zincirlikuyu Mezarlığı'nın girişinde yazan "Her nefis ölümü tadacaktır" ayetinin kendisine ve belki de birçok insana huzursuzluk verdiğini ve bu sebeple kaldırılması gerektiğini yazmıştı. Sonrası kavga kıyamet. Bu tartışmanın popüler kültüre ait kısmı beni çok ilgilendirmiyor. Sadece ölümle ilgili algımız açısından çok değerli buluyorum. Ölümü hatırlamak neden bu kadar rahatsız edici acaba?

Bütün kadim kültürlerde ölümün yaşamı anlamlı kılacağına dair açıklamalar ve hikâyeler mevcuttur. Bizim geçmişimizde Hoca Ahmet Yesevi'nin 63 yaşından itibaren ölene değin tabuta benzer bir çilehanede yattığı rivayet edilir. Bazı kültürlerde ölüm festivali adı altında, bazen ölülerin mezardan çıkarıldığı, bazen de insanların ölmeden önce temsili olarak mezarlara tabut içerisinde taşındığı geleneksel törenler yapılıyor. Modern kültür içerisinde düşününce, bütün bunlar birazcık garip ve tüyler ürpertici değil mi? Günümüz dünyasında ve bakış açısında evet. Mezarlıkların olabildiğince gözden uzak olduğu ve ölüme dair her şeyin neredeyse konuşulmasının ayıp ve garip olarak karşılandığı bir zaman diliminde yaşıyoruz. Ölüme dair her şeyin hayattan lezzet almamızın önünde bir engel olduğu düşüncesi yaygın bir inanış. Peki, durum gerçekten öyle mi?

Şu an bu yazıyı yazdığım bilgisayarımın ekranın üzerinde "Memento Mori" yazıyor. Uzun yıllardır sahip olduğum her bilgisayarın en görebileceğim yerine bu yazıyı yapıştırıyorum. En çok zaman geçirdiğim nesne olan bilgisayarımda böyle bir yazının olması benim için çok anlamlı. Latince olan bu deyiş, "Ölümü Hatırla" demek. Ölümü hatırlamak, bunu her dair kendine hatırlatacak şekilde göz önünde tutmak. Bunu yapmamın sebebi, ölümü hatırlamanın insanın hayatına, davranışlarına, beraber yaşadığı insanlara bakış açısını değiştirdiğine inanmam. Irvin D. Yalom, *Varoluşçu Psikoterapi* kitabında, "Ölümün fizikselliği bir kişiyi yok etse de ölüm fikri onu kurtarabilir" der. Sanırım anlatmaya çalıştığım şeyi daha iyi ifade edecek bir cümle bulamazdım. İnsanlar ölümü, hayatın hazlarından ve sevdiğimiz insanlardan bir ayrılık olarak görüyorlar. Evet, bu kısım kabullenmemiz gereken kısım. Ama ölüm fikrini ölümün henüz düşük bir ihtimal olduğunu düşündüğümüz zamanlarda hatırlamak ve bununla barışmak, içinde bulunduğumuz yaşamı daha kaliteli hale getirebilir.

Ölüm fikrini her daim hatırlamanın hayatına nasıl katkı sağlayacağına dair düşündüklerimi yazmadan önce fark ettiğim bir şeyi seninle paylaşmak istiyorum. Yaşadığımız acıların büyük bir kısmının bir ayrılıktan kaynaklandığını düşünüyorum. Bir eşyadan, sevdiğimiz bir mekândan, canlıdan, insandan ya da durumdan ayrıldığımız zaman çok fazla acı çekiyoruz. Ayrılıkların herhangi bir türü bize acı çektiriyor.

Bu da sanırım egomuzun sonsuzluğa olan arzusundan; bir şeye bağlandığımızda onunla ilişkimizin sonsuza kadar sürmesini arzuluyoruz. Arzulanan şeylerin de gerçek olacağına dair bilinçsiz bir inanış var içimizde. Fakat ne yazık ki her şeyin bir sonu var. Bu da insanın olgunlaşma yolunda kabullenmesi gereken şeylerden biri.

Ölümü hatırlamanın şu ânımıza en önemli katkılarından biri, kaygılarımızla ilgili. Kaygılar çoğunlukla gelecekte başımıza gelmesinden korktuğumuz şeylerle ilgilidir. Ya beni terk ederse, ya evlenemezsem, ya sınavı kazanamazsam, ya hastaysam, ya işlerim berbat giderse, vesaire... Gelecekte bizi bekleyen olumsuz senaryolar üzerine sonsuz kurgular. Maalesef zihnin kurguladığı bu şeyleri, gerçekmiş gibi algılama eğilimi var. Yani birisi başına gerçekten silah dayadığı zaman hissedeceğin korkuyla seni gelecekte bekleyen ama gerçekleşme ihtimali düşük olan bir olay için yoğun kaygı hissetmenin verdiği zarar birbirinden çok uzak değil. İnsan kendi cehennemini kendi kafasında yaratabilir, gerçek düşmanlara gerek olmadan. İşte böyle bir noktada benim kendime hatırlattığım bir şey var: Ölümün olduğu bir dünyada yaşıyoruz, her şey geride kaldığı zaman, bu üzerine düşündüğüm konu olsa ne olur, olmasa ne olur? Bu soruyu kendime sorduğum zaman, ölüme yaklaşırken aslında kaygılandığım çoğu şeyin günlük hayatın gereksiz telaşesinden dolayı olduğunu hissediyorum ve rahatlıyorum. Ömer Hayyam'ın meşhur rubaisi, beni hep rahatlatmıştır:

Niceleri geldi neler istediler
Sonunda dünyayı bırakıp gittiler
Sen; hiç gitmeyecek gibisin değil mi?
O gidenler de hep senin gibiydiler.

Kendin olma yolunda belki de korkuyorsun, bir gün herkesin öleceği ve yaşananların bile hatırlanmayacağı bir dünyadasın; tam olarak neden korkuyorsun?

Irvin D. Yalom, *Varoluşçu Psikoterapi* kitabında Abraham Schmitt'ten bir alıntı yapar: "Yaşamaya başlamadan önce ölümün gözlerinin içine bakmak zorunda kaldım. Yaşamak için ölmek gerekiyordu." Deneyimli birçok psikolog, yaşlandıkça ortaya çıkan ölüm korkusunun altında yaşanmamışlıklar olduğunu ifade eder. Bir insan hayatı boyunca, kendisi olma cesaretini gösterememişse, yolun sonuna yaklaştığını hissettikçe ruhunu bir panik kaplar; kaçırılmış bir hayatın feryadı diyebiliriz. Yolun bir sonu olduğunu hatırlamak, ne için yaşadığımızı ve neyi neden yaptığımızı sorgulama motivasyonunu ortaya çıkaracaktır. Çoğu insan diğer insanları memnun etmek ister, sevilmeme korkusundan, reddedilmekten ya da dışlanmaktan korktuğundan. Ya da kendi aldığı kararların yeterince iyi olmadığını, bu sebeple hep diğer insanlara muhtaç olduğunu zanneder. Bazen de tamamlanmış hissetmek için hep hayatımızda birisinin olması gerektiğini zannederiz. Ama ölüm var; kendin olmadığın her an, yolun sonuna yaklaştığında kendi duygusal sermayenden aldığın bir borç gibi. Borçlu olanlar her zaman mutsuz hissederler. Kendin olma yolunda belki de korkuyorsun, bir gün herkesin öleceği ve yaşananların bile hatırlanmayacağı bir dünyadasın; tam olarak neden korkuyorsun?

İnsan oyalanan bir varlıktır. Elbette ki oyalanmaya, bazen zamanımızı boşa geçirmeye de hakkımız var. Hatta ben özellikle bazı zamanlarımızın kontrollü olarak tembellikle geçmesinin daha üretken olmamıza katkı sağladığını düşünüyorum, kontrollü olduğu müddetçe. Ama bazı insanların hayatının ana unsuru oyalanmak. Bir sürü hayali, yapması gereken bir sürü şey olmasına rağmen bugününü yarınına borçlanan bir sürü insan. İşin ilginç yanıysa şu, yapman gereken şeyler olduğuna inanıyorsan ve bunları erteleyerek bir şeylerle oyalanıyorsan, o oyalandığın şeyler çok zevkli olsa bile asla tam anlamıyla sana lezzet vermeyecek. Ve yarınına borçlandığın şeyler arttıkça ödenecek meblağ neredeyse altından kalkamayacağın bir hale gelecek. İşte tam bu noktada ölümü hatırlamak çok anlamlı. Yarınların bir sonu var. Kendine söz verdiğin ama yapmadığın her şey ruhuna yük olacak. Ve bir gün her şey bitmeye yaklaştığında yaşanan pişmanlıkların eyleme hiçbir katkısı olamayacak. Ölümü hatırlamak, zamanını nasıl yönettiğin konusunda farkındalığını da artıracaktır. Zamanını neye harcıyorsun, önceliklerin neler? Gün içerisinde sosyal medyada geçirdiğin üç saat senin için ne kadar önemsiz? Sonu olan bir ömrün bu kadar hoyratça kullanılması senin için ne ifade ediyor?

En önemli şeylerden biri de ilişkiler. Hayatında önemsediğin insanları düşünmeni istiyorum. Gerçekten değer verdiğin insanları. Ve burada da ölümü hatırlamak inanılmaz anlamlı. Bir gün ya sen o insanları kaybedeceksin ya da onlar seni. Çevrendeki insanlara iyi bak, günün birinde ya onlar senin cenazene gelecek ya da sen onların cenazesine gideceksin. Zaman işliyor ve geçen hiçbir saniyenin telafisi yok. Peki, bu insanları düşündüğünde, onları kaybettiğin bir senaryoyu düşündüğünde, onların gidişinin ertesi günü ne için pişman olurdun? Gereksiz yere kızdığına mı, kin tuttuğuna mı, sevdiğini söylemediğine mi, onunla daha fazla vakit geçirmediğine mi? Muhtemelen hepsi birden. Bu elbette sevdiğimiz insanlara gerektiği yerde tepki göstermememiz anlamına gelmiyor. Sadece bazı şeyleri her zaman telafi etme şansımız varmış gibi birçok önemsiz konuyu abartabiliyoruz. Bazen anneme, babama kızıyorum. Kızdığım şeylerin de önemli bir kısmı maalesef küçük şeyler. Sonrasında içimden bir ses uzak dur, tavır göster diyor. Ama evime giderken, hep onların evinin önünden geçiyorum ve çoğu zaman annemle babamı balkonda görüyorum. Bir gün o balkonda kimsenin oturmayacağını düşünmek, içimdeki teraziyi yeniden ayarlıyor ve hiçbir şey o kadar büyütmeye değmez dememe neden oluyor.

Ölümü hatırlamak iyidir sevgili dostum.

Sonuç olarak ölümü hatırlamak iyidir sevgili dostum, *memento mori…*

Yaşadığın En Kötü Şeyler Bile İçinde En İyiyi Barındırıyor Olabilir

Bu bölüme bir hikâye ile başlamak istiyorum. Bu olay Çin'de yaşamış olan Lao Tzu adındaki bir düşünürün zamanında gerçekleşmiş. Lao Tzu bu anlatıyı o kadar sevmiş ve dilinden düşürmemiş ki nesiller boyunca Lao Tzu'nun ve düşüncesinin takipçileri hikâyeyi anlatıp durmuşlar. Her seferinde içinden daha fazla hayat dersi ve anlam çıkarmışlar. Böylece hikâye nesilden nesile anlatılmış ve günümüze kadar ulaşmış.

Köyün birinde yaşlı ve çok fakir bir adam varmış. Ama kral bile onu kıskanırmış. Öyle dillere destan bir beyaz atı varmış ki kral at için ihtiyara neredeyse hazinesinin tamamını teklif etmiş, ama adam satmaya yanaşmamış. "Bu at, bir at değil benim için. Bir dost. İnsan dostunu satar mı?" dermiş hep.

Bir sabah kalkmışlar ki at yok. Köylü ihtiyarın başına toplanmış. "Seni ihtiyar bunak! Bu atı sana bırakmayacakları, çalacakları belliydi. Krala satsaydın ömrünün sonuna kadar beyler gibi yaşardın. Şimdi ne paran var, ne de atın," demişler. İhtiyar "Karar vermek için acele etmeyin," demiş. "Sadece 'At kayıp' deyin. Çünkü gerçek bu. Ondan ötesi sizin yorumunuz ve verdiğiniz karar. Atımın kaybolması, bir talihsizlik mi, yoksa bir şans mı, bunu henüz bilmiyoruz. Çünkü bu olay henüz bir başlangıç. Arkasının nasıl geleceğini kimse bilemez." Köylüler ihtiyara kahkahalarla gülmüşler.

Aradan 15 gün geçmeden, at bir gece ansızın dönmüş... Meğer çalınmamış, dağlara gitmiş kendi kendine. Dönerken de vadideki bir düzine vahşi atı peşine takıp getirmiş. Bunu gören köylüler toplanıp ihtiyardan özür dilemişler. "İhtiyar," demişler. "Sen haklı çıktın. Atının kaybolması bir talihsizlik değil adeta bir devlet kuşu oldu senin için. Şimdi bir at sürün var." "Karar vermek için gene acele ediyorsunuz," demiş ihtiyar. "Sadece atın geri döndüğünü söyleyin. Bilinen gerçek sadece bu. Ondan ötesinin ne getireceğini henüz bilmiyoruz. Bu daha başlangıç... Birinci cümlenin birinci kelimesini okur okumaz kitap hakkında nasıl fikir yürütebilirsiniz?" Köylüler bu defa açıktan ihtiyarla dalga geçmemişler ama, içlerinden "Bu herif sahiden aptal" diye geçirmişler.

Bir hafta geçmeden, vahşi atları terbiye etmeye çalışan ihtiyarın tek oğlu attan düşmüş ve ayağını kırmış. Evin geçimini temin eden oğul şimdi uzun zaman yatakta kalacakmış. Köylüler gene gelmişler ihtiyara... "Bir kez daha haklı çıktın," demişler. "Bu atlar yüzünden tek oğlun bacağını uzun süre kullanamayacak. Oysa sana bakacak başkası da yok. Şimdi eskisinden daha fakir, daha zavallı olacaksın," demişler. İhtiyar, "Siz erken karar verme hastalığına tutulmuşsunuz," diye cevap vermiş. "O kadar acele etmeyin. Oğlum bacağını kırdı. Gerçek bu. Ötesi sizin verdiğiniz karar... Ama acaba ne kadar doğru? Hayat böyle küçük parçalar halinde gelir ve ondan sonra neler olacağı size asla bildirilmez."

Birkaç hafta sonra, düşmanlar kat kat büyük bir ordu ile saldırmış. Kral son bir ümitle eli silah tutan bütün gençleri askere çağırmış. Köye gelen görevliler, ihtiyarın kırık bacaklı oğlu dışında bütün gençleri askere almışlar. Köyü matem sarmış. Çünkü savaşın kazanılmasına imkân yokmuş, giden gençlerin ya öleceğini ya esir düşüp köle diye satılacağını herkes biliyormuş. Köylüler, gene ihtiyara gelmişler. "Yine haklı olduğun kanıtlandı," demişler. "Oğlunun bacağı kırık, ama hiç değilse yanında. Oysa bizimkiler belki asla köye dönemeyecekler. Oğlunun bacağının kırılması, talihsizlik değil, şansmış meğer." "Siz erken karar vermeye devam edin," demiş, ihtiyar. "Oysa ne olacağını kimseler bilemez. Bilinen bir tek gerçek var. Benim oğlum yanımda, sizinkiler askerde... Ama bunların hangisinin talih, hangisinin şanssızlık olduğunu sadece Tanrı biliyor."

Lao Tzu, öyküsünü şu nasihatla tamamlarmış: "Hayatın küçük bir parçasına bakıp tamamı hakkında karar vermekten kaçının. Karar verdiniz mi, akıl düşünmeyi, dolayısı ile gelişmeyi durdurur. Oysa gezi asla sona ermez. Bir yol biterken yenisi başlar. Bir kapı kapanırken, başkası açılır."

Kadim hikâyelerin verdiği dersler, bazen çok derin olabiliyor. Çok uzun kitaplarla anlatılamayacak kadar önemli konular kısa bir hikâyeyle insanın en derinine işleyebiliyor. Hayat akışkan bir nehir gibidir, aslında bir şey olurken sadece temas ettiğimiz ânı fark edebiliriz, o an ne kazandığımızı ya da ne kaybettiğimizi fark etmeyiz. İnsan küçük ve somut düşünmeye meyillidir. Bir olayın bize etkisini sadece o an hissettirdiği şeyle değerlendirmek müthiş bir algı hatasıdır. Yaşadığımız her iyi ve kötü olay, içinde bambaşka bir şeyin tohumunu barındırıyor olabilir, o tohumların içinde de bambaşka şeyler. Burada insanın yaptığı en büyük hatalardan birisi, olan şeyi olduğu haliyle görmemesidir, birkaç adım sonrasını da tahmin edip onun da kaygısını, hüznünü yaşamasıdır. Hikâyede yaşlı adamın sıklıkla söylediği bir şey var, belki dikkatini çekmiştir; "Sadece atım gitti, sadece atım geri döndü, sadece oğlum bacağını kırdı" gibi yorumluyor olanları. Yani iyi ya da kötü bir olay olduğu zaman, zihninin uçuşmasına müsaade etmeden olanı olduğuyla görüyor. Kendi hayatına baktığın zaman, seni çok üzen olaylara sadece olan olay sebebiyle mi yoksa yaşadığın o olayın ileride ortaya çıkarabileceği olumsuz ihtimalleri de düşünerek mi bu kadar üzüldün?

> Yaşadığımız her iyi ve kötü olay, içinde bambaşka bir şeyin tohumunu barındırıyor olabilir, o tohumların içinde de bambaşka şeyler.

Benim karşılaştığım vakalarda, insanların üzülme ve endişelenme kaynaklarının önemli bir kısmının o an yaşanılan olaylar değil o olayın gelecekte yol açması muhtemel sonuçları düşünmek olduğunu fark ettim. Yani sen bir ayrılık yaşıyorsun ve bu ayrılık doğal olarak seni üzüyor bir süre. Ama daha çok üzülmene sebep olan şey, bir daha böyle güzel bir ilişki yaşayamayacağın korkusu, bir daha sevilmeme ihtimali veya diğer insanların seni ayrılık yaşadığın için kötü görme endişesi olabilir. Yani ayrılığa bir üzülürken, hissettiğin acının beş olmasının altında bu yatıyor. Ya da başka bir örnekte, iflas ettiğini ya da işten atıldığını düşünelim. İş kaybına üzülmek doğal ve katlanılabilir bir acı. Ama sen sonrasında bir daha hiç başarılı olamayacağını, insanların bu kayıptan dolayı seni suçlayacağını düşünüp kendini çok daha fazla üzersin. Örnekleri kendi hayatına göre çeşitlendirebilirsin.

Peki, bir ayrılık, iflas ya da başarısızlık yaşadığın zaman, gelecekte seni kötü şeyler beklediğini nereden biliyorsun? İnsan zihni evrimsel açıdan kötüyü düşünmeye meyillidir, en kötüsüne hazırlıklı olmak ve kendini korumak için. Bu arada en kötü ihtimali kontrollü bir şekilde düşünmek bizi zorluklara hazırlar ama sadece çok bilinçli bir şekilde yapıldığı zaman. Buradaki örnekte insanlar farkında olmadan bunu yapıyorlar ve kötü ihtimaller akıllarına geldiği zaman sanki gerçekmiş gibi onlara da üzülüyorlar. Olumsuz bir şey yaşadığın zaman hissettiğin o duygu gerçekliğin değildir, sadece o an öyle hissediyorsundur. Büyük hayat resminde belki de gelecekten buraya baktığında iyi ki dediğin bir şeyi yaşıyor olabilirsin. Bu gereksiz bir pozitiflik değil, her şeyin iyiye evrileceğini de iddia etmiyorum, ama kötüye evrilme ihtimaliyle neredeyse aynı olasılıkta bir durum söz konusu. Neden sadece kötüyü düşünerek kendimi mahvedeyim ki?

Mesela sınavda istediğin performansı gösteremediğin için kalıyorsun ama bir sonrakinde inanılmaz bir sonuç ortaya çıkıyor, kendin için çok iyi dediğin bir ilişki bitiyor ama sonrasında o insanın senden sonra evlendiği insana şiddet uyguladığını öğreniyorsun ya da sen çok iyi olacağın birisiyle harika bir ilişki yaşıyorsun. Bir işten ayrılıyorsun ama sonrasında harika bir fırsatla karşılaşıp bambaşka noktalara geliyorsun. Zihnin olumsuzu düşünürken, sen hiç bu ihtimalleri düşünüyor musun? Özellikle düşünmeni istediğim bir şey var, geçmişte kötü olduğunu düşünüp bugün baktığın zaman iyi ki dediğin yaşantılar var mı?

Kendimden bir örnek verebilirim: Uzun süre boyunca bir devlet hastanesinde görev yaptım ve gerçekten benim için beraber çalışması çok zor insanlarla çalışmak zorunda kaldım. Bu insanlar bana uzun bir dönem *mobbing* uyguladılar. O zaman bu durumları yaşarken çok üzülüyordum, neden benim başıma geldi, çok talihsizim diye düşünüyordum. Ama sonrasında, bu olumsuz iş ortamı beni memuriyet dışında iş aramaya yöneltti ve en sonunda istifa edip kendi işimi kurdum. Ve şu an işim konusunda inanılmaz mutluyum. O an çok şikâyet ettiğim olaylar beni hayatımın ileri noktalarında bekleyen başarılarım için hazırlıyordu. Zorlu bir iş ortamı inanılmaz keyifli bir iş imkânını yarattı.

Özellikle olumsuz bir olay yaşadığında, yalnız ve sakin kalacağın ortamı sağlayıp kendine şunları sorabilirsin:

- Ben şu anda en objektif haliyle tam olarak ne yaşadım? (Bu sorunun cevabını verirken, başka birisi için bir mahkemede tanıklık ediyormuşsun gibi düşünebilirsin.)
- Peki, şu an neye üzülüyorum? Kaybettiğim şeye mi, kendime mi, gelecekte yaşanma ihtimali olan şeylere mi?
- Olanı sadece olduğu halde görebilseydim, nasıl görürdüm?
- Bu yaşadığım olay ileride hangi iyi ihtimalleri ortaya çıkabilir?

Hayatındaki Her Olay ve Her Kişi Birer Öğretmendir

İnsan kendisini diğer insanlardan ve dünyanın geri kalanından ayırma eğilimindedir. Bir kendisi vardır, bir de diğer insanlar ve şeyler. Böyle olunca kendimden başkasını ne kadar seviyor gibi görünsem de onları rakip ya da düşman gibi görme potansiyelim de ortaya çıkar. Diğer insanlar ve diğer şeyler bir tarafa ben bir tarafa; bir yarış içindeymişiz gibi, diğerleri bana karşıymış gibi hissetmemek elde değil bazen.

Birisi beni geçmeye çalışıyorsa, beni aldatıyorsa, bana kötü şeyler yapıyorsa, beni üzüyorsa bu sadece benim ve onun arasındadır, o insan bunu bana zarar vermek için yapmıştır diye düşünmek, neredeyse her insanın içinde otomatik olarak devreye giren bir yargıdır. Peki durum gerçekten öyle mi? Diğer insanlar sana zarar vermek için mi yaptılar bütün bu olumsuz şeyleri? İlk bakışta evetten başka bir cevap yokmuş gibi görünüyor. Böyle olunca yaşadığın her olayı sadece senin için olmuş gibi hissediyorsun ve ortaya kurban psikolojisi çıkıyor. Birileri sana rağmen senin hakkını yedi, birileri senin emeklerine rağmen seni terk etti, birileri senin çalışkanlığına rağmen seni işten çıkardı. Böyle düşünmek, yaşadığın olayların daha olumsuz etki etmesine sebep olabilir.

İnsanlar neyi neden yapar? Bir insanın başka bir insana yaptığı kötü bir şeyin amacı sadece o insana zarar vermek istemesi midir? Biraz önce de dediğim gibi, ilk bakışta cevap evet gibi gelse de işin aslına vakıf olabilmek için biraz daha derinleşmek gerektiğini düşünüyorum. Tüm insanlar kendileri için yaşarlar ve yaptıkları her şeyi kendileri için yaparlar, yani biraz yakından bakınca en fedakâr davranışları bile bencilce değerlendirmek mümkün olabilir. Sen de dâhil olmak üzere tüm insanlar aslında en temelde kendisini düşünüyor, dışarıdan bakıldığında tam tersi görülse bile. İnsanın en büyük yanılgılarından birisi bu zaten, kendi içinden kendini düşünerek değerlendirdiği için, tüm olanları kendisine karşı yapılmış gibi hissediyor. Bir örnek vermek istiyorum; narsisist bir partnerin var ve sana çok kötü davranıyor. Sen ondan çok zor bir şekilde, psikolojik olarak yaralar alarak ayrılıyorsun. Bu narsisist partnere çok fazla öfkelisin, sana bunları yaşattığı için. Çünkü içinde bir yerlerde ben bunları yaşamamalıydım, hak etmiyordum cümlesi tekrar ediyor. Yani tüm yaşananların mağduru sen, zalimi o. Taraflar bu kadar belirgin mi? Her şey siyah beyaz mı? Peki bu kişi sana sen olduğun için mi böyle davrandı yoksa onun davranış repertuarı bu şekilde mi? Sen değil de başka birileri olsa çok büyük ihtimalle ona da öyle davranacaktı, çünkü onun da bu dünyada kendi varlığını koruma ve ispatlama şekli bu. Yani sana büyük kötülükler yaptığını düşündüğün insan aslında içindeki kırılganlıkları bu şekilde telafi ediyor.

Bu söylediklerim onu tekrar hayatına alman için değil, sadece onun da en temelde sana düşman olmadığını anlaman için. Kimse sana düşman değil, sadece bazı insanlar bir tek kendinin dostu, başka kimseyle dost olamıyorlar, onları sevemiyorlar. Öyleymiş gibi görünse de işin aslı böyle oluyor. Gece tuvalete kalktığında, uykunun mahmurluğuyla eminim ayak serçe parmağını bir kanepenin ya da kapının köşesine vurmuşsundur. Nasıl da acır değil mi? Peki ilk etapta kapıya tepki versen de uzun vadede kapıya kin tutar mısın, kapıyı suçlar mısın? Kapının yeri orasıydı ve kapıyı o halde sen bırakmıştın. Diğer insanlar da öyledir. Tek farkı ilk bakışta onların sana yapabileceklerini tahmin edemeyişindir.

Bu arada hep başkalarının kendisine yaptığı kötülüklerden bahseden ve nispeten iyi olduğunu düşündüğümüz bir insan bile en azından birkaç sefer başkasının hayatında zalim rolünü oynamıştır. İlk bakışta hoşuna gitmeyecek bir gerçek gibi görünse de maalesef durum böyledir, sen ne kadar iyi niyetli olursan ol. Daha önce tanıştığın ve çok kısa bir süre görüşüp flört ettiğin birini düşün, sonrasında sen onunla görüşmek istemeyince de o çok üzülmüştü ve belki senin ona ümit verip sonrasında geri çekildiğini düşünüp seni suçluyordu. Sen ne kadar kötü bir niyetle yapmamış olsan da onun hikâyesinde böyle bir rolün olabilir. Ya da işyerinde işini iyi yapmadığı için işten çıkarmak zorunda kaldığın birini düşün. Kendine göre tamamen haklıydın ama işten çıkarılan insan, kendisine haksızlık yapıldığını, tam evleneceği zaman işten çıkarıldığını düşünüp seni suçluyor olabilir. Sen ne kadar haklı olursan ol başkalarının hikâyesinde bu şekilde yer alabilirsin. Tam tersi de geçerli olabilir, senin hikâyendeki zalimin de kendisine göre masum olma ihtimali olabilir.

Bu bir haklılık ya da haksızlık meselesi değil, insanın gerçekliği. İnsanların sana karşı değil, kendinden yana olduğunu anladığın zaman olaylara bakış açını değiştirmen daha kolay olabiliyor. Ben bunu fark ettiğimde gözümün önünde olan ama daha önceden onun orada olduğunu fark etmediğim bir kapının açıldığını ve içinden bir ışık sızdığını fark ettim. Hep öyledir zaten, hayatın en büyük bilgelikleri her zaman gözümüzün önündedir ama biz fark etmeyiz. Fark ettiğim bilgelik şuydu; hayatıma giren, beni üzen, sevindiren herkesin benim için bir anlamı vardı; hayatımda var oldukları sürece bana bir şey öğretmeye çalışıyorlardı ve kendileri de bunun farkında değildi. Daha önce çalıştığım hastanede zor zamanlar yaşadığımdan bahsettim. Orada bana zorluklar yaşatan insanlar aslında farkında olmadan beni dışarıdaki zorluklara ve karmaşık iş ilişkilerine hazırlıyorlardı ve kendimi korumamı öğrenmemi sağlamışlardı.

Hayatına giren her insanın, başına gelen her olayın bir mesajı var, tabii sen onu okumayı öğrenebilirsen. Aldatıldığını, kandırıldığını, yarı yolda bırakıldığını, emeklerinin boşa çıktığını, birilerinin sana çok kötü şeyler yaptığını düşün; bu insanlar sana neyi öğretmeye çalışıyorlardı? Hayatına uğrayıp gittiler ve mesajlarını bıraktılar. Bu olumsuz şeyler çok geride bile kalmış olabilir; yine de sen hâlâ o kişiyi hatırladığında çok yoğun öfke yaşıyorsan, o mesajın farkında bile değilsin demektir. Bu bir olgunluk aşaması aslında. Eğer sen yolun başındaysan ve hâlâ gereken olgunluğa ulaşmamışsan, her şeyin sana karşı olduğunu zannedersin. Bir sonraki aşamada büyük resmin farkına varırsın, herkes kendi tarafındadır. Ve olgunluktaki en son nokta hayatına giren herkesi bir öğretmen gibi değerlendirmen ve onların sana öğrettiklerini hayatının bir sonraki durağında uygulamandır.

Bu öğretmen benzetmesini sadece sana bilerek zarar verdiğini düşündüğün insanlar için değil, aynı zamanda senin ısrarla uğraşmana ya da peşinden koşmana rağmen olmayan şeyler için de düşünebilirsin. Bir iş için uğraşıyorsun ama bir türlü olmuyor; biraz geri çekil, belki de o uğraştığın şey olmayarak sana bir mesaj vermeye çalışıyordur. Belki de o konudan ve ısrarından uzaklaşınca gözünün önünde yeni perspektifler açı-

İstemek, onun için uğraşmak, elinden geleni yapmaktır. Ama saplantı haline getirmek o olmadan hiçbir şeyin olmayacağını zannetmektir.

lacak ve senin için çok daha iyi bir noktaya geleceksin. Mesela birisini hayatında istiyorsun ama bir türlü olmuyor. Çok istemene rağmen olmayan bir şeyi oldurtmaya çalışmak belki de mutsuz olacağın bir senaryoda kendine yer ayarlaman olabilir. Hayatta yeterince uğraştıktan sonra bir şeylerin gerçekleşmesi ya da gerçekleşmemesinin hep bir anlamı olduğunu düşünüyorum. Olmuyorsa belki de olmaması gerektiği içindir.

Bir şeyi istemekle saplantı haline getirmek arasında ince bir çizgi vardır. İstemek, onun için uğraşmak, elinden geleni yapmaktır. Ama saplantı haline getirmek o olmadan hiçbir şeyin olmayacağını zannetmektir. Hayattaki hiçbir şeyin böyle bir gücü yoktur. Yaşamanı sağlayacak fiziksel ihtiyaçların hariç birçok şey olmadan da yaşayabilirsin. Ama sen vazgeçilmez gördüğün şey için hayatının diğer alanlarını gözden kaçırırsan, işte o zaman saplantı dediğimiz şey ortaya çıkar. Bu ciddi ruhsal problemlere sebep olacak bir düşünce biçimidir.

Psikolojik Olarak Güçlü İnsanların Özellikleri

Bazı insanların hayattaki sorunlara karşı çok dirençli olduğunu düşündüğün zamanlar olmuştur. Onları öylesine güçlü görürken, kendinin ince bir dal kadar kırılgan olduğunu ve neden onlar gibi güçlü olamadığını sorguladığın zamanlar da olmuştur. Diğer insanlarla kıyaslama yaparken, eğer ciddi narsisistik özelliklere sahip değilsen genelde kendini eksik görme eğiliminde olursun. Bu çok doğal bir standart sapmadır; hepimizde az çok vardır. Ama gerçekten de bazı insanlar ciddi hayat sorunları yaşamasına rağmen, daha huzurlu ve daha dayanıklıdır. Benim bugüne kadar karşılaştığım ve çalıştığım insanlarda gözlemlediğim ve onları bazı konularda diğer insanlara göre daha güçlü yapan özelliklerden bahsetmek istiyorum.

İlk olarak şunu açıklığa kavuşturmak gerekli; güçlü insanlar diğer insanlara göre daha mı az acı çekiyorlar? Kesinlikle hayır. Peki, neden diğer insanlara göre daha az acı çekiyormuş gibi görünüyorlar? İşte işin sırrı tam olarak burada yatıyor. Birçok insan hayatının zorlu zamanlarında

> Güçlü insanlar diğer insanlara göre daha mı az acı çekiyorlar? Kesinlikle hayır. Peki, neden diğer insanlara göre daha az acı çekiyormuş gibi görünüyorlar?

acı çekerken, kendini geri çekme eğiliminde oluyor. Ben bunları yaşadım ve artık hayatın rutinlerine devam etme gücüm yok düşüncesi onların daha fazla acı çekmesine neden oluyor. Çünkü geri çekilen insanın ruhunda boşluk alanı artarken, bir gaz bulutu gibi olan acı dolu duygular, buldukları her boşluğa sızmaya başlar. Güçlü insanlarınsa farklı olarak yaptığı şey, evet acı çekiyorum ama hayata devam etmeliyim düşüncesi. Günlük rutinlerini, görevlerini ve ilişkilerini ihmal etmiyorlar. Yolun başında her iki türdeki insan da aynı seviyede acı çekerken birisi geri çekilip hissettiklerinin altında eziliyor, diğeri hayata devam ederek ruhunu hafifletiyor. Birisinin iyileşmesi daha uzun sürerken, diğerinin ki çok daha kısa sürüyor.

Ancak dikkat etmemiz gereken bir ayrıntı var. Her zorlu olayın ilk etabında, geri çekilme gayet doğaldır, önemli olan bunu çok uzatmamaktır. Doğal olan geri çekilme, zihinsel ve bedensel olarak bir hasar tespit zamanıdır. Bu sürecin ne kadar süreceği kişiden kişiye değişmekle beraber, aylar yıllar sürmeyeceği de aşikârdır.

Psikolojik olarak güçlü insanların bir diğer özelliği ise eksiklikleri tamamlamak yerine değer yaratacak amaçlar belirlemesidir. Günümüz dünyasında eskiye oranla sosyal destek daha az ve temel ihtiyaçları karşılamak bile çok ciddi emek istiyor. Eskiden her yerde kolayca ulaşılabilir olan su bile artık parayla temin edebileceğimiz ihtiyaçlardan birisi. Böyle bir dünyada yaşamak hiç kolay değil. Bu sebeple hayat yolunun başında sağlıklı ve bağımsız bir şekilde hayatımızı idame ettirebilmek için sahip olmadığımız şeyleri tamamlamak mantıklı bir çaba olabilir. Ancak eksiklikleri tamamladıkça, yani bir evin, araban, kıyafetlerin, aksesuarların derken neredeyse her şeye ulaştığın zamanlarda bile bu eksikliği kapatma çabası ortadan kalkmıyor ve ikinci tura çıkıyorsun. İkinci ev, ikinci araba, daha fazla ve lüks kıyafet, her şeyin daha fazlasına sahip olma arzusu ruhunun en temel motivasyonu oluyor. Ama maalesef sahip olma arzusunun bir sonu yok. Bunu tarihteki tüm megaloman karakterlerde görebilirsin. Neredeyse dünyayı tamamen fetheden bu kişilerin ruhlarındaki açlık bir türlü dinmemişti. Sahip olma arzusu bir bağımlılık gibidir, ne kadar çok maruz kalırsan o kadar tolerans geliştirirsin ve sahip oldukların az gelmeye başlar. Bu bir döngüye dönüşüp seni kafesin içindeki tekerlekte koşturan bir hamstera dönüştürebilir. Bu koşturmaca insanı ruhsal açıdan zayıflatır ve daha huzursuz, hırçın bir hale dönüştürür. En ufak aksaklıklar bile katlanılmaz gelmeye başlar, bir lokantada birkaç dakika geciken yemek, beraber çalıştığın insanların küçük hataları gibi şeyler seni daha da öfkelendirmeye başlar. Aslında yaşamak için çok fazla maddi şeye sahipsindir, fakat bunlar senin hayattan keyif almanı engelleyen unsurlar olur bu sefer.

Güçlü insan da yolun başında eksikliklerini kapatmak için uğraşır. Ama sonrasında sahip olma arzusunun peşinden gitmeyi bırakır ve hem kendisi hem de içinde yaşadığı toplum için bir fayda yaratacak bir amaç bulmaya çalışır kendine. Böyle bir cümlenin arkasından insanın aklına kocaman kocaman şeyler geliyor belki de, sanki bu değer yaratma çabasının dünyayı değiştirmesi gerekiyor gibi. Kesinlikle öyle değil, değer yaratan amaçlar çok küçük şeyler de olabilir. Sokak hayvanlarını beslemekten kendini geliştirmeye, ihtiyacı olanlara yardım etmekten dini ibadetlerini yerine getirmeye, kariyerini ilerletmekten iyi çocuklar yetiştirmeye kadar küçük ve alışıldık şeylere değer katan amaçlar olabilir. Önceliklerini buna göre belirleyen insanlar, ortaya koydukları çabanın ortaya çıkardığı ruhsal tatmini yaşadığı zaman, hayatın getirdiği maddi zorlukları daha az umursamaya başlıyor.

Sorumluluklarını bilen biri olduğunu var sayıyorum ve senin sorumluluğunda yaşayan insanlara nasıl davrandığını düşünmeni istiyorum. Belki çocukların, eşin, annen ve baban ya da başka birileri. Bu insanların ihtiyaçlarını soruyor musun? Suratları asık ya da mutsuz göründükleri zaman onların keyfini yerine getirmek için bir şeyler yapmaya çalışıyor musun? Bir eksiklikleri olduğu zaman tamamlamaya çalışıyor musun? Hatalar yaptıkları zaman anlayışlı davranıyor musun? Diyelim ki bu soruların çoğuna cevabın evet. Peki kendine böyle davranıyor musun? Başkasına gösterdiğin sorumluluk ve çabayı kendin için gösteriyor musun?

Güçlü insanlar, kendilerine gereken değeri verirler. Ne olursa olsun, çevresindeki herkese yardım etme gayretinde olsalar bile bu çabanın sürdürülebilir olması için önce kendilerinin iyi olması gerektiği çok bilirler. Aynen kendi sorumluluğundaki diğer insanlara davrandığı gibi, ihtiyaçlarını fark eder ve bunları temin etmeye çalışır, yorulduğu zaman dinlenir, kendine zaman ayırır, sadece kendisi için yaptığı şeyler vardır, hatalarına karşı anlayışla yaklaşır.

Zorluklarda kendini çok fazla yıpratan insanlar, hissettikleri olumsuz duygularda geniş görüş açısını kaybederler ve o anki durumdan hiç kurtulamayacaklarını düşünürler. Bu da onları çok fazla yıpratır. Ama güçlü insanlar mutluluğun da mutsuzluğun da geçici olduğunu bilir. İnsanın hayatının çok büyük bir kısmı sıradan anlardır; ne mutludur ne mutsuzdur. Onun haricindeki her yükseliş ve düşüş bir süre sonra normalize olacaktır. Bunun farkında olan kişi, yaşadığı şeyin geçici olduğunu bilir ve kendini çok daha çabuk toparlayabilir. Olumsuz duygu hapishanesine düşmez.

Ve bence en önemli güç kaynaklarından birisi, iletişimde net olmaktır. Bizim ülkemizde net olmak, öne çıkan özelliklerimizden değil. İletişimde herkes kendinden sorumludur ama net olmadığın durumlarda senin istediklerini ya da istemediklerini diğerleri sen söylemeden anlasın istersin. Böyle olunca diğer insanlardan beklentilerin kat kat artar, senin de çok iyi bildiğin gibi organik olmayan şişkin beklentiler hem mutsuzluğa hem de ruhsal açıdan güçsüzlüğe sebep olur. Güçlü olduğunu düşündüğüm insanlar, bir şey istiyorlarsa bunu söylemekten hiç çekinmiyorlardı. Ve işin en güzel taraflarından birisi, istedikleri için mazaret sunmaya bile gerek duymuyorlardı. En güzel sebep onlara göre, "Çünkü ben böyle istiyorum"du. Ya da istemedikleri bir konu söz konusu olduğu zaman, bunu da net bir şekilde ifade ediyorlardı. Aynı netlik, kırıldıkları zaman da devreye giriyor. Surat asmak, trip atmak yerine ben şu sebepten sana kırıldım, bu konuda üzgün hissediyo-

> Güçlü insanların en temel özelliği kendi sınırlarını korumaları, kendilerine özen göstermeleri ve dünyayı yorumlayış biçimleri. Her insanın böyle bir potansiyeli vardır.

rum demeyi tercih ediyorlar. Böyle olunca karşı taraf söylenene hak vermese ya da onları anlamasa bile söylenmeyen şeylerin içeride birikip ruha yük olması engellenmiş oluyor.

Sonuç olarak güçlü insanların en temel özelliği kendi sınırlarını korumaları, kendilerine özen göstermeleri ve dünyayı yorumlayış biçimleri. Onda olup sende olmayan bir şey yok. Her insanın böyle bir potansiyeli vardır.

Sevilmediğini Hissettiğinde Hatırlaman Gerekenler

Sevilme ihtiyacı insanın varoluşunu sürdürebilmesi için elzem ihtiyaçlardandır. Sevildiğini bilen insan, attığı adımı daha sağlam atar ve bu dünyada yalnız olmadığını bilir. Her ne kadar hayatımızda bizi az ya da çok seven insanlar olsa da, bazı dönemlerde özellikle kötü hissederken sevilmediğimizi ve sevgiye layık olmadığımızı düşünürüz. İşte böyle zamanlarda bu inanca yapışıp kalmak daha kötü hissetmene neden olur. Bu bölümde, sevilmediğini hissettiğin zamanlarda hatırlaman gereken bazı şeylerden bahsedeceğim.

Sevgiye layık olmadığını düşünen insan, sevgiyi hak edecek özelliklere sahip olmadığı ve kusurlu olduğunu düşünür. Sahip olduğu kusurlar gözünde büyür ve sanki diğer insanlar hep mükemmelmiş ve sadece kendisinin hataları varmış gibi hisseder. İnsanların duygularını fark edebilen bir kamera olsaydı ve o kamerayı kalabalık bir insan topluluğuna doğrultuyor olsaydık, ruh sağlığı yerinde olan herkesin kendisini biraz kusurlu hissettiğini görürdük. Kusurların senin kim olduğunu tanımlamaz, sadece senin ayırıcı özelliklerin gibi düşünebilirsin. Hatırlarsan daha önce de bahsettiğim gibi, insanlar elinden geleni yapan ama birazcık kusurlu olan insanları, mükemmel görünen insanlara göre daha çok seviyor. Kusurlarını saklamak zorunda olan insanlar, sırtlarında bir yükle gezerler. Hep tedirgin hissederler, ya benim kusurlarımı görürse, ya beni olduğum halimle görürse diye. Ama çoğu zaman diğer insanlar, kusurlarımıza kendi bakış açımızdan daha şefkatli yaklaşırlar.

Özellikle duygusal anlamda kötü hissettiğimiz zamanlarda zihnimiz inanılmaz hızlı çalışır ve insanlarla olan ilişkilerde yaşadığımız belirsizlikleri olumsuzluklarla doldurur. Birisini aradın ve o an açmadı mı? Hemen zihnin konuşmaya başlar: "Bak, sana değer verseydi telefonunu açardı, demek ki seni sevmiyor." Yakın olduğun insanlar bir süre seni aramadığı zaman yine konuşur iç ses: "Bak unutuldun, ne arayan var ne soran." Bu senaryoların kötü tarafı, çoğu insan senaryoyu doğru kabul eder ve sağlamasını yapmaz. Halbuki bu hikâyelerin doğruluğunu test etmek için bizi aramayanları biz arasak, ya da neden böyle olduğunu sorsak, çoğunlukla iç ferahlatan cevaplar alırız. Psikolojide belirsiz olan mesajları net bir şekilde değerlendirme hatasına zihin okuma diyoruz. Karşı tarafın mimiklerinden, tavırlarından çıkarılan yorumları gerçek gibi değerlendirmek birçok insanın kötü hissetmesine neden olur.

Ayrıca zihin okuma söz konusu olduğunda, farkında olmadan sandığımız şeyi gerçeğe dönüştürüyoruz. Şöyle düşünelim: Beraber çalıştığın bir insanın, eskiye göre sana daha soğuk ve mesafeli davrandığını düşünüyorsun. Burada zihin okuma devreye giriyor, konuşuyor: "Seni sevmiyor, arkandan iş çeviriyor, vesaire," gibi şeyler söylüyor. İşin aslı öyle olmasa bile sen zihninin söylediklerini gerçekmiş gibi kabul edersin ve o insana karşılık vermek için sen de mesafeli ve soğuk davranmaya başlarsın. Çinli bir köylü, bir gün baltasını kaybetmiş. Komşusunun oğlundan şüpheleniyormuş, çünkü çocuk bir hırsız gibi konuşuyor, yürüyor ve davranıyormuş. Köylü, ertesi gün tarladaki aletlerin arasında bulmuş aradığı baltayı, sonra çocuğu yine görmüş; bütün diğer çocuklar gibi konuşuyor, yürüyor ve davranıyormuş. Tıpkı bu hikâyede olduğu gibi, belki de o âna kadar sadece zihin okuma olan şey gerçeğe dönüşür. Çünkü belki de kendi özel hayatında yaşadığı sorunlar sebebiyle biraz içe dönmüş; bu sebeple mesafeli görünen arkadaşın senin bu tavırlarına anlam veremez, hak etmediği bir muameleye maruz kaldığını düşünür, zihin okuma yapar ve sana gerçekten tavır yapmaya başlar. Böylece en başta bir yanlış yorumlama olan şey, sevdiğin bir insanla ilişkinin gerçekten kopmasına neden olabilir.

Bazen de ilişkilerimizde sorunlar yaşarız, hiç bitmeyecekmiş gibi gelen ilişkiler, dostluklar pek de hoş olmayan bir şekilde biter. Eğer giden taraf giderken seni suçlamışsa, sen o insanın seninle ilgili problemini hayatında olan tüm insanlara genelleme eğilimi gösterebilirsin. Diğer insanlarla yaşadığın problemler sana sevilemez bir insan gibi hissettirebilir. Ama her insanla iyi anlaşamazsın, hatta iyi anlaştığın bazı insanlarla da zamanla anlaşamazsın, koşullar değişir insanlar değişir. Odak noktanı sevilmediğin yerlerde tutarsan, gördüğün şey hep bu olur. Dikkatini seni sevenlere çevirmen daha iyi olacaktır.

İlişkilerinde arka arkaya yaşadığın sorunlar, sana öğrenme fırsatı verir. Birkaç kişiyle ilişkinde sorunlar yaşaman, işe yaramaz ya da sevilemez biri olduğunu göstermez. Ama çoğu insan böyle düşünmeye başlar. Hâlbuki bu sorunlar sana bir öğrenme fırsatı verir. Ben böyle durumlarda gurur yapmak yerine, aramın bozulduğu insanlardan geri bildirim alma taraftarıyım. Elbette onun da söylediklerini tamamıyla doğru kabul etmeden, kendi filtremizden geçirerek aldığım geri bildirimler sonraki ilişkilerimde kendimi geliştirmem için fırsat olabilir.

Çok fazla arkadaşı ya da bir süredir romantik ilişkisi olmayan insanlar kendilerini yalnız hissederler ve yalnızlıklarını sevilmediklerinin bir kanıtı olarak yorumlarlar. Bir psikolog olarak kader, kısmet ya da şans kavramlarını kullanmam garip gelebilir size. Ama gördüğüm onca insandan sonra çok şaşırdığım bir şey var: Bir ilişki içinde olsa harika bir partner olabilecek insanlar yalnız kalabiliyorlar. Bunun hiçbir sebebi de olmayabiliyor. Sanırım burada şans, kader ya da kısmet artık ne dersek diyelim, devreye giriyor. İnanılmaz uyumlu, sevecen ve hatta fiziksel anlamda modern güzellik kıstaslarını fazlasıyla karşılayan insanların bir ilişkisi olmayabiliyor. Şimdi buradan yola çıkarak sormak istiyorum, bir ilişkinin olmaması senin sevilemez biri olduğunu gösterir mi? Elbette bazı davranışların ya da beklentilerin bir ilişkiye uyum sağlamanı zorlaştırıyor olabilir, bunları fark edip kendini bu konuda geliştirebilirsin. Ama sadece ilişkinin olmaması ve şu anda yalnız olmanın senin kişisel değerinle direkt olarak bir bağlantısı yoktur. Belki de sadece seninle uyumlu olacak insan henüz sana denk gelmemiştir.

Bir diğer konu da şu; çok fazla arkadaşının olmaması sana sevilmediğini hissettiriyor olabilir. Ama bazı insanlar birçok insanla, herkesle anlaşamaz, kafasının sarmadığı insanlarla zaman geçirmekten mutlu olmaz, diplomatik davranmak yerine doğrucu olmayı tercih eder. Durum böyle olunca böyle insanların çok arkadaşı olması pek mümkün değildir. Aslında senin kişilik özelliklerin sebebiyle çok fazla insan olmuyor etrafında. Peki, neden çok fazla insana ihtiyacın var? Bir insanın dost kapasitesini bir iki kişi bile karşılayabilir. Anlaşabildiğin bir kişinin bile olması çok önemli bir referans noktasıdır. Ve seçici bir yalnızlık içinde olman senin kişisel değerinle ilgili değildir.

> Diğer insanların sevgisinden önce ihtiyacın olan şey, kendi kendine gösterdiğin sevgi ve anlayıştır.

William Gibson'a atfedilen bir söz vardır: "Kendinize depresyon ya da itibar kaybı teşhisi koymadan önce, çevrenizdekilerin aşağılık insanlar olmadıklarından emin olun." Tam olarak bu sözün anlatmaya çalıştığı gibi, çevremizde bazen bizi seviyormuş gibi görünen ama daimi olarak yargılayan ve suçlayan insanlar birikmiş olabilir. Bu insanların bize yaklaşımları, kendimizi onların gözünden tanımlamamıza sebep olabilir. Sevilmediğini hissettiğinde, çevrendeki insanların sana yaklaşımlarını da kontrol etmekte fayda vardır. Diğer insanlarla yaşadığın zorluklar, sevgiye layık olmamanla ilgili değildir. İnsanlık tarihinde korkunç insanlar olarak nitelenen birçok kişi dahi sevilmişken senin kusurların nedeniyle sevgiyi hak etmemen imkânsızdır. Belki de sadece karşındaki insan sana istediğin sevgiyi ya da saygıyı sunma kapasitesine sahip değildir.

Başta söylediğim gibi, diğer insanların sevgisine ihtiyacımız var. Diğer insanlardan hiçbir şey beklememek hem gerçekçi hem de mümkün değildir. Ancak bu sevgi olmadan hayatın mahvolacağını düşünmek de çok anlamlı değildir. Genelde sevilmediğimizi hissettiğimiz zamanlarda odak noktamızdaki insanların bizi sevmediğini düşünürüz. Biraz daha farklı yerlere baktığında seni seven ama fark edilmemiş birçok insanı görebilirsin. Sonuç olarak en temelde kendimizle olan ilişkimiz belirleyicidir. Yalnız başına vakit geçirebilmek, diğer insanlar olmadan da hayattan keyif alabilmek en zor zamanlarda ihtiyacımız olandır. Genelde diğer insanların sevgisinden önce ihtiyacın olan şey, kendi kendine gösterdiğin sevgi ve anlayıştır.

İnsanların Sana Borçlu Olmadığı Şeyler

"İnsan ilişkilerinin tatminkâr ve
sürdürülebilir olması için,
her iki tarafın da emek vermesi gerekir.
Senin ortaya koyduğun ilgi, sevgi ve
çabayı karşı taraftan da bekliyor olman
bencillik değil, olması gerekendir."

İnsan dünyaya geldiğinde muhtaç bir vaziyette. İlk etapta kendisi için yapabileceği pek bir şey yok; hayatına devam edebilmesi için bir yetişkinin bakımına ihtiyacı var. Sonrasında o muhtaçlık hali yavaş yavaş azalmaya başlar, kendi yemeğini yiyebilir, tuvalet ihtiyacını giderebilir, kendi kendine zaman geçirebilir. Bu kendine yetebilme yetenekleri her geçen gün artar. Daha erken yaşta karşılaştığı sorunlar karşısında çocuğun bu sorunlarla ve hayal kırıklıklarıyla baş edebilmeyi öğrenmesi gerekir. Normalde birçoğumuz belli bir seviyede bu becerileri öğreniyoruz. Ama karşılaştığımız iki türlü uç durum var, birincisi çocuğun gelişimi içerisinde ihtiyacı olan yardımı hiç alamaması, diğeri ise kendi başına rahatlıkla çözebileceği sorunların bile ebeveynleri tarafından çözülmesi hali. Bu iki duruma maruz kalan insanların yetişkinlik döneminde, çevresindeki insanlardan beklentileri organik olmayabiliyor.

Erken yaşlarda ihtiyacı olan yardımı, bakımı alamayan bazı çocuklar yetişkinlik döneminde kendilerini herkesten alacaklı gibi hissediyorlar. Ebeveynlerinin vermediğini karşısına çıkan her insandan tahsil etmeye çalışıyorlar. Böyle bir alacaklıyla karşılaşan kişi ilk başta ne kadar arzulu hissederse hissetsin sonrasında bu kişiden uzaklaşma eğiliminde oluyor. Bu sefer alacaklı kişi daha da öfkeli ve daha da alacaklı hissediyor. Bu her yeni karşılaşma ile artarak devam ediyor. İkinci durumda ise, her ihtiyacı kolayca karşılanmış olan kişinin hayat mücadelesi alet çantasında pek kullanışlı bir şey olmuyor, çünkü daha önce tüm sorunları ebeveynleri tarafından çözülmüş, kendi işini kendi yapmayı öğrenememiş. Bu tarzda yetişen çocukların bazıları sonrasında, karşısına çıkan her insandan kendisine aynen ebeveynleri gibi davranmasını, yani her işlerini halletmesini, her sorunlarını çözmesini ve tüm sorumluluğu almasını isteyebiliyor. Bu durumda da karşıdaki insan uzaklaşabiliyor ya da ilişkide ciddi çatışmalar ortaya çıkabiliyor. Diğer insanlar senden sonra kendileri için daha huzurlu ilişkiler ve dostlar bulabilirken, sen her insanla aynı sorunları yaşayarak daimi olarak mutsuz hissedebilirsin. Bu bölümde diğer insanların sana borçlu olmadığı şeylerden bahsetmek istiyorum.

İlk olarak hayatının sorumluluğunun sende olduğunu iyi bilmelisin. Diğer insanların bazı zor durumlarda sana katkısı olabilir, sana destek de olabilirler, ama iş nihayetinde sana kalacak. Böyle durumlarda diğer insanların seni sorunlarından kurtarmasını beklersen, içinde olduğun yerde uzun süre kalacaksın demektir. Basit bir örnekle izah edeyim. Hayat mücadelende diğer insanların sana katkısı yemeğin sosu, senin kendi mücadelense yemeğin kendisi. Diğer insanlar sana nadiren yemek verebilirler, o da daimi değildir. Bu nedenle diğer insanların seni mutlu etmesini, eğlendirmesini, içindeki sıkıntıdan kurtarmasını, her daim psikoloğun gibi seni dinlemesini, sana öneriler vermesini bekleyebilirsin, ama bu istediklerin hiç gerçekleşmeyebilir. Belki de bu satırları okurken, "Bunları yapmayacaksa insanlar birbirini neden seviyor?" diye soruyor olabilirsin. İşte burada sorunlu bir sevgi tanımı mevcut; sevgi diğer insanların senin bakıcılığını üstlenmesi anlamına gelmez; sevgi, karşılıklı katkı ve yol arkadaşlığıyla daha tatminkâr bir yaşam sürmektir. Tek taraflı ve bağımlı bir sevgi anlayışı, önce ilişkiyi sonrasında da karşı tarafı tüketir. Kendi başına mutlu olamayan bir insanı diğer insanların mutlu etmesi kolay değildir.

Bir diğer konu da şu; biriyle tanıştığında, biriyle ilişkiye başladığında, o kişiyi olduğu gibi görmek yerine zihnindeki ideal insanmış gibi görme yanılgısına düşmen. Böyle olunca, karşı tarafın seninle tanıştığı zamanki halini, detaylarını, kişiliğini çok fazla görmezsin, bunlar senin için sadece ileride değiştirilebilecek küçük pürüzler gibidir. O ilk tanışmanın heyecanıyla bunları göz ardı edersin. İlerleyen zamanlardaysa bu coşku azalır ve inşaat zamanı başlar, şantiyeyi kurarsın; hadi bakalım seni değiştireceğiz. Karşındaki insanın tercihlerini, ilişkilerini, önceliklerini, giyim tarzını, düşünce yapısını kafandaki ideal insana dönüştürmeye çalışırsın. Ama bu çok dramatik bir süreçtir, her iki taraf için. Karşı taraf için, bugüne kadar var olduğu haliyle kabullenilmediği bir ilişkide olmak çok zorludur. Senin için de isteklerinin karşılanmaması ve karşı tarafın değişmemek konusunda ısrarcı olması öfkelenmene sebep olabilir. Ama insanlar değişmez, sadece ilk baştaki coşku her şeyin yapılabileceğine dair bir umut balonu ortaya çıkarır, o da kısa sürede söner. Ayrıca eğer bir insanın tamamıyla değişme gücü olsaydı bile bunu senin için yapmak zorunda değildi. Seni sevmesi bunu yapmasını gerektirmez, kendi olarak da kendini ve seni sevebilir. Bu sebeple bir insanı olduğu gibi değil de olması gerektiği gibi sevmek her zaman hayal kırıklığına yol açacaktır.

Diğer insanlar seninle aynı fikirde olmak zorunda değildir. Sen inançlı olabilirsin, inançsız olabilirsin, bir siyasi görüşün olabilir. Diğer insanların ve hatta sana yakın insanların senden farklı düşünmeleri rahatsızlık duyman gereken bir durum değildir. İnsanlar hayata dair görüşlerini sadece mantık çerçevesinde oluşturmaz, aile geçmişi ve ailesinin görüşleri, daha önce yaşadığı deneyimleri de hesaba katar ve nihayetinde tüm bunlarla ortaya bir yorum çıkararak ona inanmayı seçerler. İşin içinde her zaman bolca duygu vardır. Bu seninle aynı şekilde düşünmeyen insan için geçerli olduğu gibi senin için de geçerlidir. Sen kendi yorumunun en doğrusu olduğunu hissediyor olabilirsin, fakat aynısını diğer insanlar da hissediyor. Bu sebeple kimseye kendi görüşünü dayatmaya hakkın yoktur. Bu arada elbette kendi argümanlarını ortaya koyabilir, karşı tarafı ikna etmeye çalışabilirsin. Ama sadece bu kadar. Ayrıca bugüne kadar her görüşte, birçok farklı dinin mensubuyla ya da ateistle tanıştım, sohbet ettim. Hayatımın 37 yılı geride kalırken, görüşlerin insanın kimliğini belirlemediğine kanaat getirdim; sadece iyi insanlar ve kötü insanlar var. İnandıkları din ve siyasi görüşleri bu kısmı çok az etkiliyor. İyi bir insansa, iyi huylu bir Müslüman, Yahudi, sağcı, solcu oluyor. Tam tersi kötü biriyse, kötü huylu Müslüman, Yahudi, sağcı, solcu oluyor, hamur neyse o yani. İnsanlarla güzel ilişkiler kurman için onlarla aynı görüşte olmana gerek yok.

İnsanlar sana her zaman evet demek zorunda değildir. Birilerinin sana hayır demesi, seni komple reddettiği anlamına gelmez, sadece o an için o konuda hayır dedikleri anlamına gelir. Özellikle "hayır" lafını sık duymadan büyüdüysen, günün birinde birinin sana hayır demesini, kişiliğinin tamamen reddedilmesi ve gurur kırıcı bir şeymiş gibi yorumlayabilirsin. Ama insanların öncelikleri farklıdır, zaten diğer insanları keşfetmeye değer buluşumuzun ana sebebi de farklı oluşumuzdur. Önceliklerimiz farklı olduğu için, ara ara benim istediğimi onun istemediği zamanlar olabilir. Bu çok insani ve özellikle olmasını istediğimiz bir durumdur, ilişkilerin sağlığı açısından.

İnsanlar senden istemediği halde senin onlara sunduğun maddi ve manevi şeyleri, diğer insanlar sana sunmak zorunda değildir. Elbette senden talep edilen şeylerin karşılığını bekleyebilirsin, buna hakkın var. Ama senden talep edilen ve senin emek harcayarak sunduğun şeyler bile karşı tarafta sana iyi ve adil davranmaya dair bir düşünce ortaya çıkarmayabilir. Bu üzücü bir durumdur. Fakat senden talep edilmeyen bir şeyi sunduğunda, onlara bunu hediye etmiş olursun. Unutma, hediye karşılık beklemeden verilen şeydir. Ama günün birinde, "Ben sana şunu yaptım ve artık sıra sende," dediğinde ya da demesen bile bunu hissettirdiğinde, karşı taraf, "Ben senden böyle bir şey istemedim ki, kendin yaptın," diyebilir. Aynısını kendin için de düşünebilirsin: Birisi sana sen istemeden güzel şeyler yapıyor, doğal ola-

> Eğer karşılık bekliyorsan bu hediye değil, karşındaki insanı onun haberi olmadan borçlandırmaktır. Bu da ilerleyen zamanlarda her iki tarafı da üzecektir.

rak bu durum hoşuna da gidiyor, ama aradan biraz zaman geçtikten sonra karşı tarafın senden aynısını beklediğini fark ediyorsun. Nasıl hissederdin? Ben biraz kandırılmış, biraz da öfkeli hissederdim. Talep edilmediği halde sunduğun şeylerin hediye niteliğinde olduğunu baştan kabul etmelisin. Eğer karşılık bekliyorsan bu hediye değil, karşındaki insanı onun haberi olmadan borçlandırmaktır. Bu da ilerleyen zamanlarda her iki tarafı da üzecektir.

Bu saydığım şeylerin büyük bir kısmını farkında olmadan diğer insanlardan bekliyorsun. Yıllardır yaptığın için o kadar otomatikleşmiş vaziyette ki doğalı buymuş gibi geliyor. Ama bu saydıklarımı gözden geçirdiğin zaman diğer insanlarla yaşadığın sorunlu deneyimleri düşünmeni öneririm. Eminim kendinden bir şeyler bulacaksın.

Kendine Yaptığın Kötülükler

Genelde bizi üzen şeylerin bizim dışımızda geliştiğini zannederiz. "Başıma şu geldi, birisi bana şöyle yaptı ve ben o yüzden böyleyim" türünden düşünceler... Fakat unutmamalısın, içimizde hayatın sorunlarına karşı geliştirdiğimiz bir bağışıklık deposu da vardır. Eğer bir insanın kendisiyle arası iyiyse bu depo olabildiğince dolu olacaktır ve sorunlar olsa da dayanma kapasitesi artacaktır. Üzülmesine rağmen yıkılmayacaktır, hayatına devam etme gücünü bulacaktır ve psikolojik olarak sağlığını muhafaza edecektir. Bu bölümde insanların kendilerine sık yaptığı bazı kötülüklerden bahsedeceğim.

İlk olarak rahatsız olduğun şeylerden hiç rahatsız değilmiş gibi davranmak, bu kötülüklere örnek gösterilebilir. Eğer birisinin yaptığı davranışlar, çalıştığın yerin koşulları, ailenin sana yaklaşımı seni rahatsız ediyorsa, hissettiğin bu rahatsızlığın bir anlamı var demektir. İnsan ne zaman fiziksel rahatsızlık hisseder, fiziksel acı hisseder? Bir yerin yandığı, ağrıdığı zaman hissettiğin acının anlamı, problemli olan bölge için orayı koruma çağrısıdır. Elin yanacak gibi olursa, hissettiğin rahatsızlık hemen reflekslerini harekete geçirir ve elini kaçırırsın. Vücudunun bir yeri ağrırsa bu bölge için tedavi arayışına girersin. Fiziksel rahatsızlık aslında bir habercidir. Bir konudan rahatsız hissettiğinde de durum aynı şekilde işler. İlişkinde, ailende veya işinde hissettiğin rahatsızlık, uzun vadede zarar görebileceğini işaret eder ve sana kendini koruma çağrısı yapar. Ama sen bu rahatsızlığı görmezden gelirsen, seni kurtarmak için çalışan bu alarmların hiçbir anlamı kalmayacaktır. Rahatsız oluyorsan bunu ortaya çıkarmalı, konuşmalı ve en kötü senaryoda rahatsızlığı çıkaran kişi ya da ortamdan uzaklaşmalısın.

Ben hassas insanların, kendilerini sınırsızca iyi hissetmedikleri bir olgunluğa erişmeden önce karşılıksız ve sonsuz bir şekilde iyilik ya da fedakârlık yapmalarının onlara zarar vereceğini düşünüyorum. Henüz sen tam olarak pişmemişken, sevgi, şefkat, ilgi ve saygı depolarını daha kendin dolduramamışken bunları diğer insanlara bolca dağıtmak, seni bir ömür boyunca o depoları hiç dolduramama riskiyle karşı karşıya getirecektir. Yani eğer bu konularda dolmamış depoların ve bolca hayal kırıklıkların varsa önce kendini düşünmen gereklidir. Bu da ortaya koyduğumuz güzel şeyler için biraz hesapçı olmanı gerektirir. Bir şekilde sana en az değeri veren insanlara sen çok fazla emek verirsen bu adaletsiz bir alışveriş olacaktır ve başta bahsettiğim depoların hiç dolmama riskini ortaya çıkaracaktır. Bir ilişki içerisinde senin ortaya koyduğun emekle karşı tarafınki arasında uçurum olmamalı, eğer uçurum olursa tüm yatırımını hiçliğe yatırmış bir insanın psikolojisi içerisinde zararı kurtarmak adına ümitsizce kendini daha derin zararlara sokabilirsin. Burada basit bir denge olmalı, birisi senin için bir şeyler yapıyorsa, senin emeklerine değer veriyorsa her şey yolunda demektir.

Ama değer bilmeyen birisi için sen de kendini onun seviyesine geriletmelisin ki, ileride bir yerlerde bu ilgini hak edecek insanlar için ortaya koyacak bir şeyin olsun.

İnsanlar çok güzel konuşur. İnsanları dinlerken, onların ne kadar harika insanlar olduğunu düşünürüm ve sonra aklıma şu soru gelir: "Peki bunca kötülüğü hangi insanlar yaptı?" Kendine yapabileceğin kötülüklerden birisi de insanların davranışlarına değil sözlerine inanmaktır. Her insan konuşurken iyi, şefkatli ve güven vericidir. Bu sanırım biraz manipülasyon, birazcık insanların oldukları değil de olmak istedikleri insanı tarif etmelerinden kaynaklanıyor. Danışanlarım çoğunlukla seans içerisinde bana karşı çok kibar ve sempatiktirler. Ama uzun yıllar içerisinde edindiğim tecrübeler bunun gerçekte hiç de göründüğü gibi olmayabileceğini öğretti bana. Bana karşı çok kibar olan, bütün dünyanın kendi hakkını yediğini ve kendisinin hiç sorumluluğu olmadığını iddia eden bazı kişiler, asistanıma karşı hakaret dolu ve küçümseyici ifadelerle konuşabiliyorlardı. Hep sorarım asistanıma, danışan randevu alırken, beklerken nasıldı diye. İçerideki ve dışarıdaki davranışlar uyumsuzsa, ilerleyen seanslarda bu konuyu bir şekilde gündeme getiririm. Yani insanlar duruma, zamana ve konuma göre çok farklı davranabiliyorlar ve işin ilginç yanı böyle bir farklılık olduğunun farkında bile olmayabiliyorlar bazen. Eğer sen bu gerçekliğin farkında değilsen, onların sözlerine inanma eğiliminde olursun ve hayal kırıklığına uğrarsın, sonra daha fazla güven kırıklığı yaşar, daha fazla inanma eğiliminde olursun. Bu da insana dair ironik şeylerden birisidir, denize düşüyorsun yılana sarılıyorsun, yılan seni ısırıyor ve sen korkup daha büyük bir yılana sarılıyorsun. Ve sen fark etmedikçe bu döngü böyle devam ediyor. Sonrasındaysa sık sık şu cümleyi duyarız: "Neden tüm sorunlu tipler beni buluyor?" Aslında tüm zehirli tipler baştan işaret verir, ama sen onun söylediklerine inanmak istersin ve onun söylediği gibi olmadığını gösteren davranışlarını görmezden gelirsin, küçültürsün. Sonrasında ise yine hayal kırıklığı yaşarsın.

Başkaları için hayallerinden vazgeçmek kendine yapabileceğin büyük kötülüklerden biridir. Bir insanı bugünden yarına taşıyan şeyin umudu ve hayalleri olduğunu düşünüyorum. Çocukluğundan bu yana elde ettiğin ya da başardığın zaman kendini daha iyi hissedeceğini bildiğin şeyler vardır. Bu başka bir yerde yaşamak da, bir mesleği en iyi şekilde icra etmek de olabilir. Sen bu hayallere ulaşmak için tüm imkânlarını seferber edersin, başkaları tembellik ederken sen durmadan çalışırsın ve günün birinde o hayal ettiğin şeylere yaklaşırsın. Sonrasında karşına seni sevdiğini ya da senin çıkarlarını önemsediğini düşündüğün birisi gelir ve o hayallerinden vazgeçmeni, vazgeçmezsen seni bırakacağını, sevmeyeceğini söyler. Ve sonra puf! İnanılmaz bir arada kalmışlık yaşamaya başlarsın. Bir yandan sevdiğini kaybetme korkusu, bir yanda yıllardır tırnaklarınla kazıyarak ulaşmaya çalıştığın hayalin.

İstisnasız karşılaştığım bir sonuç var: Birisi senden ya hayallerin ya ben diye bir seçim yapmanı istiyorsa ve sen seçimini o kişiden yapıyorsan, sonuç hep hayal kırıklığı oluyor. Bu sonuç, hayallerinin inanılmaz doğru ve seni mutlu edecek olmasından dolayı böyle olmuyor. Senden kendisi için hayallerinden vazgeçmeni isteyen insanın genelde tek vukuatı bu olmuyor, çünkü bu sevme değil kontrol etme girişimi. Ve kontrol etme girişimleri her seferinde artar ve gittikçe senin daha az kendin olmanı gerektirir. Diyelim ki hayalinin seni ileride mutlu etmeme ihtimali var, yine de bu hayalinden bir başkası için vazgeçmemelisin. O insan da seni vazgeçmediğin için bırakacaksa, bence sana büyük bir iyilik yapmış olur. Bir

> Hayallerinden vazgeçmeni isteyen insanın genelde tek vukuatı bu olmuyor, çünkü bu sevme değil kontrol etme girişimi. Ve kontrol etme girişimleri her seferinde artar ve gittikçe senin daha az kendin olmanı gerektirir.

hayalden vazgeçilecekse, kendi kendine vazgeçersin zaten, başkasının baskısına gerek yoktur.

Daimi olarak kendine iyi bir ilişkiyi, işi, arkadaşlığı ya da eşyayı hak etmediğini söylemek de kendine yaptığın kötülüklerden birisidir. Bir danışanım çok yoğun çalıştığı işten ortalamanın üstünde bir maaş kazanıyordu. "Her kuruşunu hak ediyordu" ifadesi sanırım bu danışanım için hafif bile kalabilirdi. Bu danışanım bir gün kendisine, çok beğendiği ama biraz pahalı olan kot pantolonu aldığını, ancak sonraki gün hissettiği suçluluk duygusu sebebiyle hemen iade ettiğini söylemişti. Neden suçluluk hissettiğini sorduğumda, "Ben kimim ki bu kadar pahalı bir pantolon giyeyim, hak etmiyorum bunu" demişti. Halbuki kazancı oranında baktığımız zaman pantolonun ücreti makul sayılabilirdi. Burada asıl mevzu kotun pahalılığı değil, kişinin değerli gördüğü bu şeye kendini layık görmeyişiydi.

Bu konu keşke sadece eşyalarla sınırlı kalsa; ilişkiler, terfiler ve insanların yaptığı güzel şeyleri de hak etmediğini düşünüyor birçok insan. Bu insanlar kendi içlerinde, diğer insanların ilk bakışta fark edemediği kusurlar olduğunu düşünür. Bundan dolayı kendilerini defolu gibi hissederler, hiçbir şeyin iyisine kendilerini layık görmezler. Halbuki karşına bir şeyin iyisini isteme ve elde etme fırsatı çıktıysa bunu hak etmişsindir demektir. Bir diğer danışanım da, yıllardır sorunları gitgide artan bir ilişki yaşıyordu. Her seansımızda ilişkisinin ne kadar kötü olduğundan bahsetmeye başlayınca, neden ayrılmayı düşünmüyorsun diye sordum. "Beni kim ne yapsın, benim bulabileceğim ilişki ancak bu kadar," demişti. Aslında neye layık olduğunu belirleyen şey senin ne hissettiğindir. Eğer sen layık değilim diyorsan, layık olmuyorsun ve çevrendeki insanlar da sana öyle davranıyor. Eğer ben bunu hak ettim, bu bana yakışıyor diyorsan çevrendeki herkes yine sana hak veriyor. Yani bu bir cesaret meselesi.

İçindeki Ses Yalan Söylüyor

Her insanın içinde durmaksızın konuşan bir ses vardır. Kimisi ilerleyen yaşlarda, gerçek hayatta konuştuğu insanlardan umudu kesince, içindeki sesle sesli olarak konuşmaya bile başlayabilir. Sanırım dışarıda gördüğümüz kendi kendine konuşan insanların bir kısmı, içindeki sesle kavga ediyor. Kavga ediyor diyorum, çünkü içimizde olan bu ses genelde dostumuz yerine düşmanımız gibi konuşma eğiliminde oluyor. Nerede hata yaptığını, ileride seni bekleyen felaketleri (çoğu doğru çıkmıyor), ne kadar çirkin olduğunu, hiç kimsenin seni sevmediğini, hep başarısız olduğunu söylüyor durmadan. Bir keresinde içimdeki ses işleri o kadar abartmıştı ki, ben bile onun söylediklerine o kadar da değil diye itiraz etmiştim.

İçimizdeki sesin kaynağı, biz çocukken bizi eleştiren ebeveynlerimizin, öğretmenlerimizin ya da başka otorite figürlerinin söyledikleri oluyor. Özellikle daha otoriter ve kuralcı ortamlarda yetişen insanların bu eleştirel iç sesleri daha güçlü ve geveze olabiliyor. Ve insanların birçoğu, ne yazık ki ömürlerinin sonuna kadar iç seslerinin doğruları ve gerçekleri söylediğini zannediyor. Ömür boyu çekilen büyük çile... Ne yazık. Evet, şimdi büyük gerçeği açıklıyorum: "İçindeki ses yalan söylüyor."

Bu bölümde içindeki sesin sık sık yalan söylediği konuları ve alternatif iç ses önerilerimi paylaşacağım. İç ses çocukluğumuzdan bu yana hep içeride bir yerlerde olduğu için, sanki onu gerçeğin elçisi gibi kabul etmen gayet normal. Maalesef kendisi tam bir felaket tellalı ve aynı zamanda tüm olasılıklardan en kötüsünü seçme yeteneğiyle de ünlü. Bu sebeple, özellikle o ses konuşurken onun doğruları söylemediğini kendine telkin etmek faydalı olacaktır.

İlk dikkat etmen gereken kalıp, yeni bir ortama girmeden önce sık sık gündeme gelen o cümle: "Umarım beni severler, umarım iyi ilişkiler kurarım." Nasıl da benim ağzımdan konuşuyor, sanki benmişim gibi. Aslında diğer insanların beni sevip sevmemesinden daha önemli olan bir durum yok mu? O da benim onları sevip sevmeyeceğim. Bu nedenle, bir ortama girmeden ya da yeni bir insanla tanışmadan önce, "Umarım beni severler" diye düşünmek yerine "Umarım ben onları severim, sevilmeye layık ve güzel insanlardır" diye kendini telkin etmek, mucizeler yaratmasa da işe yarayacaktır.

İş ortamında, ilişkiler ya da sosyal ortamlarda eminim sonrasında pişman olduğun bazı davranışlarda bulunmuşsundur. Günün sonunda, uyumadan önce, günlük rutin kafada kurma zamanında, gözlerin tavanda uykuya dalamazken, *ne kadar aptalım, neden böyle davrandım, benden adam/kadın olmaz, benim sonum iyi değil* diye kendini sıklıkla yargıladığın zamanlar olduğunu tahmin ediyorum. İşte böyle hatalar karşısında iç sesinin tepkisi bu olur: "Ne kadar da aptalım." Peki durum gerçekten öyle mi? İnsan olduğun için her şeyi planlaman, her konuda sonuçları tahmin etmen mümkün değil. Bazen normal olarak basit hatalar yapabilirsin. Başka biri yapsa büyük bir özgüvenle, "Olur öyle şeyler" diyeceğin hatalar için, kendine neredeyse darağacı kuruyorsun. İşte böyle zamanlarda kendine söylemen gereken şey şu: "Ben insanım ve arada böyle hatalar yapabilirim, çok normal."

Özellikle hayatın zor bölümlerinde takılı kaldığın zamanlardaysa, içindeki ses bu sefer dost görünümünde yaklaşır ve "Neden böyle şeyler yaşıyorum, ben bunu hak etmedim," diye konuşmaya başlar. İlk başta çok şefkatli bir dost sesi gibi görünse de aslında bu söylenenler yaşadıklarını kabullenmekte zorlanmana sebep olacaktır. Zor zamanlarda bu sese alternatif olarak devreye sokman gereken ses, "Evet, zor şeyler yaşıyorum ama bu yaşadıklarım bana ne öğretiyor?" ya da "Belki de şu an yaşadıklarım beni ileride karşılaşacağım başka mücadelelere hazırlıyor" olmalı.

İç ses bazen samimi olan ama sana çok da iyi alışkanlıklar kazandırmayan bir dost gibidir. Sana, seni düşündüğünü gösteren öneriler verir ama bu aslında sana fayda sağlamaktan çok zarar verir. Mesela hata yaptığında, başarısız olduğunda, kötü hissettiğinde bu ses şöyle seslenir sana: "Çaktırma, hatalarını, kusurlarını, olumsuz duygularını gizle, her zaman güçlü görünmelisin." İlk bakışta her ne kadar arkadaşça görünse de aslında kendini saklama çabası, hatalarından kaçma ve duygularını bastırma girişimleri sana her zaman zarar verecektir. Bu sese alternatif olarak söylemen gerekenler şu şekildedir: "Hatalar, olumsuz duygular, hepsi hayatın gerçeği. Eğer ben bunları kabullenmezsem, kendimi geliştirmem mümkün olmaz.

> Hatalarımı kabul etmek beni gelişen insan haline getirecektir ve bu kesinlikle zayıflık değildir.

Eğer her zaman güçlü görünmeye çalışırsam, zor duyguları içimde biriktiririm. Halbuki güvendiğim insanlarla paylaşmak, hatalarımı kabul etmek beni gelişen insan haline getirecektir ve bu kesinlikle zayıflık değildir." Yaşadıklarını bu perspektifte değerlendirirsen, kendini çok daha iyi hissetmen mümkün olacaktır.

Daha önce de söyledim, neyi istiyorsan onu hak ediyorsun, bunlar gerçekten ulaşılamaz şeyler olsa bile. İsteyebiliyor olman, senin buna layık olduğunu gösteren en önemli işaretlerden birisidir. İçindeki eleştirel ses burada da devreye girip sana "Sen bunlara layık değilsin, iyi bir işi, iyi bir ilişkiyi hak etmiyorsun, bunları hak etmek için gereken niteliklere sahip değilsin" diyor olabilir. Ama hayatta neye layık olduğunu, neyi hak ettiğini belirleyen en temel şey senin neye cesaret edebildiğindir. Bir kıyafet, bir deneyim ya da bir statüye cesaret edebiliyorsan onu fazlasıyla hak ediyorsun demektir. Önemli olan, içindeki sese rağmen istediğin o şey için bir girişimde bulunmandır.

Özellikle romantik ilişkilerde ya da arkadaşlıklarda bazen sorunlar yaşarsın, doğal olarak. Bir ilişki bittiğinde, arkadaşlığın sona erdiğinde içindeki ses Nazi subayları gibi kapıyı çalar ve "İlişkilerin berbat, hiç kimseyle iyi anlaşamıyorsun ve bunu düzeltemeyeceksin, hiç kimse seni sevmeyecek, hiç samimi bir dostun olmayacak!" der. Kapıyı açtığın gibi yüzüne kapatmak istersin bu Nazi subayının, ama bir yandan da yutkunursun ve "Ya haklıysa?" dersin. İşte burada alternatif iç sesimiz, ilişkilerde sorunlar yaşayabileceğini, sen ne kadar iyi olsan ve hatta karşı taraf da iyi olsa bile iyi geçinemeyebileceğinizi, insanların her zaman birbirini sevemeyebileceğini söylemeli. Ve bir yandan da biten ilişkilerinde kazandığın deneyimi yeni ilişkilerinin daha kaliteli hale gelmesi için kullanabileceğin gerçeği var. Bunları kendine hatırlatmak çok faydalı olabilir.

Ve son olarak bahsetmek istediğim eleştirel iç ses kalıbı, zor zamanlarda, hatta zor bir günde devreye girer ve "Artık tüm hayatın böyle geçecek, hayatın mahvoldu, bu hissettiklerin hiç geçmeyecek," der. Çok can sıkıcı değil mi? Sanırım gerçek hayatta böyle bir arkadaşım olsaydı, onunla aynı şehirde olmaktansa milyon borcum olmasını tercih ederdim. Ama ne yazık ki böyle konuşan ses, benim bir parçam, en içimde bir yerlerde. Ama bu ses konuşmaya başlayınca, ona tatlı sorularınla karşılık verebilirsin: "Bundan bir yıl önce dert edindiğim şeyler, şu anda beni ne kadar etkiliyor?", "Geçmişte şu ankine benzer bir problem yaşadığım zaman nasıl çözümler buldum?", "Başka insanlar buna benzer durumlarda nasıl çözümler üretiyor?" gibi sorular eleştirel iç sesini bayağı şaşırtacaktır. İnsan bazen kötü günler yaşar ve bu çok olağandır. Bunu kabullenmek ve bu yaşadıklarının geçici olduğunu kendine hatırlatmak her zaman işe yarayacaktır.

Üzülmen Yanlış Karar Verdiğin Anlamına Gelmez

"Hayatınla ilgili doğru olduğunu düşündüğün bir karar verdikten sonra üzülüyor olman yanlış yaptığını değil alışkın olduğun kalıptan çıktığını gösterir. İnsan doğru olsa bile kendi kalıplarının dışına çıktığı zaman ayrılık acısı yaşayabilir."

Gün gelir bir karar vermek zorunda kalırsın, bir ilişkiyi bitirmek, ailenden uzaklaşmak, bir iş ya da şehir değişikliği yapmak gibi. Çünkü o âna kadar içinde bulunduğun durumdan çok sıkılmışsındır ve sana zarar verdiğine karar vermişsindir. Ve günün birinde artık zamanının geldiğini düşünüp o yola çıkarsın; o ilişki biter, istifa verilir veya başka şehre gidilir. Bir karar vermenin, kararın içeriğinden bağımsız bir şekilde coşku verici bir etkisi vardır. İstersen deneyebilirsin; hayatında bir şeyi değiştirmeye karar ver hemen, içinin nasıl coşkuyla dolduğuna şaşıracaksın. Sanırım içimizde gizli kalan kodlardan birisi bu, zihnimiz daima yeni kararlara, yeni şeylere ihtiyaç duyuyor, bu coşkunun sebebi bu olmalı. Konuyu dağıtmadan hemen tekrar verdiğimiz kararlara dönelim.

O güne kadar katlandığın zorluklar neticesinde konumunu değiştirmek istedin ve kararını verdin. İlk günlerde yeni bir karar vermenin etkisiyle her şey çok güzelmiş gibi gelir. İçinden kendi kendine "İyi ki bu kararı vermişim, en doğrusu buydu" sesleri yükselir. Kararın ilk günlerinde attığın her adım, yediğin yemek, içtiğin su bile sana farklı gelir. Sonra yavaş yavaş bu coşkunun azaldığını hissedersin ve içinde hafiften bir tedirginlik oluşur; "Neler oluyor?" diye sorarsın kendine. Bir süre daha geçtikten sonra, içindeki bu tedirginlik daha da büyür ve adını koyamadığın bir sıkıntıya dönüştüğünü fark edersin. Bu sıkıntıdan kurtulmak için odağını değiştirebilirsin, aşırı sosyalleşme çabaların olur ama bir süre sonra bunlar da o sıkıntıyı örtemez hale gelir. Ve günün birinde içinde bir patlama halinde o sıkıntı gerçek yüzünü gösterir: "Acaba yanlış bir karar mı verdim?" Bu düşünce virüs gibidir ve acabalar ruhunu kemirmeye başlar. Zihninden atmaya çalıştığın saplantılı bir düşünce gibi, sen onu uzaklaştırmaya çalıştıkça o daha da büyüyerek gelir ve bir süre sonra bu konudan başka bir şey düşünemez olursun.

Sonrasında ayrıldığın eşine ya da sevgiline, eski işine, zamanında sana zarar verdiği için uzaklaştığın arkadaşına, taşındığın şehre, uzaklaştığın insanlara tekrar bir şans vermek istersin, yanlış bir karar verdiğini düşünüp. Geri dönersin, her şeyin eskisinden farklı olacağını, sıfırdan yepyeni bir düzen kuracağını düşünerek. Geri döndüğün ilk anda birkaç günle birkaç hafta arasında yine o en baştaki coşkuya benzer bir duygu yaşarsın, ama bu sefer daha da kısa sürer. Ve gerçekle yüzleşirsin; ilk verdiğim karar doğru bir karardı, geri dönerek yanlış yaptım. İşte bu döngü birçok insanın başına geliyor, bir karar veriyorsun, sonrasında üzüldüğün için yanlış karar verdiğini düşünüp geri dönüyorsun ama yanıldığını anlıyorsun; ilk verdiğin karar doğru bir kararmış. Burada bir örnek vermek istiyorum:

25 yıllık evlilik hayatının sonunda, eşinin kronik aldatmalarına artık dayanamayan Ayfer, boşanmaya karar verir.

Eşinin defalarca özür dilemesine, bir daha yapmayacağım demesine rağmen bu defa çocuklarının da desteğiyle dik durur ve sonunda boşanırlar. Bu özür dilemelere ve vaatlere daha önce yüzlerce kez şahit olmuştur ve hiçbiri gerçekleşmemiştir. Bu sebeple Ayfer'in en son yaşadığı pişmanlık gösterilerine karşı kendini koruması daha kolay olmuştur.

Boşanma sonrasında Ayfer'in eski eşi başka bir yere taşınmış, Ayfer ve çocukları evlerinde kalmaya devam etmişler. Boşanmanın ilk zamanlarında Ayfer inanılmaz keyifliymiş; spora başlamış, kilo vermiş, arkadaşlarıyla hem yurtiçinde hem de yurtdışında tatile gitmiş. Ve sonrasında biraz önce bahsettiğim tereddüt ortaya çıkmış. İşte bu noktada, eşi özür dilemeye devam ettiği için, tereddüt alevi gitgide büyümüş. Bu tereddüt devam ederken, eşinin en son aldattığı kişiyle görüşmeye devam ettiğine dair bazı duyumlar almasına rağmen bu duyumları hiç ciddiye almamış. İçinde hissettiği özlem duygusunu, boşanmakla yanlış bir karar verdiği yönünde yorumlayan Ayfer, aradan birkaç ay geçtikten sonra eski eşine dönmeye karar vermiş. Ve tekrar birleştikten sadece bir ay sonra eski eşinin kendisini bu sefer başka bir kadınla aldattığını öğrenmiş.

Bana bu noktada gelmeye başlamıştı Ayfer Hanım. Yeniden karar vermekte zorlandığını, kendini güçlü hissedemediğini söylemişti. Karar vermenin böyle bir tarafı vardır, her karar verdiğinde, içindeki enerji deposundan ciddi bir miktar harcarsın ve o eksilen enerji miktarının toparlanması uzun yıllar alır. Bu sebeple verilen karardan her geri dönüldüğünde, aynı konuda tekrar karar vermek çok daha zorlaşır. Ayfer de bu konudan şikâyetçiydi. Geri dönerek büyük bir hata yaptığını, eşinin hiç değişmediğini ve hâlâ aldatmaya devam edip tekrar sözler verdiğini söyledi. Ayfer'in tekrar karar verecek kadar güçlenmesi biraz zaman aldı ama bu sefer verdiği karardan dönmeyerek kendi hayatını kurma yolunda ilerledi.

Bir karar verene kadar çok fazla düşünüyorsun, çevrendeki insanların fikirlerini alıyorsun, içindeki o kararın olgunlaşmasını bekliyorsun ve sonra adım atıyorsun. Böyle verilen kararlar genelde sağlıklı ve doğru kararlardır. Biz psikologları ürküten kararlar, dün aklında değilken bugün verdiğin kararlardır. Bu tür dürtüsel kararların yanlış olma ihtimali çok yüksektir. Ama uzun uzun düşünerek verdiğin kararlarda da, sonrasında içinde eskiye dair bir özlem belirebilir. Çoğu insanın kafası burada karışır; özlemem yanlış bir karar verdiğim anlamına gelir diye düşünürler.

Halbuki insana dair temel bir gerçeklik vardır; çok kötü koşullara bile maruz kalsan, o kötü koşulların içerisinde iyi hissettiğin minik anlar vardır. Bu kural en kötü insanla beraberken, en zorlu işte çalışırken veya katlanılması zor koşullarda yaşarken bile böyledir; her zaman keyif aldığın bir kısım vardır. Bir diğer şey de, insanın alışma eğilimidir. Kötü koşullar içindeyken o koşullara göre kendini ayarlarsın, kendi içinde bir denge oluşur. İşte sen bir karar verdiğin zaman, bir yerden başka bir yere gitmek için yola çıktığında, ilk başta iyi hissedersin. Sonra uzun zamandır alıştığın kötü koşulları aramaya başlarsın, hem bedenen hem de zihnen. Bu senin kontrolünde olan bir şey değildir, insan alıştığı şeye özlem duyar, alıştığı şey kötü olsa bile. Ama

> Çok kötü koşullara bile maruz kalsan, o kötü koşulların içerisinde iyi hissettiğin minik anlar vardır.

sen bu özlemi, yanlış karar diye yorumlarsan hata yaparsın.

Ve biraz daha zaman geçince, eskiye dair olumsuz anılar zayıflamaya ve eskiden yaşadığın o minik iyilik anları daha da güçlü gelmeye başlar. İnsanın anıları hiçbir zaman yaşandığı gibi değildir, durmaksızın değişir ve insan kötü anıları geriye atmaya daha meyillidir. Bu sefer kötü anılar önemsizmiş gibi görünmeye başlar ve "Her şey çok güzeldi ve tüm bunları bırakarak bir hata yaptım" yanılgısı ortaya çıkar. Hâlbuki her insan bir karar verirken bu süreçlerden geçer. Eğer karar verdiğin anda aklın başındaysa ve birden karar vermediysen, genelde kendi adına olabilecek en doğru kararı vermişsindir. Özlemen ya da üzülmen yanlış karar verdiğini göstermez. Bu hüzün ve tedirginlik, alışkın olduğunu geride bırakmanın ortaya çıkardığı duygulardır. Hayatından çıkardığın kişi ya da şeylerin gidişine bir matem saygısı gibi düşünebilirsin.

Son olarak şunu söylemek isterim, uzun uzun düşünerek verdiğin kararlardan geri dönmek her zaman mümkündür. Ama bir kararın senin hayatın için doğru olup olmadığını anlaman için kendine süre vermen gerekecektir. İlk baştaki duygusal dalgalanmalara aldanmadan, en azından altı ay beklemek, konuya dair sana daha geniş bir bakış açısı kazandıracaktır.

Güçlü İnsanların Temel Özelliği: Vazgeçebilmek

Vazgeçmenin o kadar kötü bir ünü vardır ki, kelimenin kulağımızda çınlaması bile rahatsız edicidir. Sana bu bölümde anlatacaklarımı anlatmadan önce, "Kimler vazgeçer?" diye sorsaydım muhtemelen, güçsüz, istikrarsız ve sabırsız insanlar vazgeçer diyebilirdin. Ama durum gerçekte böyle mi? Çoğu zaman tüm ilerleyişlerin hep ileri doğru atılan adımlarla olduğunu düşünür insan. Ama düşünsene, karanlık bir ormanda yolunu ararken, sarmaşıklara dolandığını ve ilerlemeye çalıştıkça sana dolanan sarmaşıkların seni daha da sıktığını. Böyle bir durumda yönünü değiştirmen gerekir. Belki de sarmaşıklardan kurtulmak için geldiğin yolu olduğu gibi geri gitmen gerekecektir. Böyle birisine geri gittiği için güçsüz demek ne kadar doğru olabilir?

Hayatta da içinde bulunduğumuz durumlar aynen örnekteki gibi bir sarmaşığa dolanmaya benzeyebilir. Ancak hayatın sarmaşıkları çok daha ince, güçlü ve karmaşıktır. Seni tamamıyla sarana kadar, sarıldığının farkında bile olmayabilirsin. Böyle bir durumda sarmaşıkla inatlaşmak, en fazla seni daha fazla sarmalarına sebep olur. Vazgeçmek bu nedenle çok önemlidir. Bazı durumlarla, insanlarla savaşamazsın, savaşırsan kaybedersin. İnatlaşamazsın, inatlaşırsan yine sen kaybedersin. En iyi çözüm vazgeçmek ya da bırakmaktır. Zannedilenin aksine sıkı sıkıya tutunmak, yapışmak ve vazgeçememek güçsüzlük işaretidir. Vazgeçebilenler, gelişmeyi ve büyümeyi göze alabilen kişilerdir.

İlk olarak geçmişten getirdiğin çözüm yöntemlerinden ve tutunduğun insanlardan vazgeçmen gerekebilir. Çocukluk zamanlarında ihtiyaçların daha farklıydı, korunmaya, sarıp sarmalanmaya ve seni seven insanların her zaman yanında olmasına ihtiyacın vardı. Ama bazen içine doğduğun aile bu ihtiyaçlarını karşılamayabilir ve sen bu konularda hep eksik hissedersin. Büyüdükçe hissettiğin eksiklik de peşinden gelir. Bu eksiklikleri kapatacak abartılı kahramanlar yaratırsın kendine. Aşırı koruyucu, kontrolcü, kıskanç, narsisistik özelliklere sahip insanlar... Seni rahatsız da etseler onlara geçmişindeki eksiklikleri dolduracakları ümidiyle yapışırsın. Bazen "Ben neden bu insanlarlayım?" diye bile sorabilirsin kendine. Mantığına uygun cevaplar bulamıyorsan muhtemelen sebebi bu olabilir.

> Geçmişine yapışıp kalmanın bedeli, geleceğinden olmaktır.

Bir diğer şey de geçmişte kullandığın çözüm yöntemleridir. Çocukluğunda ihtiyaçların karşılanmadığı zamanlarda, kendini feda edercesine sevgi dilenmen ya da hak ettiğini elde etmek için öfke krizleri geçirmen işe yarıyor olabilir. Ama artık yetişkinsin, bu tür çocuksu yöntemleri kullanman kurduğun ilişkilerin de çocuksu ve ilkel seviyede olmasına yol açabilir. Geçmişine yapışıp kalmanın bedeli, geleceğinden olmaktır.

Kaliteli bir ilişkinin ölçütü ne kadar uzun sürdüğü değil, birlikte olunan zamanların iki tarafa ne kadar iyi geldiğidir. Ama zamanla insanlar değişir, ilişkiler bozulur. Buna rağmen "Bırakmamam, ayrılmamam gerekli" gibi düşüncelerle sana ve bazen karşındaki insana da zarar veren ilişkiye tutunursun. Hâlbuki elinden geleni yapmana rağmen düzelmeyen bir ilişkiyi ite kaka devam ettirmeye çalışmak bir başarı değil bağımlılıktır. Bazen hayatımızdaki olaylar kendi dilleriyle bize mesaj vermeye çalışırlar. Örneğin bir ilişkide yaşadığın tüm çatışmalar, aklına gelen tüm çözüm yöntemlerini denemene, aradan geçen uzun zamana rağmen azalmıyorsa, bunun sana vermeye çalıştığı bir mesaj olabilir; artık siz birbiriniz için uygun değilsiniz, belki de yolunuza ayrı ayrı devam etmelisiniz.

Bu arada karşındaki insanla iyi anlaşamaman ve birbirinize zarar vermeniz, senin birinizin iyi birinizin kötü olduğu anlamına da gelmez. Bazen çok iyi arkadaş olan insanlar bir ilişkiye başladıklarında, evlendiklerinde hiç anlaşamazlar. Yani özünde iyi olan iki insan bir araya gelince her zaman iyi bir karışım çıkmaz. Bazı insanlar tuz ruhuyla çamaşır suyu gibidir, ayrı ayrı çok işlevselken bir araya gelince zehirli bir gaz çıkarırlar. Bu nedenle zamanı dolan bir ilişkiden vazgeçip yola düşmek her zaman daha iyidir.

Büyümek, olgunlaşmak konforlu bir yolculuk değildir, alıştığını bırakmayı, konforundan vazgeçmeyi gerektirir. Ama alıştığın insanları, ortamı ve konfor alanını bırakmak da kolay bir seçim değildir. Ve bütün bunları ne için bırakacaksın? Seni tam olarak neyin beklediğini bilmediğin yeni maceralar için mi? İşte, çoğu insan sonunda büyük ödüllere ulaşma ihtimali olsa dahi, ne olduğunu bilmediği bir maceraya atılmak yerine bildiği kötüye razı gelir. Bu garanticilik aslında insana sonradan musallat olan bir lanet gibidir. Çocukken her şeyi merak eden insan, yetişkinlik döneminde gölgesinden bile korkar hale gelir. Meşhur dizinin ağızlara pelesenk olmuş repliği, bu insanların sloganı olabilir: "Aman Ali Rıza Bey ağzımızın tadı bozulmasın!" Ama büyümek istiyorsan, tasavvuf ehlinin söylediği gibi hamken pişmek yolundaysan, konforunu bırakmalı, ondan vazgeçmelisin.

Ben bu konuda kendini zorlayabileceğin deneyimler yaşamanın sana hayatının diğer bölümlerinde de çok katkısı olacağını düşünüyorum. Pandemi döneminin benim için nadir olumlu etkilerinden biri açık havada yaptığımız psikoloji kampları oldu. Bu kamplarda birçok yeni insanla tanıştım ve onların kendi konfor alanlarını nasıl terk ettiklerine şahit oldum. Birçok insan ilk defa yalnız başına seyahate çıkıyor, ilk defa tanımadığı insanlarla kalıyor, Fethiye'de yaptığımız kamplarda kendi korkularının üstüne giderek yamaç paraşütü yapıyordu. Bu deneyimler küçük görünse de, alışkanlıkların hapishanesinden çıkış sağlamaya örnek teşkil ettiği için, hayatın geri kalanında da önemli etkiler yaratıyor.

Büyümek istiyorsan, tasavvuf ehlinin söylediği gibi hamken pişmek yolundaysan, konforunu bırakmalı, ondan vazgeçmelisin.

Bir şeyi ya da insanı sadece sana zarar verdiği için değil, artık sana faydası olmadığı ya da senin gelişimine farkında olmadan engel olduğu için de bırakabilirsin. Çalıştığın iş artık senin ışıltını ortaya koymana fırsat verecek kapasiteye sahip değilse, yanındaki arkadaşlar senin ilgilendiğin, hedeflediğin şeylerle hiç ilgilenmeyip seni kendi oldukları yere çekmeye çalışıyorlarsa, yaşadığın şehir hayallerini gerçekleştirmek için yeterli imkânlara sahip değilse, hepsini bırakabilirsin. Ama bu sefer, diğerlerinin aksine bir minnet baskısı ortaya çıkmaya başlar. Bir danışanım çok ağır koşullarda ve az bir maaş aldığı işinde çalışırken, çok daha iyi maddi imkânlara ve geleceğe sahip olan bir kurumdan teklif almıştı. Çalıştığı işyerindeki insanları sevdiği için, patronlarının iyi insanlar olduğunu düşündüğü için aldığı teklifi reddetmeyi düşünüyordu. Çünkü ona yapılan iyiliğe karşılık onlara bunu yapamazdı, ihanet edemezdi.

Ancak kendi gelişimin için yaptığın şeyler, başkasının hakkına girmiyorsa, onlara kötülük etmiyorsa kesinlikle kötü bir şey değildir. Danışanım, en sonunda çalıştığı işyerinin hayatında bir durak olduğunu, işinin ve oradaki insanların kendisine birçok şey katmakla beraber, kendisinin de onlara birçok şey kattığını fark etti ve hayatın davetine icabet etti. Sen de zamanı gelince hayatında birilerine hoşça kal diyebilirsin; o âna kadar sana kattıkları için teşekkür ederken senin de onların hayatındaki katkılarını unutmayarak. Hayatın daveti denilen bir şey var bu arada, her zaman karşına gelir ama bazen sessiz sedasız ve gösterişsiz olur. Filmlerde vardır ya, önemli kahraman eski püskü kıyafeti içinde gelir ama sonrasında kendini gösterir, tam olarak öyle. Asıl gösteri sen o daveti kabul ettiğin zaman başlar.

Minnetin bir adım ötesi suçluluk duygusudur. Bazen çevremizdeki insanlar bizim değişim motivasyonumuza, vazgeçişlerimize direnebilir. Çünkü farkında olmadan onların bir eksikliğini kapatmış, kollarını dayadıkları bir kol değneği olmuş olabiliriz. Bunda bir sorun yok, böyle oldu zamanında, çünkü o zaman her iki taraf için de işlevseldi. Ama şimdi sen yola çıkmaya niyetlendin, vazgeçmeye, bırakmaya. Karşı taraf rahatsız olacak, sensiz idare edemeyecek diye düşünüp vazgeçmekten vazgeçersen, bu hem sana hem de karşındakine haksızlık olur. Çünkü çıkmaya niyetlendiğin yola, birilerini yalnız bırakacağın sebebiyle çıkamazsan, içinde öfke oluşmaya başlar. Hedeflediğin noktaya gitmeni engelleyen tek şey o insanmış gibi düşünmeye başlarsın; belki farkında olarak ya da daha derinlerde bir yerlerde, tüm sorumluluğu ona atfetmeye başlarsın. En ufak şeylerde dahi onu suçlarsın, öfke patlamaları yaşamaya başlarsın. Yola çıkmaya niyetlendiysen suçluluk duygularının seni engellemesine izin verme, aksi halde karşındaki insana karşı için öfkeyle dolar.

Sen gittikten sonra insanlar üzülebilir, zorlanabilir, bırak öyle olsun. Her insanın kendini toparlama gücü vardır, bu onların sorumluluğudur. Senin sorumluluğun, hayatın davetine icabet etmektir.

Her Tür İnsanla Karşılaşacaksın

Ailende, okulda, iş hayatında bazen canını sıkan, sana zarar verme niyetinde olan, seni kendine rakip gören birçok insanla karşılaştın ve karşılaşmaya devam edeceksin. Bu insanların bir kısmı seninle yarışırken bile bazı konularda hassas olacak, bazılarıyla ileride dost bile olabileceksin. Ama kimileri sen onlar için hangi iyilikleri yaparsan yap sana kötü davranmaya devam edecek. Ve sen içinden neden böyle insanlarla karşılaşıyorum diye isyan edeceksin belki de.

İnsanlar farklı kişilik tiplerine sahiptir. Bu kişilik tiplerinin bir kısmı sağlıklı yapıdayken bir kısmı kişinin hem kendisi hem çevresi için sorunlu yapıda olabilir. Narsisist, psikopat ya da pasif agresif kişilik özelliklerine sahip insanlar çevrelerindeki insanlar için hayatı çekilmez kılabilirler.

Örneğin narsisist kişilik özelliklerine sahip insanlar, kendilerini diğer insanlardan daha önemli görürler, ben merkezcil davranabilir, diğer insanları kendi çıkarları için kullanabilir ya da manipüle edebilirler. Eğer onların çıkarlarını karşılamazsan, sadece kendin olduğun için bile seninle uğraşabilirler. Ayrıca bazı narsisizm türlerinde empati becerisi yok denecek kadar azdır. Yani sen neler hissettiğini, ne kadar üzüldüğünü, kırıldığını ya da özlediğini istediğin kadar açıkla, karşı taraf hissettiğin duyguları tam olarak anlamayacaktır ve her halükârda kendi işine geldiği gibi davranacaktır. Narsisistler yolun başında, çok ışıltılı ve cazip bir şekilde sana yaklaşabilirler. Birçok insan narsisistlerle ilk tanıştığı zamanı tarif ederken, onlardan etkilendiğini itiraf eder. Bu çok doğaldır çünkü bu insanların en büyük yatırımları kendi vitrinlerinedir.

Ama narsisistik özelliklere sahip insanlar için işler beklendiği gibi gitmediğinde, hırçınlaşabilir, öfkesini seni aşağılamak için kullanabilir, en yakın dostun gibi görünürken en önemli düşmanın haline dönüşebilirler. Ve sen bu değişimler karşısında şaşkınlık yaşayabilirsin. Genelde narsisistlerin bu tarz muamelelerine maruz kalan insanlar bu yaşananları hak etmediklerini söylerler.

Psikopat kişilik yapısını eskiden vicdanı olmayan insanlar olarak tarif ederlerdi. Bu kişilik yapısında da diğer insanları kullanma, bazen sebepsiz yere onlara zarar verme, istediklerini elde etmek için hiçbir sınır-kural tanımama ve yaptıklarından dolayı suçluluk ya da pişmanlık hissetmeme gibi özellikler vardır. Bu özelliklere sahip insanlar da ilk başta kendi cazip yönlerini gösterseler de uzun vadede ciddi yıkıma sebep olabilecek davranışlarda bulunabilirler. Kadın cinayetlerini işleyen erkeklerin bir kısmı bu özelliklere sahiptir. İşler onların istediği gibi gitmediği zaman her şeye hakları olduğunu düşünür ve karşı tarafın hayatına bile kastedebilirler. Bazense anlamı olmayan küçük şeyler için büyük olaylar çıkarabilir psikopat özelliklere sahip insanlar. Çok eskilerden hatırladığım bir 3. sayfa haberi var: " Tuvalet sırası için adam öldürdü." Bunun gibi anlamsız şiddet olaylarının arkasında genelde psikopat kişilikler vardır.

Günlük hayat içerisinde karşına çıkma ihtimali yüksek kişilik tiplerinden bir tanesi de pasif agresif kişiliklerdir. Bu kişilik özelliğine sahip insanların inanılmaz geniş bir saygı alanları vardır, yani senin onunla hiç ilgisi olmadan yaptığın bir şeyi bile kendisiyle ilgili düşünebilir ve bu davranışını saygısızlık olarak yorumlayabilir. Bu haliyle eğer rahatsız olduğu şeyi gelip seninle konuşuyor olsaydı çatışmalar telafi edilebilirdi. Ama pasif agresifler alındıkları, öfkelendikleri şeyleri konuşmak yerine dolaylı olarak bunları gösterme eğiliminde olur. Bir pasif agresif çevresindeki insanlardan, çalıştığı işten veya başka şeylerden sıklıkla şikâyet eder ama bunların hiçbirini doğrudan muhataplarına ifade etmez. Çünkü bir pasif agresife göre, insanlar yaptıkları hataları kendi anlamalıdır. Ancak pasif agresif kişinin kızdığı şeylerin büyük bir kısmı yanlış anlama olabilir ve karşı taraf hata yaptığının bile farkında olmayabilir.

İşte büyük olay hata yapıldıktan sonra ortaya çıkar ve intikam çabası başlar. Bu intikam açık bir intikam değildir, daha çok yok sayma, imalarda bulunma, karşı tarafı zor duruma düşürecek bilinçli hatalar yapma şeklinde olur. Bu tarz dolaylı intikam çabalarına maruz kalan insanlar devamlı sorarlar, "Neden böyle yapıyorsun, bir hatam mı oldu?" diye. Ama pasif agresif kişi, bir sorun olmadığını, doğal davrandığını ifade eder. Özellikle pasif agresiflerle yakın ilişkide olanlar bazen çok yorulabilirler.

Bunlar sık karşılaşılan zorlu kişilik yapıları. Bir de bazı kişilik özellikleri sıklıkla karşımıza çıkar: Verdiği sözü tutmayanlar, ufacık olumsuzlukta küsenler, yalan söylemeyi olağan hale getirenler, sorumluluklarını üstlenmeyenler, öfke kontrol sorunu olanlar, aşırı yüzeysel insanlar, hep kendi istediği olsun isteyenler, kurallara uymayanlar, vesaire . Bu listeyi uzatmaya kalksaydım sanırım kitabın kalan kısmını bu bölüme ayırmam gerekirdi. Bu sebeple listeyi kısıtlı tutmaya çalıştım.

Bizi zorlayacak ve üzecek türlü türlü insanlarla hayatta her zaman karşılaşacağız. Çünkü bu saydığım özelliklere sahip insanlar ya da kişilik yapıları toplumun belli bir oranında her zaman var olmuşlardır. Her zaman narsisist, pasif agresif ya da psikopat insanlar vardı ve olmaya devam edecek. Ve eğer toplum içinde yaşamaya devam etmek istiyorsak bu insanların varlığını kabullenmen gerek. Kabullenmek derken onlara boyun eğmeyi kastetmiyorum, onların her zaman aramızda olacağını, belki de senin de onlardan birisi olduğunu bilmelisin. Böyle olunca karşına çıkan her zorlu insanla beraber, kendi kendine "Ben bunu neden yaşıyorum?" demeni de bırakmanı umuyorum.

Yani belli bir sayının üstündeki her toplulukta bu özelliklere sahip insanlar var. Sen hata yaptığın, aptal olduğun ya da kendini koruyamadığın için değil, onlar zaten her şekilde varlar ve olmaya devam edecekler. Ve bu insanlarla uğraşmak bazen çok zorlu olabiliyor, kendini tükenmiş hissedebiliyorsun, bu da gayet doğal. Mesela çatışmadan ve gerginlikten beslenen bir narsisistle onun anladığı şekilde ilk başta mücadele edebilirsin. Ancak o gerginlikle beraber daha da güçlenirken sen yorulursun ve uzaklaşmak istersin.

Karşılaştığımız insanların olumsuz özellikleri kadar, o insanların davranışlarını kişiselleştirmek de insanı çok fazla yoruyor. Ama ben bu kişilik tiplerini küçük mutfak aletlerine benzetiyorum. Kimisi mikser, kimisi rende, kimisi hamur yoğurma makinesi, kimisi bıçak, kimisi kıyma makinesi. Mikseri suçlayabilir misin, sen neden ortalığı karıştırıyorsun diye? Ya da kıyma makinesini yaptığı iş için suçlamak ne kadar doğru olur? Ama işte mevzu bahis insan olunca, çok fazla duygu, romantizm ve kişisellik işin içine giriyor. Ve insan yaşadığı şeylerin her zaman kendisiyle ilgili olduğunu düşünüyor.

Seni yoran ve üzen insanları düşünmeni istiyorum; bu yorgunluğun ve üzüntünün ne kadarı o kişilerle, ne kadarı senin kıyma makinesinden kahve yapmasını beklemenle ilgili?

Ama insanların kişilik özelliklerine biraz daha geriden ve objektif bakınca durumu yönetmek daha mümkün. Kıyma makinesine et de atsan elma da atsan aynı şeyi yapacaktır. Mikser neyi karıştırdığına bakmadan her şeyi karıştırmaya çalışacaktır. İnsanların bir kısmı da böyle, kendi var oluşlarını bir şekilde başkalarına zarar vererek sağlamaya çalışıyorlar. İşte, bu durumda kıyma makinesinin başında bekleyip ondan sana güzel bir kahve yapmasını istemek ne kadar doğru? Seni yoran ve üzen insanları düşünmeni istiyorum; bu yorgunluğun ve üzüntünün ne kadarı o kişilerle, ne kadarı senin kıyma makinesinden kahve yapmasını beklemenle ilgili?

Kendine Yapabileceğin En Büyük Zulüm: *Gaslighting*

Genelde diğer insanların bize verdiği zararlardan şikâyet ederiz. Diğer insanlar bizi hayal kırıklığına uğratır, bize kötü davranır ya da verdikleri sözleri tutmazlar ve biz bu sebeplerden dolayı üzülürüz. Peki, her zaman sebep diğer insanlar mıdır? Bugüne kadar karşılaştığım binlerce danışanımın yaşadıkları, durumun her zaman böyle olmayabileceğini gösteriyor. Bizi eleştiren ve her daim acımasız o içimizdeki sesi anlattığım bölümde değindiğim gibi, kendimize yaklaşımımız nasıl hissettiğimiz üzerindeki en temel belirleyicidir.

Senin Suçun Değil - Geçmişin Yüklerinden Kurtulma Rehberi kitabımda detaylı olarak anlattığım ve genelde narsisistlerin partnerlerine uyguladığı bir manipülasyon yöntemi var, ismi *Gaslighting*. Bu terim, 1930'larda *Gaz Işığı* adlı bir oyundan gelir. Oyunda, karısından kurtulmaya çalışan bir koca, kadınlar beraber yaşadıkları evde, ilk bakışta göze çarpmayacak ince değişiklikler yaparak yavaşça kadına çıldırdığını düşündürmeye çalışıyor. Örneğin, gaz lambasının üzerindeki alevi her gün biraz daha karartıyor; kadın ışık mı azaldı diye sorduğu zaman ve kadına, "Hayır, ışık aynı," diyor. *Gaslighting* manipülasyon yöntemi, istismarcıların kurbanlarından istediğini almak için kullandığı, başkalarının kafasında şüphe yaratmaya yarayan karmaşık bir yöntemdir.

Ama bu bölümde diğer insanların uyguladığı değil, kendi kendine uyguluyor olabileceğin *gaslighting* manipülasyonundan bahsetmek istiyorum. İnsan bazen farkında olmadan, çocukluktan yetişkinliğe kadar kendisine bu şekilde yaklaşan insanların suçlamalarını içselleştirir ve kendine aynen o insanlar gibi davranmaya başlar. Bu sebeple, çok şikâyet ettiğin insanlardan kurtulsan bile hâlâ kötü hissetmeye devam edersin. Kendi kendine *gaslighting* uyguladığını gösteren bazı işaretlerden bahsetmek istiyorum.

İnsan bazen kaygılı, korkmuş, üzgün, sıkılmış hissedebilir. Bazı durumlarda bu hisler beklediğimizden de uzun sürebilir. Diğer insanların kolayca yapıyor göründüğü şeyleri sen kaygılanarak yapıyor olabilirsin. Diğer insanların önemsemediği bir olaya sen günlerce üzülüyor olabilirsin. İşte bu saydığım şeyler senin insan olduğunu gösteren özelliklerdir. Ama içindeki *gaslighting* sesi devreye girer ve "Normal insanlar böyle hissetmez, psikolojik sorunlarım var sanırım, kafayı yemek üzereyim, kontrolümü kaybediyorum, ruh sağlığım yerinde değil" gibi cümleler kurar. Bu manipülasyonu kullanan narsisistlerin en sık kullandığı ifadelerden biri de, "Senin psikolojik sorunların var, yardım almalısın. Çünkü normal insanlar böyle düşünmez!" ifadesidir. Psikolojik yardım almak gayet normaldir ama bu başka birini manipüle etmek için kullanılıyorsa, işte o zaman psikolojik istismardır. Sen de kendine bu şekilde yaklaşıyor olabilirsin.

Her insanın içinde kendini koruması için bazı sensörler vardır. Bunların fiziksel olanını herkes bilir, adına refleks diyoruz. Suratına doğru hızla gelen bir toptan kendini koruyabiliyor ol-

Eğer bir konudan rahatsızlık hissediyorsan, aklına şüpheler düşüyorsa, acaba diyorsan, çok büyük ihtimalle hissettiğin rahatsızlık ve ortaya koymak istediğin tepki gerçektir.

man reflekslerinle alakalıdır. Aynı zamanda psikolojik güvenlik reflekslerimiz vardır ama yıllar içerisinde yaşadığımız olayların etkisiyle bu refleksler zayıflayabilir. Her ne kadar zayıflamış da olsa, birileri sana duygusal olarak zarar vermeye çalıştığında, sınırlarını ihlal ettiğinde, seni kullanmaya kalkıştığında kendini biraz rahatsız hissedersin. Kimisinin nefes alışverişi değişir, kimisi bedeninde rahatsızlık verici hisler duyumlar. İşte bunlar o an yaşanan şeyden kendini koruman için uyarı refleksleridir. Ama eğer kendi kendine *gaslighting* yapıyorsan, bu rahatsızlık hislerini, kendini koruma çabalarını abartılı bulursan, kendi kendine, "Bunları herkes yaşıyor, bu kadar tepki verilecek bir durum yok," diyebilirsin. Hâlbuki karşındaki insan seni kandırmıştır, sen "İhtiyacı olmasa yapmazdı," dersin. Ya da defalarca aldatılmışsındır, şiddete uğramışsındır, "Ben onu ihmal ettiğim için böyle oldu, yoksa aldatmazdı, dövmezdi, her ilişkide böyle küçük sorunlar olur, bunlar ilişkinin tadı tuzu," dersin.

Eğer bir konudan rahatsızlık hissediyorsan, aklına şüpheler düşüyorsa, acaba diyorsan, çok büyük ihtimalle hissettiğin rahatsızlık ve ortaya koymak istediğin tepki gerçektir. Bu rahatsızlığı bastırmak yerine onun sesine kulak vermelisin.

Kendi kendine *gaslighting*'e başka bir örnek vereyim. Diğer insanlar senin potansiyeline güvenip seni öne çıkarırlar.

Ama sen kendi kendine, "Zannettikleri kadar zeki değilim, bir gün aptalın teki olduğumu anlayacaklar, ben asla bu işi başaramam neden bana güvendiler?" dersin. Bu cümlede zekâ dedim ama bunu çeşitlendirebiliriz; güzellik, iyilik, sadakat gibi. Elbette sana değer veren insanların bir kısmı sana olduğundan daha yetenekliymiş, güzelmiş ve başarılıymış gibi yaklaşabilir. Ama sana bu şekilde yaklaşan insanların sayısı çok ama çok azdır. Bunun haricindeki insanların sana yaklaşımları, onların sende gördükleriyle ilgilidir. Birileri seni zeki, başarılı veya güzel görüyorsa, çok büyük ihtimalle öylesindir.

Diğer insanlardan farklı kişilik özelliklerine sahip olabilirsin. Bazı insanlar çok sosyaldir, kendilerini ifade etmekten zevk alırlar. Bazı insanlar daha içe dönüktür, insanlarla vakit geçirmeyi de sever ama kalabalıklar onu yorar. Bir sürü insanla samimi olmaktansa, az ve öz dostum olsun der; bir iki tane çok samimi dostu vardır ve fazlasına ihtiyaç duymaz. Bu özelliklerin senin sorunlu birisi olduğunu göstermez, sadece farklı kişilik özelliklerine sahip olduğunu gösterir. Ama eğer bunu kabullenmediysen, içindeki manipülatör konuşur, "Yabaninin tekisin, herkesle iyi anlaşamıyorsun, daha çok sosyal olman lazımdı" diye. Ama bu temel kişilik özelliklerinden biridir, bazıları çok insanla ve hareketli sosyal yaşamla mutlu olurken, bazıları sakinliği ve az insanı sever. Gayet doğal farklılıklardır bunlar.

Bir derse çalışıyorsun, sınava hazırlanıyorsun, sigarayı ya da alkolü bırakmaya çalışıyorsun, diyet yapıyorsun ama inanılmaz derecede zorlandığını hissediyorsun. Sigarayı bırakan biriyle konuştuğun zaman, "Çok kolay, kafada bitireceksin önce," diyor. Çok güzel kilo vermiş birisiyle konuşuyorsun, "Yemeyi azalt, sonrası kolay," diyor. Sınavda derece yapan birisiyle yapılan röportajı dinliyorsun, "Dersi derste dinledim, evde ders bile çalışmadım," diyor. Sonra aynaya gidip bakıyorsun ve kendine, "Bu kadar kolay şeyleri bile başaramıyorum, ben niye bu kadar zorlanıyorum, demek ki başarısızın, kifayetsizin tekiyim," diyorsun. Ama insanlar genelde boş konuşur ve konuşurken başarılarını abartma eğilimindedir. Ve senin başarını belirleyen şey ne kadar zorlandığın değil ne kadar istikrarlı olduğundur. Sonucun ne olduğu bile başarını tek başına belirlemez, çünkü sen elinden gelen her şeyi yapmana rağmen bazen sonuçlar istediğin gibi olmaz. Ben uzun yıllar sigara içtikten sonra sigarayı bıraktım ve gerçekten bırakma sürecinde çok zorlandım. Ama bu benim sigarayı bırakmamı engellemedi. Sen de kendi kendini ezmek yerine, bir noktadan diğerine ulaşabilen insanların büyük bir çoğunluğunun ciddi emek ve zorlanmayla o noktaya ulaştığını kendine hatırlatmalısın.

Eğer kendine *gaslighting* yapıyorsan, kendi kararlarına güvenemezsin. Hep yanlış kararlar verdiğini düşünürsün ve çevrendeki insanlardan karar vermen konusunda yardım beklersin. Bunu şöyle bir duruma benzetebiliriz: Günün birinde bir karar veriyorsun ve sadece sağ ayağını kullanmaya başlıyorsun. Bunu yapmaya başladıktan bir süre sonra sağ ayağın daha da güçlenecek, sol ayağında ise zayıflama olacaktır. Karar verme buna benzer, kendi kararlarını vermezsen karar verme becerin gitgide zayıflar ve en basit kararları bile veremez hale gelirsin. Yani bir şekilde kendi kararlarına güvenmezsen, diğerlerine daha çok bağımlı hale gelirsin. Bunun için bir şekilde riski göze almalı ve kendi kararlarını vermelisin. Geriye dönüp baktığında hayatında birçok şeyi başardığını göreceksin, bu başarıların sahibi doğru kararları da verebilecek güce sahiptir.

Eğer sağlıklı düşünmeni engelleyecek organik bir beyin hasarına sahip değilsen, gerçekle bağlantının kopmasına neden olabilecek psikolojik bir hastalığın yoksa yaşamın ve kendin hakkında doğru adımlar atacak, kararlar verecek güce sahipsin demektir. Ama kendine *gaslighting* yapan birisi, kendine güvenmez ve kendi değerini daimi olarak daha aşağıda göstermeye çalışır. Kendi kişiliğine, yeteneklerine, yaklaşımına ve kararlarına sahip çıkmalısın.

Kendi kişiliğine, yeteneklerine, yaklaşımına ve kararlarına sahip çıkmalısın.

Hayal Katilleri ile Mücadele Yöntemleri

Birçok insan gibi ben de bazen memleketimizin durumu ve geleceğiyle ilgili derin düşüncelere dalarım. Dünyanın bazı ülkeleri sadece orijinal fikirlerle milyar dolarlar kazanabilirken, aynı orijinal fikirlerin bizim ülkemizde neden yeşermediğini, neden dünya ile yarışacak kapasitede işler ortaya koyamadığımızı, biraz da dertlenerek düşünürüm. İşim insan olunca, şunu çok net bir şekilde fark edebiliyorum, bizde de orijinal fikirler ve hayaller en az diğer ülkelerdekiler kadar mevcut. Ancak bu hayaller, çocukluktan yetişkinliğe geçerken yavaş yavaş solmaya başlıyor ve aman kimseye muhtaç olmadan yaşayalım yeter bakış açısı gelişiyor.

Türkiye gibi dalgalı bir gündeme ve ekonomiye sahip bir ülkede, insanların elbette kendilerine güvence araması gayet doğal. Bu işin ekonomik ve sosyal kısmı, eminim uzmanlarının bu konuda yazdığı birçok kitap ve makale vardır. Ben işin daha bireysel kısmına odaklanmak istiyorum. Bir hayali bir tohuma benzetebiliriz sanırım. Her çocuğun zihninde, yaşadığı dünyayla reaksiyona giren düşünceleri neticesinde hayaller oluşur. Bu hayallerin birçoğu ilk oluşum noktasında saçmadır, gerçeküstüdür ve böyle olması çok iyi bir şeydir. Sonrasında kişilik ve bilişsel yapı geliştikçe bu hayaller daha rafine bir hal almaya başlar. Ama bir kişinin hayalleri ne kadar orijinal olursa olsun, değer verdiği, saygı duyduğu birisi tarafından geri bildirimle cesaretlendirilmesi gerekir.

Yani, bir kişinin bir hayali olduğunda ve bunu yakın çevresindekileriyle paylaştığında, en az bir kişinin ona ve fikirlerine inandığını göstermesi gerekiyor. İçinde büyüdüğün ailede, anne baba genelde bu rolü üstlenir. Bugün birçok başarılı insanın biyografisine baktığımızda, ailelerinin onlara inandığını ve destek verdiğini görüyoruz. Ailenin destekçi olmadığı durumlarda, bu rolü bazen bir öğretmen, bir akraba ya da tanıdık üstlenebiliyor. Ama bu durum da sık karşılaştığımız bir şey değil.

En az diğer ülkelerdeki gençler kadar parlak fikre sahip olmamıza rağmen neden insanlarımızın çoğunun hayalleri soluyor? Çünkü onlara inanan insanlar yok. Kendi hayallerini düşün, ne zaman onlardan vazgeçtin? Ya da zamanında sana saçma gelen bir hayalini başka birisi gerçekleştirince aslında çok güzel fikirmiş dediğin oldu mu? Birçok insanın bu soruya evet cevabı vereceğini düşünüyorum. Anne babalar da çocuklarının kötülüğünü istemiyor aslında, kimseye muhtaç olmadan yaşasın gitsin diye düşünüyorlar. Ama hayat yaşayıp gitmekten çok daha fazlasını vadediyor bizlere.

Bazen de tüm inanmayanlara inat bir şekilde bazı insanlar hayallerini tutkuya dönüştürür ve bunda ısrarcı olur. Geçmişte sana inanmayan insanların üstündeki etkisi artık azalmıştır. Ancak çevrendeki insanlar sadece hayallerini desteklememekle kalmaz, bilerek ya da bilmeyerek hayallerini öldürmeye kalkışır, cesaretini, motivasyonu kırar. Ve bu duruma uzun ve ısrarlı bir şekilde maruz kalırsan hayallerine olan inancını kaybedersin, bu da onların ölümü anlamına gelir. Peki hayal katillerinden nasıl korunabilirsin?

İlk olarak hayallerini ve hedeflerini olası düşmanlardan koruman lazım. Bunun için de mümkün olduğunca bu konuları herkesle paylaşmamak gerekiyor. Çünkü sen kendinden emin olsan da, hayallerini paylaştığın insanların bir kısmı bu konularda olur olmaz ve kötücül yorumlar yapacaktır. Sen hedeflerini ve hayallerini paylaştığın anda karşındaki insan o konuda bilgi sahibi olmasa bile yorum yapacaktır. Eğer insanların sana faydası olmayan yorumlar yapmasını istemiyorsan, hayallerini ve hedeflerini çok az insanla paylaşmalısın.

Sen fikirlerini ortaya sermesen de, bazı insanlar yine de yorum yapacaktır. Senin hayallerin hakkında yorum yapan kişilerin bazıları gerçekten kayda değer şeyler söylüyor olabilir. Bu yorumlar değerlidir. Örneğin, ciddi bir şekilde borçlanmana sebep olacak bir girişim fikrin var ve ekonomik gidişat çok belirsiz. Bu konuda deneyimli birisinin sana vereceği tavsiye, gerçekten hayat kurtarıcı olabilir. Birisinin değerli tavsiye mi verdiğini yoksa hayal katili mi olduğunu anlamak için bazı şeylere dikkat etmeni öneririm. Konuşan kişinin geçmişine bak... Bu kişi senin imrendiğin bir hayata sahip mi? Geçmişinde kayda değer başarıları var mı? Bu kişinin senin hedefinle ilgili konularda ortaya koyduğu bir başarısı var mı? Bu kişi yorum yaptığı konularda uzman mı? Eğer cevabın evetse, bence söylenenlere kulak kesilmelisin. Çoğunluğuna hayır dediysen, karşındaki insanın boş konuştuğunu ve hayal katili olduğunu var sayabiliriz.

Ortaokul zamanlarımda karikatür çiziyordum. O zaman karikatürle uğraşan gençlere bir sayfasını ayıran bir dergi vardı, *Türkiye Çocuk* isminde. O dergiye karikatürlerimi gönderiyordum, derginin usta çizeri Mustafa Kocabaş da gönderilen karikatürleri değerlendiriyor ve çizerlerine gelişmeleri için öneriler veriyordu o sayfada. Bir karikatürümün altına şöyle bir yorum düşmüştü: "Güzel çiziyorsun ama fazla tarama yapmadan çizmeyi denemelisin." Tarama yapmamak, karikatürü olabildiğince az çizgiyle ve sade bir şekilde çizmek demekti. Benim yayınlanan karikatürlerimle gurur duyan babam, evimize gelen uzak bir akrabaya dergiyi gösterip, Beyhan'ın da karikatürü dergide yayınlandı demişti. Babamın bu tür beni övme girişimlerine hep öfkelenirdim ama artık yapacak bir şey yoktu. Karikatür konusuyla hiç ilgisi olmayan misafirimiz dergiyi eline aldı, karikatürü inceledi ve yorumu okudu. Sonra bana dönüp, "Olmamış bu, taramaları çok fazla yapıyorsun," dedi. O zaman bu yorumun beni üzdüğünü hatırlıyorum. İnsanlar bilmedikleri konularda yorum yapmayı çok sever. Karikatür hakkında hiçbir bilgisi olmayan birisi, sadece okuduğu yorumu abartarak bana geri bildirim vermişti.

Bir diğer dikkat etmen gereken şey de, yorum yapan kişilerin niyetinin ne olduğudur. Eğer karşındaki insanın niyetinin iyi olduğundan emin değilsen, onunla ilgili sadece hayallerini açmak konusunda değil, kişisel ilişkin konusunda da dikkatli olmalısın. Karşındaki insanın niyeti hakkında fikir verebilecek birkaç nokta var: Yorum yapan kişi yapıcı mı yıkıcı mı? Benim anlattıklarımı dinleyip de mi yorum yapıyor, yoksa beni dinlemeden ezbere mi konuşuyor? Yorum yapan kişinin bana karşı duyguları nasıl; şefkatli mi, öfkeli mi? Bu tavsiyeyi benim işime yarasın diye mi veriyor yoksa kendini tatmin etmek için mi? Bu sorulara verdiğin cevapları göz önünde bulundurarak, karşındaki kişinin niyeti hakkında fikir sahibi olabilirsin. Kötü niyetli insanları zehirli insan kategorisine alabiliriz. Bu tür insanların bir kısmı, sadece başka insanların kendisinden başarılı oluşunu görmemek için bile o insana çelme takabilir.

Hayal katillerine maruz kaldığın zaman içinde coşku dolu bir istek belirir, kendimi anlatmalıyım, neden böyle bir hayalim olduğunu karşı tarafa açıklamalıyım, onu da ikna etmeliyim diye. Bu istek gerçekleşirse, karşı taraf seni onaylarsa, sanki hayalin daha gerçekçi bir zemine oturacakmış gibi hissedersin. Diğerlerinin onayını almak hepimizin içinde var olan evrimsel bir kod gibi. Ancak hayallerinin peşine düşen insanlar, yolun başında çoğunluğun kendisini anlayamayacağı gerçeğini kabullenmek zorundadır. Yani sen ne yaparsan yap, karşı tarafı ikna etmenin mümkün olmadığı durumlar olacak. Bu sebeple enerjini karşı tarafı ikna etmek için neden boşa harcıyorsun? Neden onlarla tartışmaya giriyorsun? Yukarıda anlattığım kıstaslara bakarak, kiminle tartışmaya girmemen gerektiğini anlamışsındır diye umuyorum.

Sen ne yaparsan yap, karşı tarafı ikna etmenin mümkün olmadığı durumlar olacak. Bu sebeple enerjini karşı tarafı ikna etmek için neden boşa harcıyorsun?

Her insanın bir örüntüsü var, çocukluk çağında geliştirdiği ve sonrasında hep tekrarladığı davranış kalıpları bunlar. Aslında birçok insan özgür iradesi var zannediyor ama bütün ömrü boyunca çok küçük bir alanda, çok az sayıda davranış ve düşünce kalıbıyla hayatını idame ettiriyor. Bu örüntülerden birisi de kendini kanıtlama örüntüsüdür. Çocukken buna çok ihtiyaç duyduysan yetişkinlik döneminde de kendini kanıtlamak zorunda olacağın insanları bulman daha olası. Bu insanlar seni durmadan eleştiren, eksikliklerini bulan ve sana inanmamayı tercih eden insanlar olabilir. Böyle olunca enerjinin çoğu kendini kanıtlamaya gider ve bu çok yıpratıcı bir iştir. Bu nedenle, çevrendeki insanları seni motive eden, sana inanan insanlardan seçmen çok daha iyi olacaktır.

Kendine Vermen Gereken Sözler

*"Tembellik etmeyi bilmek lazım. İşin özü tempodur.
Yaptığından tamamen uzaklaşıp doğru
zamanda mola almazsan her şeyi kaybedersin.
İster aktör ol, ister ev kadını, fark etmez…
Doruk noktalarının arasında hiçbir şey yapmadığın
boşluklar olmalı. Yatağa uzanıp tavanı seyret.
Bu çok, çok önemlidir… Hiçbir şey yapmamak,
çok çok önemli. Ve bu çağdaş toplumda
kaç kişi yapıyor bunu? Çok az.
Bu yüzden herkes kaçık,
saldırgan, öfke ve nefret dolu."*

– Charles Bukowski

Diğer insanlarla ilişkini daha kaliteli hale getirmek için onlara sözler veriyorsun, bu konuda kendini geliştirmeye çalışıyorsun. Peki kendinle ilişkin ne alemde? Kendine nasıl bir bakım veriyorsun? Kendinle olan ilişkini geliştirmek için neler yapıyorsun? İnsan günü yaşarken çok az bir farkındalıkla yaşar, kendine zarar veren alışkanlıklarının ne olduğunu tam fark edemez. Kendi yaşadığım minik bir aydınlanmayı seninle paylaşmak istiyorum: Normalde düzenli kitap okurken, bundan altı ay öncesinde eskisi kadar iyi okuyamadığımı, odaklanmakta problem yaşadığımı fark ettim. Sosyal medyada geçirilen zamanın, odaklanmanın üzerinde olumsuz etkisini iyi bildiğim için, kendi sosyal medya kullanımıma bakmak istedim. O an karşımda olsan ve bana sorsan, "Beyhan, sence bir günde sosyal medyada ne kadar zaman geçiriyorsun?" diye, vereceğim cevap, "En fazla yarım saattir," olurdu. Sonrasında tüm akıllı telefonlarda olan ekranda kalma süresini ölçen ayarı aktif hale getirdim. Bir hafta boyunca, benim telefonda geçirdiğim zamanı ölçen bu uygulama hafta sonunda bana şaşırtıcı bir sonuç verdi, neredeyse günlük üç saat civarı sosyal medyada zaman geçiriyormuşum. Açıkçası ilk başta inanmak istemesem de, gerçeğin bu olduğunu kabullendim ve kendime sosyal medyada daha az zaman geçireceğim konusunda söz verdim.

Burada dikkatini çekmek istediğim nokta, sosyal medyanın odaklanma üzerindeki etkisinden ziyade, bize zarar veren şeyleri hem küçültme eğilimimiz hem de bu küçük gördüğümüz şeylerin hayatımızdaki büyük etkisi. Şu anda hayatında şikâyetçi olduğun birçok şeyin kaynağı, günlük hayatında sana çok önemsiz gelen alışkanlıkların olabilir. Hem kendi hayatımda uygulamaya çalıştığım hem de danışanlarıma önerdiğim bazı şeyleri seninle paylaşmak istiyorum; kendine vermen gereken sözleri.

> Yapmakta zorlandığın şeyler için küçük riskler alacağına dair kendine söz vermelisin.

Eminim senin de korktuğun ya da kaygılandığın için yapmaktan çekindiğin şeyler vardır. Ancak korku ya da kaygı duyduğun için yapmadığın şeyler ruhuna yük olmaya başlıyor. Bu da sistem enerjisini tükettiğinden, normalde kolayca yapabildiğin şeylerde bile özgüvensizlik yaşamaya başlayabilirsin. Bu sebeple, yapmakta zorlandığın şeyler için küçük riskler alacağına dair kendine söz vermelisin.

Özellikle masa başında çalışıyorsan ya da evde pek fazla hareket etmeden yaşıyorsan, bedeninin hareket ihtiyacını karşılamıyor olabilirsin. Zihin ve beden birbirinden ayrı zannedilir ama ikisi aslında bir bütündür. Zihninde yaşadığın sorunlar bedensel problemlere, bedenindekiler de zihinsel problemlere sebep olabilir. Çok basit görülen bir alışkanlık vardır, yürümek. Yürümenin neredeyse antidepresan etkisi yarattığına yönelik birçok görüş var. Hareket etmeyen bir bedenin zihninin çok sağlıklı olamayacağını tahmin etmek zor değil. Bu sebeple, her gün yürüyeceğine ve hareket edeceğine dair kendine söz vermelisin.

Popüler kişisel gelişim gurularının insanları gaza getirmek için iddia ettikleri bir şey var; başarılı ve zengin olmak için az uyumalısın. Günde dört saat uyumayı deneyenlerden, hiç uyumama denemesi yapanlara kadar birçok örnekle karşılaştım. Ancak insanların neredeyse tamamına yakınının en az yedi saat uykuya ihtiyacı vardır. Bu kişisine göre değişen bir şey, kimisi yedi saatle dinlenebilirken kimisinin dokuz saat uyku ihtiyacı olabiliyor. Geçmiş deneyimlerine göre hangi saatin sana iyi geldiğini tahmin edebilirsin. İhtiyacından az uyuyan insanların, kısa vadede daha kaygılı, öfkeli ve sabırsız olduğunu sen de gözlemleyebilirsin. Bu durum uzun vadede ise Alzheimer gibi rahatsızlıklara sebep olabiliyor. Eğer dengeli ve huzurlu bir ruh hali istiyorsan, uyku düzenine dikkat etmeye, aynı saatte uyuyup aynı saatte kalkmaya ve uyku ihtiyacını tamamen karşılamaya söz vermelisin.

Kendini yargılamak konusundan çok bahsettim. Kendini yargılayan birçok insan çifte standart uygular; diğerlerine karşı daha anlayışlı olurken kendisine daha acımasız olur. Ken-

> Kendini yargıladığın zaman acımasız olmadan önce, başka birisi bana böyle bir sorunla gelseydi ona nasıl yaklaşırdım diye kendine telkin vereceğine söz vermelisin.

dini yargıladığın zaman acımasız olmadan önce, başka birisi bana böyle bir sorunla gelseydi ona nasıl yaklaşırdım diye kendine telkin vereceğine söz vermelisin.

Prensipler insanın en önemli güç kaynaklarından birisi. Prensip demek, başına gelen olayların etkisi altında kalmadan kendi doğrularının olması anlamına geliyor. Çevrene bir bak, prensipleri olan insanların her zaman daha çok saygı gördüğünü ve kendinden emin göründüğünü anlayacaksın. Erdemli insanlar için de bu geçerlidir; toplumun tüm baskısına rağmen, erdemli insanlar doğru bildiklerinden vazgeçmezler, dik duruşlarını korurlar. Her ne olursa olsun kendine zaman ayıracağına, insanlara adım adım güveneceğine, ancak kaybetmeyi göze aldığın miktarı borç verebileceğine, ailene her daim zaman ayıracağına, işinde adil olmaktan hiç vazgeçmeyeceğine dair prensipler oluşturabilirsin. Bunlar benim aklıma gelenler. Bugüne kadar her esen rüzgârla şekillendiysen, prensiplerini belirlediğinde insanlar tepki gösterebilirler, bu beklenen bir durumdur. Sen doğru bildiğin konuda dik durmaya devam edeceğine dair kendine söz vermelisin.

Tembellik hakkı denilen bir şey var. Bir koşturmaca bittikten, bir amaca ulaşıldıktan sonra hiçbir şey yapmadan dinlendiğin amaçsız bir zaman dilimine ihtiyacın var. Bu tembellik zihnini sakinleştirecek ve bir sonraki macera için güç toplamana yardım edecektir. Ama bir görevi tamamladıktan sonra hemen başka bir göreve geçiyorsan, bu uzun vadede tükenmişlik yaşamana, eskiden çok keyif aldığın şeyleri bile yapma motivasyonunu kaybetmene neden olabilir. Bir şeyi başardıktan sonra ya da çok yorulduğunda kendine tembellik hakkı vereceğine söz vermelisin. Bu tembellik süresince, bomboş bir şekilde tavana bile bakabilirsin, işe yarar bir şey yapmak zorunda değilsin.

Seni kızdıran insanlara verdiğin tepkiler bir sonraki aşamada nasıl hissedeceğini belirleyen şeylerden birisidir. Ben diğer insanlarla yaşanan çatışmalar esnasında çok fazla zihinsel enerji tükettiğimizi düşünüyorum. Ama bu durum diğer insanlarla uzlaşmak, hakkımızı savunmak için çatışma aracını kullanmamıza engel değil. Sadece çatışmanın işlevsel olması önemli. Yani birisine tepki vermeden önce, o insanın tepki vermeni hak eden bir insan olup olmadığına bakman ve verdiğin tepkinin işe yarama ihtimalini değerlendirmen gerekiyor. Aslında hayatında önemli bir rolü olmayan bir insana tepki verdiğinde, bir gerilimin içine düşüyorsun ve boş yere öfkeleniyorsun. Böyle birisi için hayatında önemli olan insanlarla geçireceğin güzel zamanlardan çalıyorsun. Birisine tepki vermeden önce, o insanın bu tepkiyi hak edecek kadar önemli olup olmadığını düşüneceğine dair kendine söz vermelisin.

Hep olumsuz duyguları paylaşmaktan bahsediyoruz ama bunun tam tersi durumlarda da aynı ketumluk söz konusu olabiliyor. Gerçekten değer verdiğin insanlara en son ne zaman bunu ifade ettin? Yakın zamanda sevdiği bir insanı, yakınını kaybeden birçok danışanım oldu. Hepsinin en önemli pişmanlıklarından biri şu; keşke ona benim için ne kadar değerli olduğunu söyleseydim pişmanlığı. Bazen ortaya koyduğumuz davranışların, karşı tarafı sevdiğimizi ifade etmek için yeterli olduğunu düşünüyoruz. Ama bu hiçbir zaman yeterli değildir. Senin için önemli insanlara bunu sözlü olarak ifade etmelisin. Birisine, "İyi ki varsın, benim için çok değerlisin, hayatımda olduğun için kendimi şanslı hissediyorum, senin gibi bir anneye/babaya/kardeşe/arkadaşa sahip olduğum için çok mutluyum," dediğin zaman aldığın tepkiye gerçekten çok şaşıracaksın. Senin için önemli insanlara bunu ifade edeceğine dair kendine söz vermelisin.

Ve son olarak şükür alışkanlığından bahsetmek istiyorum. Modern hayatın yanılsamaları içerisinde neye sahip olursan ol, her zaman eksik olan bir şeyleri görmeye eğilimlisin. Sahip olduklarından mutlu olmak yerine, henüz sahip olamadıklarının endişesini yaşıyorsun. Halbuki en kadim huzur verici alışkanlıklardan birisi şükürdür; neredeyse her dini inanç içerisinde şükür pratiği vardır. Sabah güne başlamadan önce, sahip olduğun için kendini şanslı hissettiğin birkaç şeyi önce zihninde canlandırıp sonra sözel olarak ifade edersen, kendini daha huzurlu hissetmen konusunda bir adım atmış olursun. Her sabah kalktığında sahip oldukların için şükredeceğine dair kendine söz vermelisin.

Bu saydıklarımın hepsi küçük küçük alışkanlıklar. Hepsini birden yapmaya kalkışmaktansa, şu an en çok ihtiyacın olanı kendine söz olarak verebilirsin. Hiçbiri hayatında mucize yaratmayacak ama zamanla yarattığı küçük iyilik hissiyatı hayat kaliteni gerçekten artıracak.

Aşk Yorgunu Olmak

Sanırım bazı insanlar için hayatın amacı aşka ulaşmak ve aşksızlıktan kaçınmak. Bu insanlar için aşkın kapladığı yer diğer insanlarınkine oranla bir hayli fazla. Aşk birleşmekten ve bütün olmaktan geçiyor. Dünyanın en büyük hazlarından birisi bu birleşme hali; hem ruhen hem bedenen. En büyük acı ise ayrılmak, her neyi sevdiysen ve bağlandıysan. Bağlandığın şey bir insan da olabilir bir eşya da, ama ayrılığı gerçekten zor. Birazcık derin düşününce bütün acıların kaynağında bir ayrılık göreceksin. İnsandan, işten, statüden, rahatlıktan, paradan ayrılmak. Böyle bakınca hayatın yokuş aşağı aşka aktığını düşünüyor insan.

Ama bu yazının konusu eşyalardan ziyade diğer insanlara hissettiğimiz o yoğun ve rayihalı duygu. Yolun başındayken, çocukluğunun ana yurdu aileden uzaklaşmaya başladıkça, ruhunun eksik kalan kısımlarını fark etmeye başlarsın. Sanki bir şeyler eksiktir ve bu eksikliğin tamamlanması yakından ya da uzaktan sevdiğin insanın hayatına dâhil olması, sana kocaman gözleriyle bakmasıyla mümkün olacaktır. Bu dönemde hissettiğin o arzuyu, çok berrak ve sıcak bir havada içeceğin buz gibi suya benzetebilirim. Susamışsındır ve o anda o su tek ihtiyacındır. Tüm masumiyetinle, inancınla aşkına düştüğün o insanla yakın olursun, ruhun ve belki de bedenin temas eder. Bambaşka bir histir bu, her yeni deneyen için tarifi olmayan yeni bir dünya. Sıradan bir organ olarak tanımladığın ve belki de hiç önemsemediğin bir organ olan el, sevdiğin kişiye ait olunca ve sana temas edince, ortaya çıkan elektrikli duyguyu hatırlasana. Çoğu zaman ilk kıvılcım ânıdır bu ve insanların büyük bir kısmı, ömürleri boyunca bu kıvılcımın ruhlarında bıraktığı o tatlı hissin peşinde koşar.

Zaman ilerler, her ne olursa olsun. Zamanın ilerlemesi şaşmaz ve acımasız bir ölçüttür, hayatın olağan sorunları üzerinde. Ve şansına, karşına çıkan ve tüm masum duygularınla bağlandığın insan belki de senin içinde tamamlamasını umduğun kısımları tamamlamak için uygun insan değildir. Ama eğer gençlik dediğimiz heyecanlı duyguların esiriysen, genelde o ilk başta hissettiğin tatlı duyguyu tekrar yaşama ümidiyle sabredersin. Sabır deyince kısa bir süre zannediyor olabilirsin ama sabır şaşırtıcı bir şekilde çok uzun olabilir. Hatta uzun süre sabreden insanlar, geriye dönüp sabrettikleri zamana bakınca, kendi sabır kapasitelerine bile şaşırabilirler. Bu durum çok uzun yıllar sürebilir. Beklersin, alttan alırsın, birçok çözüm yöntemi denersin, karşına çıkan ama ruhunu doyurmayan ilişkinin o ilk baştaki haline dönmesi için. Ortaya koyduğun emeklerin karşılık bulmaması seni hırçınlaştırır, sabırsız bir hale gelmeye başlarsın. Ve günün birinde belki o korktuğun ve cesaret edemediğin ayrılık kararını verebilirsin ya da şaşırtıcı bir şekilde senin şikâyet ettiğin ilişkiyi karşı taraf bitirir. Çok üzülürsün her iki ihtimalde de. Çünkü giden sadece sevdiğin insan değil, aşka dair masum inancındır da.

Bir ayrılığın ruhun üzerinde yarattığı etki önemli bir yara oluşturabilir. Kendi içine dönersin, kendini suçlarsın, partnerini suçlarsın, aileni, dünyayı, herkesi suçlarsın. Dalgalı denizler gibi geçen belki kısa ama uzun hissedilen zamanlardan sonra kabullenirsin; olmadı, belki de olmadığı daha iyi oldu. Sakin bir dönem gelir arkasından. Ama yara geçti mi, maalesef, geçmedi. Sadece üstü fondötenle kapatılmış büyükçe bir sivilce izi gibi orada kendini göstermek için fırsat kolluyor. Ama sen güçlü olduğunu kendine kanıtlamak için, "İyiyim, çok daha iyiyim," dersin. "Çok güçlüyüm, her şey daha güzel artık." Ama içinin sesini duyamadığın tarafları seninle aynı fikirde olmaz. Burada bir ayrıntı var; kırılmanın ya da yaralanmanın sebebi, gidenin varlığının eksikliği ya da ona duyulan özlem değildir çoğu zaman, kişi öyle olduğunu zannetse de. En önemli etki, aşka ve kendine olan güvenini kaybetmektir.

> Bir ayrılığın ruhun üzerinde yarattığı etki önemli bir yara oluşturabilir.

Tabii hayat durduğu yerde durmaz; yeni insanlar, yeni deneyimler çıkar karşına. Her yeni ilişki, bir öncekinin eksik kalan hesabıyla başlar. Eskiden yıkılan tüm hayallerinin ve olmayan isteklerinin tüm bakiyesi yeni ilişkilere aktarılır. Hayatına yeni giren insan, farkında olmadan öncekinin de borçlarını ödemeye çalışır. Çünkü sen bunu ondan beklersin. Ama bir insandan verebileceğinden fazlasını beklemek, onun da kendisini çaresiz hissetmesine ve nihayetinde uzaklaşmasına sebep olabilir. Bu da olmadı dersin, bu sefer suçluluğun yerini öfke alır. Bu sefer acını yeni insanları hayatına alarak geçirmek istersin. Ama her yeni ilişki ve o ilişkilerdeki sorunlarla birlikte, bir sonraki ilişkiye daha az hoşgörü gösterirsin ve her birinden beklentin yükselir. Çok ilginç değil mi, önceki ilişkilerinde beklentilerini yerine getirmeyen insanlardan beklediklerini yeni insanlara aktarırsın ve bu da her ilişkinin daha kısa ve gergin bir şekilde devam etmesine sebep olur. Yaralı ruhlar için bu çok yorucu bir süreçtir. İncindiğin için incitmeye başlarsın.

Eski bir efsaneye göre, bir kişi öldüğü zaman burada yarım kalmış bir işi varsa ruhu cennete ya da cehenneme gitmeden dünyada kısılı kalırmış. Bu ruh çok iyi bir insanın ruhu bile olsa, dünyada kalma süresi uzadıkça hırçınlaşan ruh sevdiklerine bile zarar vermeye başlarmış. Aynen bu efsanede olduğu gibi, olmaman gereken ilişkilerde oldukça hırçınlaşırsın ve hem kendine hem de hayatına giren insanlara katlanamaz hale gelirsin. Yola nasıl çıktığını, nelerin seni bu hale getirdiğini bile unutursun. Sen de aşk yorgunları kervanında yerini alırsın.

Çözüm kolay değil zannedilenin aksine, yaralı ruhlar yaralandıkları yerleri tekrar kaşıyarak durumu çözebileceklerini zannederler. Bu yaralanmalar, insanın dünyadan alacaklı bir halde hissetmesine sebep olabilir. Sanki dünya ona bazı şeyleri borç vermiş ama borcunu ödememiş gibi öfkeli ve sabırsız bir halde dolanır durur kişi ortalıkta. Çoğu zaman bu öfke, hırçınlık ve sabırsızlık günlük hayatın küçük aksamalarına atfedilir. Ama küçük şeyler için her zaman öfkeleniyorsan, bil ki bu öfkenin kaynağı o küçük şeyler değildir. Derinlerde daha büyük bir şey vardır.

Küçük şeyler için her zaman öfkeleniyorsan, bil ki bu öfkenin kaynağı o küçük şeyler değildir. Derinlerde daha büyük bir şey vardır.

Yakınlarda tanıştığım biri oyunculuk için yıllardır çalıştığını ve eğitimler aldığını söyledi. Anlattığı mücadele ve tutku hikâyesi gerçekten etkileyiciydi. Sonrasındaysa, artık bu kadar çalışmanın karşılığı olarak iyi bir rolü hak ettiğini ifade etti. Ben de sordum, "İstediğin tarzda bir projede rol alabildin mi?" Cevabı çok öfkeliydi: "Bana hiç hak etmediğim alt seviyede işlerle geliyorlar ama ben daha fazlasını hak ediyorum. Bundan dolayı çok tepkiliyim, çok kızgınım bu piyasaya." Aslında kendi bakış açısından haklıydı, gerçekten çok emek vermişti. Ama dünyanın çalışma prensibini iyi anlamamız gerekiyor, senin çok emek veriyor olman, senin isteğin. Sen bir şey yaptın diye dünya sana borçlanmıyor. Sen ilişkilerde çok acı çektin diye, bir sonraki ilişkin senin tüm eksikliklerini kapatmak zorunda değil. Kimsenin sana borcu yok, her yeni deneyim kendi içerisinde değerlendirilir. Ama sen bu kadar yüksek beklentiyle yaklaştığın zaman, karşı tarafın içinde kocaman çınar barındıran küçük tohumları sana değersizmiş gibi gelir. Sen direkt yetişmiş çınarı istersin ama bu da her zaman mümkün olmaz ve bir kısır döngü içine hapsolursun.

Yüksek bir yerden geniş bir manzaraya baktın mı hiç? Ben bunu Nemrut Dağı'nda güneşin doğuşunu izlemeye gittiğimde deneyimlemiştim. Bir de çocukken yaz tatillerinde birkaç günlüğüne gittiğimizde köyümüz olan Ankara'nın Bala ilçesinin Yeniyapançarsak köyüne, sırtüstü uzanıp yıldızların sonsuzluğuna baktığımda içim sonsuzluğa açılıyor gibi olmuştu. Böyle anlarda, insan kendi hayatına daha farklı gözle bakma fırsatı bulur. Günlük telaşelerin içinde koştururken asıl sorunun ne olduğunu anlamak kolay değildir. Ama biraz geri çekilip, kendi hayatına ve kendine dışarıdan bakarsan, nerede hata yaptığını fark etmen daha kolay olabilir. Bu nedenle, her biten ilişkinin ardından, bir yenisinin açlığına biraz direnç gösterip yavaşlayarak kendine dışarıdan bakmanı öneririm.

Ezik Görünmene Neden Olan İyi Niyetli Davranışlar

Ezik kelimesini kullanmayı sevmiyorum. Bugüne kadar kimse için bu sıfatı kullanmadım. Ancak dışarıda bir yerlerde, diğer insanları etiketlemek, küçük düşürmek için bu ifadeyi sıklıkla kullanan, sayısı hiç de az olmayan bir kitle var. İşte sen de bazen farkında olmadan, diğer insanlara yardımcı olmak adına bazı davranışlar sergilerken, bu bahsettiğim insanlar tarafından ezik olarak nitelendirilebilirsin. Bir yanın, "Aman, ne derlerse desinler," diyor olabilir. Ama sen iyi niyetli davranırken, çabalarının bu yönde bir etki yaratmasını umarken, sonucun bu şekilde olması seni olumsuz etkileyebilir ve modunu düşürebilir. Bu bölümde sana, senin iyi niyetle yaptığın ama diğer insanlar tarafından saygı görmeni engelleyen bazı davranışlardan bahsedeceğim.

İlk olarak özür dilemek konusundan bahsetmeliyim sanırım, çünkü bu bahsettiğim bağlamda en sık karşılaştığım davranış bu. Verdiğin rahatsızlık için, kibar olmak için ya da ağız alışkanlığı sebebiyle özür diliyor olabilirsin. Gerçekten gerekli olduğu yerlerde özür dilemek, kurduğumuz ilişkilerde sınırlara dikkat ettiğimizi ve karşı tarafın ne hissettiğini önemsediğimizi gösterir. Ancak özellikle çok tanımadığımız kişilerin olduğu, iş ve rekabetin yoğunlaştığı yerlerde gerekmediği halde özür dilemek, bazı insanlar tarafından düşük özgüven belirtisi olarak yorumlanabilir. Buradaki en önemli ayrıntı, *gerekmediği halde* özür dilemektir. Ülkemizin en önemli yönetmenlerinden birisi olan Nuri Bilge Ceylan, bir röportajında şöyle diyor: "Mütevazılık falan hiçbir zaman gerçek bir üst değer olamamıştır bizde. Bir ortamda mütevazı olmaya kalkarsanız saygı hemen azalmaya başlar, hissedersiniz." Daha önceki bölümlerde hangi konularda çevremizdeki insanlardan özür dilemememiz gerektiğini anlatmıştım. Eğer hak ettiğimiz saygıyı görmek istiyorsak, özür dilediğimiz durumlara dikkat etmemiz gerekir. Bizim ülkemizde iyi niyet, doğru ortamlarda gösterilmediği takdirde zayıf noktanız olarak algılanıyor maalesef.

İnsanı en güçlü yapan özelliklerinden birisi diğer insanlara bel bağlamaması, kendi göbeğini kendisinin kesmesidir. Yani kimseye minnetinin olmamasıdır aslında. Bu şekilde düşününce kendi kendine bir şey yapabiliyor olmak, diğer insanlar olmadan da hayattan keyif alabilmek, kendi işini kendin görebilmek bir insanın en temel dayanaklarından birisidir. Bu güce tüm insanlar sahiptir, ancak birçoğu bunun farkında değildir. Bu gücün farkında olmayanlarsa atacakları her adımda başka birinin desteğini ararlar ve kendilerine eşlik edecek birilerini bekleyebilirler. Ancak en basit işlerde bile diğer insanlar olmadan bir hiçmiş gibi hissettiğinde, o en yakınım dediğin diğer insanların bir kısmı da sana hiçmişsin gibi davranabilir. Dostluk ve paylaşım önemlidir, ama bu sen insanlara eşlik ettiğinde öyledir, muhtaçsan herkes sana muhtaç gibi davranacaktır. Yalnız başına zaman geçirebilmek, bir yerlere gidebilmek, işlerini halledebilmek senin için keyif alınacaklar listesinde olmalı. Elbette başka insanlarla beraber bazı şeyleri yapmak daha zevklidir ama bu her zaman mümkün olmayabilir. Rus yönetmen Tarkovski'nin dediği gibi: "Kendinizi, kendinizle zaman geçirmeyi yalnızlık zannetmediğiniz şekilde yetiştirin."

> Yalnız başına zaman geçirebilmek, bir yerlere gidebilmek, işlerini halledebilmek senin için keyif alınacaklar listesinde olmalı.

Diğer insanlar seni övdüğü zaman nasıl hissediyorsun? Daha önceki bölümlerde babamın beni diğer insanlara övdüğü ve anlattığı zaman öfkelendiğimi anlatmıştım. Babam beni diğer insanlara anlattığı zaman hâlâ biraz tepki gösterdiğim doğrudur ama eskisi kadar değil. Ama diğer insanların bana söylediği güzel şeyler konusunda eskiden o övgüleri hiç hak etmediğimi söylüyordum kendi kendime. Birisi ne zaman güzel bir şey söylese, kibarlık yapıyor, öylesine konuşuyor diye düşünüp o kişinin beni övdüğü şeyleri açıklama ve önemsizleştirme gayretine giriyordum. Bu durumu birçok insanın yaşadığını düşünüyorum. Birisi sana saçlarının rengi ne güzel olmuş dediğinde, aldığın boyanın ucuzluğunu, saçını kendinin boyadığını söylüyorsun belki de. Ya da birisi kıyafetinin ne kadar şık olduğunu söylediğinde, üstündekileri indirimden ucuza kapattığını söylüyor olabilirsin. Ama insanlar saçını nasıl boyadığını ya da kıyafetini kaça aldığını sormuyorlar, onların söylediği şey, senin seçimlerinin ne kadar güzel olduğu. Ama sen iltifatları kabul etmeyip değersizleştirirsen, bir süre sonra eskiden sana iltifat eden insanlar bile senin seçimlerinin güzelliğini fark etmeyecek, farkında olmadan yapmaya çalıştığın gibi değersiz kabul edecekler. Bu nedenle birisi iltifat ettiğinde, bunun senin yaptığın güzel seçimler olduğunu kabul edip, teşekkür etmelisin, neden önemsiz olduğunu uzun uzun açıklamak yerine.

Açıklama yapmak demişken, bu konuya değinmeden olmaz. Bazen bir konudaki bildiklerimizi, karşı tarafı ikna etmek için uzun uzadıya açıklama çabasına girersek, bu karşı tarafı ikna etmek yerine o konuda daha az bilgili olduğumuz imajını oluşturabilir. Filmlerde sık kullanılan klişelerden birisidir; eski zamanlarda bir tren seyahatinde yolculardan birisi biletsiz binmiştir trene. Bilet kontrolünde bu kişi kendinden emin ve az konuşan bir profil çizdiği zaman kontrol memuru biletini bile görmeye gerek görmezken, çok açıklama yaptığı zaman hep şüphe uyandırır. Özellikle kişinin yeterince özgüven sahibi olmadığı durumlarda, o kişi konuştuğu konunun uzmanı bile olsa, çok fazla açıklama yapması ve detaya girmesi karşı tarafta beklediği saygıyı uyandırmayabilir. Bir konuda bir açıklama yapmamız gerektiğinde, sadece karşı tarafın beklediği kadarını anlatmak en ideal yöntemlerden birisidir.

Her zaman hatırlattığım konulardan birisi, hiçbir insanın kutsal olmadığı gerçeğidir. Yani birçok yerde geçen ruh ikizimsin, birbirimiz için yaratılmışız, sensiz ben bir hiçim gibi ifadeler hayatın romantik bir yorumlamasıdır sadece. Evet, bazı insanlarla daha uyumlusundur, bazı insanlar senin içindeki güzelliği çıkarmana yardım ederler ama sadece bu kadar. Hiç kimse kendinden ve yaşamsal fonksiyonlarından vazgeçeceğin kadar önemli değildir. Belki bu satırları okurken bana kızıyor olabilirsin ya da sen aşkı hiç tatmamışsın diyebilirsin. Ama sadece kendi aşkımı değil binlerce insanın aşkını da gözlemledim, inceledim. Evet, âşık olduğunu hissettiğin zaman ruhunun koridorlarında gezinen renkli duygu rüzgârları çok güzel kokar, içini kıpır kıpır eder ama bu da senden daha önemli değildir. İnsanın ruhsal beslenmesi birçok kaynaktan olmalıdır; hem sevdiğinden beslenip hem de ailesi, arkadaşlarına ilgi göstermesi, kendini geliştirmesi, kariyerinde yükselmeye odaklanması gibi konular bir arada olduğunda hayatın lezzeti damakta iz bırakır.

Birinin sana değer vermemesini istiyorsan onu hayatının en merkezine koyman yeterli olacaktır.

Birinin sana değer vermemesini istiyorsan onu hayatının en merkezine koyman yeterli olacaktır. Hayatının merkezine aldığın ve her şeyi ona bağladığın insan senin ona yaklaşımını bir süre sonra sıradan algılayabilir (doğal olarak), bu kadar yakınlıktan ve beklentiden bunalabilir ve senden uzaklaşmak isteyebilir.

Diğer insanların seni olduğundan daha aşağı görmesine sebep olan bir diğer davranışsa eleştirileri aşırı önemsemektir. Birisi seni eleştirdiğinde, kendini kaybedip tüm enerjini bu eleştirinin doğru olmadığını anlatmaya verirsen, tıpkı aşırı açıklama hatasında olduğu gibi insanlar senin gerçekten zayıf olduğunu düşünebilir. Her eleştiri insanın biraz canını sıkar, bunda garip bir durum yok. Ama bunu çok büyütüp, her eleştiriye cevap vermek zorunda hissedersen, o eleştiri haksız bile olsa, onu yücelten ve görünür yapan sen olursun. Bir insanın eleştiri almaması için hiçbir şey yapmaması ya da görünmez olması gerekir. Ölüm bile seni eleştirilerden korumaz. Bu sebeple standart olarak eleştirinin hayatında olmasına alışmalısın. Bazı insanlar kendilerinde hissettiği aşağılık kompleksini seninle telafi etmek için seni yıkıcı bir şekilde eleştirir, bazısı ise eleştrilerini gerçekten hatalarını düzeltmen için yapar. Kimi ciddiye alıp almayacağına ya da kime cevap verip vermeyeceğine doğru karar vermelisin.

Ve son olarak bahsetmek istediğim şey şu; yaşananlar hakkında durmadan şikâyet etmek de diğer insanlar tarafından saygı görmeni engelleyebilir. (Fark ettiysen bahsettiğim her şeyde dengeyi kaybettiğin ve abarttığın zaman sorun oluyor. Normalde özür dilemek erdemli bir davranışken abarttığın zaman sana zarar veriyor.) Yaşadığın olumsuz şeylerden dertlenmek ve bunu paylaşmak psikolojik açıdan seni rahatlatır. Ama konuştuğun şeyler sadece yaşadığın olumsuzluklar olursa, en yakınındakiler de dâhil olmak çevrendeki insanların çoğunun seninle ilgili algısı, "Şikâyet ediyor ama bir şey yapmıyor, hep olumsuz konulardan bahsediyor" şeklinde olacaktır. Bu da diğer insanların sana saygısını ve seninle vakit geçirme isteklerini olumsuz etkileyecektir. Kimse durmadan senin hayata dair şikâyetlerini dinlemek zorunda değil; böyle bir durum onlar için çok yorucu olacaktır.

Sonuç olarak, iyi niyetle sergilediğimiz bazı davranışlar bizim için sorun olmasa bile diğer insanların bize yaklaşımını önemli ölçüde değiştirebilir. Bundan dolayı bu saydığım şeylere dikkat etmeni ve daha dengeli olmanı öneririm.

Ölmek İstemeyen Adamın Hikâyesi ve Yaşamın Hakkını Vermek

Japon kültürüne çok ilgi duyuyorum, hatta yakın zamanda Japonya'ya gitmeyi planlamıştım ama pandemi sebebiyle ertelemek zorunda kaldım. Bir yeri merak ettiğim o zaman o kültürün masallarını okumak çok hoşuma gider. Çünkü bazı kısa masallar bile ortaya çıktığı kültüre dair çok fazla fikir verir. Japon masallarını okurken beni çok etkileyen ve hayata daha farklı bakmamı sağlayan bir masalı seninle paylaşmak istiyorum.

Çok uzun zaman önce Sentaro adında bir adam yaşardı. Bu adam çok zengin olmasa da fakir de sayılmazdı. Babasından küçük bir servet miras kalmıştı ve otuz iki yaşına dek zamanını umursamazca geçirip ciddi bir işle uğraşmadan bu servetle yaşadı. Bir gün ortada hiçbir sebep yokken ölüm ve hastalıkları düşünmeye başladı. Öldüğünü ya da hastalandığını düşünmek onu perişan ediyordu. "En azından beş yüz-altı yüz yaşına dek hiçbir hastalık çekmeden yaşamak isterim" dedi. "Oysa bir insanın ömrü çok kısa."

O andan itibaren basit ve sade bir şekilde yaşayarak hayatını dilediği kadar uzatmanın mümkün olup olmadığını merak etti. Eski hikâyelerden bin yıl yaşamış imparatorlar olduğunu duymuştu. Öyle ki Jofuku adında yaşlı bir saraylı, dönemin hükümdarına Yaşam İksiri'ni bulacağına dair bir söz vermiş, fakat gittiği Horasan'dan dönmemişti. O zamandan beri Jofuku'nun Horasan'ın Fuji Dağı'nda olduğu ve orada Yaşam İksiri'nin sırrına sahip keşişlerin yaşadığı söylenir...

Sentaro, keşişleri bulmaya ve mümkünse kendisi de bir keşiş olmaya kararlıydı, böylece sonsuz yaşam suyuna kavuşacaktı. Çocukluğunda bahsi geçen keşişlerin sadece Fuji Dağı'nda yaşamakla kalmayıp dağın tepelerine yerleştiğini duyduğunu hatırladı. Bu yüzden bölgedeki dağlara tırmanmak için bir yolcuğa çıktı ancak hiçbir keşişe rastlamadı. Bilinmez yerlerde günlerce dolaştıktan sonra bir avcıya rastladı. Avcıya keşişlerin yerini sorduğunda avcı bunu bilmediğini ancak buralarda dolaşan bir haydut olduğunu söyledi. Bu alakasız cevap Sentaro'yu çok sinirlendirdi. Keşişleri böyle aramakla zaman kaybetmek yerine bir an önce Jofuku Tapınağı'na gitmeye karar verdi. Sentaro, tapınağa ulaştı ve yedi gün boyunca Jofuku'ya yalvardı. Yedinci günün gece yarısında Sentaro tapınakta diz çökmüşken içerideki bir kapı hızla açıldı ve Jofuku aydınlık bir bulutun içinde belirerek Sentaro'yu yanına çağırdı.

"Çok bencilce ve gerçekleştirmesi zor bir arzun var. Yaşam İksiri'ni bulmak için keşiş olmak istediğini sanıyorsun. Bir keşişin hayatının ne kadar olduğunu biliyor musun? Bir keşişin yalnızca meyve, böğürtlen ve çam ağacı kabuğu yemesine izin verilir; keşiş kendini dünyadan soyutlamalıdır ki kalbi altın kadar saf ve dünyevi arzulardan özgür olsun. Bu katı kurallara uyduktan sonra keşiş açlık, soğuk ve sıcak hissetmemeye başlar. Vücudu o kadar hafifler ki, bir turna veya sazana binebilir ve ayakları ıslanmadan suda yürüyebilir. Sen, Sentaro, iyi yaşamaya ve her türlü rahatlığa düşkünsün. Herhangi bir insan gibi bile değilsin çünkü aşırı derecede aylaksın, sıcağa ve soğuğa karşı çoğu insandan daha hassassın. Kışın yalın ayak dolaşamazsın ya da ince bir elbise ile dolaşamazsın! Bir keşiş

gibi yaşamak için gereken sabra ve dayanıklılığa sahip olacağını sanıyor musun? Yine de duana karşılık olarak sana başka bir şekilde yardım edeceğim. Seni ölümün hiç uğramadığı ve insanların sonsuza dek yaşadığı Sonsuz Hayat ülkesine göndereceğim."

Jofuku bunu derken Sentaro'nun eline kâğıttan yapılmış bir turna verdi ve turnanın üzerine oturmasını, onun Sentaro'yu Sonsuzluk Ülkesi'ne taşıyacağını söyledi.

Sentaro turnaya bindiğinde turna, Sentaro'nun üzerinde rahatça binebileceği kadar büyüdü, ardından kanatlarını açtı ve denize doğru uçtu. Sentaro başta oldukça korkmuştu ancak zaman geçtikçe uçmaya alıştı. Bu şekilde binlerce kilometre yol gittiler. Kuş da Sentaro da ne acıktı ne yoruldular. Birkaç gün sonra bir adaya vardılar. Sentaro turnadan iner inmez turna eski şekline dönecek şekilde katlanıp onun cebine girdi. Sentaro, Sonsuzluk Ülkesi'nin nasıl bir yer olduğunu merak ederek etrafına bakmaya başladı. Her şey oldukça tuhaftı ve kendi ülkesinden farklıydı. Ancak hem toprak hem de insanlar refah içinde görünüyordu, bu yüzden orada kalmasının kendisi için iyi olacağına karar verdi ve otellerden birinde konaklamaya başladı. Ardından otel sahibinin yardımıyla kendine bir ev buldu, böylelikle büyük arzusuna ulaştı ve Sonsuzluk Ülkesi'nde yaşamaya başladı.

Ada halkının hatırladığına göre adada kimse ölmemişti ve hastalık onlara yabancı bir şeydi. Hindistan ve Çin'den gelen rahipler onlara mutluluk, saadet ve hoşnutluğun tüm insanların kalbini doldurduğu, ancak kapısına sadece ölümle ulaşılabilen Cennet adlı güzel bir ülkeden bahsetmişlerdi. Bu anlatı nesilden nesile aktarıldı ancak kimse ölümle ilgili Cennet'e götürmesi dışında bir şey bilmiyordu. Halk, Sentaro'dan ve diğer sıradan insanlardan oldukça farklı olarak ölümden korkmuyor ve onu arzulayıp özlüyorlardı. Kendini her şeyin tersine olduğu bir ülkede bulmuş gibi hissediyordu; burada her şeyi bildiği yerlerin tam tersi gibiydi. O ölümden kaçmak istemişti ve bu ülkeye büyük bir rahatlama ve neşeyle gelmişti, oysa sakinler ölmemekle lanetlenmiş gibiydi ve ölümü saadet olarak görüyorlardı. Ne zaman başka ülkelerden tüccarlar gelse, zenginler zehir satın almak için onlara koşardı. Cennete gidebilmek için ölümün gelmesini umarak zehri hevesle içerlerdi ancak zehirler burada etkisizdi. Zenginler, hayatlarını iki ya da üç yüz yıla bile kısaltabilselerdi, tüm paralarını ve tüm mallarını verirlerdi. Herhangi bir değişim geçirmeden sonsuza dek yaşamak bu insanlara yorucu ve üzücü geliyordu. Eczanelerde sürekli rağbet gören bir ilaç vardı, bu ilacın yüz yıl kullanıldıktan sonra saçın biraz beyazlatması ve mide rahatsızlıklarına yol açması bekleniyordu. Sentaro, zehirli küre balığının restoranlarda nefis bir yemek olarak servis edildiğini ve sokaklardaki seyyar satıcıların İspanyol sineklerinden yapılmış soslar sattığını görünce hayrete düşmüştü. Bu korkunç şeyleri yedikten sonra hasta olan kimseyi görmemişti.

Sentaro oldukça keyifliydi. Kendine yaşamaktan hiç bıkmayacağını ve ölümü istemeyi, çok anlamsızca bulduğunu söylüyordu. Adadaki tek mutlu insan Sentaro idi. O zaten bin yıl yaşamayı ve hayatın keyfini sürmeyi istiyordu. Kendini iş hayatına attı ve memleketine dönmeyi aklının ucundan bile geçirmedi. Ancak yıllar geçtikçe işler baştaki kadar iyi gitmemeye başladı, kayıplar yaşadı ve komşularıyla ilişkilerinde sorunlar oldu. Bu Sentaro'nun tadını kaçırmıştı.

Sentaro sabahtan akşama dek meşgul olduğu için zaman bir okun uçuşu gibi hızlı geçiyordu. Üç yüz yıl böyle monoton bir şekilde geçti ve Sentaro sonunda bu ülkedeki yaşamdan bıkmaya başladı; eski evini, eski ülkesini özledi. Burada ne kadar yaşarsa yaşasın hayat hep aynı kalacaktı yani sonsuza kadar burada kalmak aptalca ve yorucu değil miydi? Sentaro, daha önce ona yardım etmiş olan Jofukuıyu hatırladı ve kendi ülkesine dönmek için dua etti. Dua eder etmez, kâğıttan turna cebinden fırladı. Kuş bir kez daha Sentaro'nun binebileceği kadar büyüdü ve bindiğinde kanatlarını açıp Japonya'ya doğru uçtu. Ancak Sentaro öyle huysuzdu ki geride bıraktıkları için pişmanlık duyup kuşu durdurmaya çalıştı ama başaramadı. Turna, okyanusta ilerlerken bir fırtına çıktı ve kâğıttan turna ıslanıp Sentaro ile birlikte denize düştü. Boğulmaktan korkan

Sentaro kurtulmak için Jofuku'ya haykırdı ancak görünürde hiçbir gemi yoktu. Su yüzünde kalmak için çabalarken korkunç bir köpek balığının ona doğru yüzdüğünü gördü. Köpek balığı, yaklaştıkça koca ağzını Sentaro'yu yemek için açıyordu. Sentaro, sonunun ne kadar yaklaştığını görüp korktu ve Jofuku'nun onu kurtarması için avazı çıktığı kadar bağırmaya başladı.

Sentaro, kendi çığlıklarıyla uyandı. Uzun duası sırasında tapınağın önünde uyuyakaldığını ve her şeyin bir rüya olduğunu fark etti. Korkudan kan ter içine kalmıştı ve tümüyle şaşkına dönmüştü. Aniden parlak bir ışığın içinde bir elçi belirdi. Elçinin elinde bir kitap vardı.

"Ben, duana cevaben rüyanda Sonsuzluk Ülkesini görmene izin veren Jofuku tarafından gönderildim. Ama orada yaşamaktan bıktın ve memleketine dönmene izin verilmesi için yalvardın. Jofuku seni denemek için denize düşmeni sağladı ve sonra seni yutması için bir köpekbalığı gönderdi. Ölüme olan arzun gerçek değildi, çünkü ölüm sana geldiğinde bile haykırdın ve yardım dilendin. Bir keşiş olmayı ya da Yaşam İksirini bulmayı dilemen de boşuna, bunlar senin gibiler için değil. Yeterince sade bir hayatın yok. Baba ocağına geri dönüp iyi ve verimli bir hayat yaşamak senin için en iyisi. Atalarının yıldönümlerini asla ihmal etme ve çocuklarına bir gelecek sunmayı kendine görev edin. Böylelikle güzel, uzun bir hayat yaşayacaksın ve mutlu olacaksın. Ama ölümden kaçma arzusundan vazgeç çünkü bunu kimse yapamaz. Bu kez bencil arzuların, gerçekleştiklerinde bile mutluluk getirmediğini anladın. Sana verdiğim bu kitapta bilmenin senin için iyi olacağı pek çok kural var. Eğer onları inceleyip öğrenirsen hayatta gerçek anlamda mutluluğu ve huzuru yakalayabilirsin.

Melek konuşmayı bitirir bitirmez ortadan kayboldu ve Sentaro dersini aldı. Kitapla birlikte eski evine döndü, amaçsız isteklerinden vazgeçti. İyi ve faydalı bir hayat yaşamaya ve kitapta kendisine öğretilen dersleri yerine getirmeye çalıştı. Bundan sonra Sentaro ve evinde yaşayanlar geliştiler ve başarılı oldular.

Farkında olalım olmayalım, hepimiz tıpkı Sentaro gibi uzun bir yaşam peşindeyiz. Sanırım bugün en çok arzuladığımız iki temel şey var; birisi daimi mutluluk, diğeri ölümsüzlük. Aslında bu iki temel öğe, vadedilen tüm cennetlerin kısa bir özeti gibi. Bir gün daimi mutluluğu ya da ölümsüzlüğü elde edebilir miyiz bilmiyorum ama yaşadığımız hayatın hakkını veremediğimizden eminim. Sana bir soru sormak istiyorum: 80 yıl yaşayan bir insan, 50 yıl yaşayan bir insandan daha uzun yaşamıştır diyebilir miyiz?

Bu sorunun cevabı biraz karışık. Ben insanların, farklı yaşadığı günler boyunca o hayatı yaşadığını düşünüyorum. Yani bir günün aynısını binlerce kez yaşamışsan, aslında binlerce gün değil bir gün yaşamış gibi oluyorsun. Ne kadar birbirinden farklı günlerin varsa o kadar uzun bir ömre sahip oluyorsun. Eğer 80 yıl yaşayan insan, belirli bir yaştan sonra hep aynı günleri yaşamışsa, belki de toplamda 40 yıl bile yaşamamış sayılır. Diğer taraftaysa 50 yıllık hayatını olabildiğince birbirinden farklı günlerle yaşamaya çalışmış birinin ömrü bir önceki kişinin 80 yılına göre bir hayli fazla olacaktır. Yani toplamda kaç yıl yaşadığın değil, nasıl yaşadığın ömrünün uzunluğunu belirliyor. Birçok insan, 40'lı yaşlarında yapabileceği her şeyi yaptığını düşünüp hep aynı günü tekrar etmeye başlıyor. Birçok insan ölüm gelene kadar oyalanıyor bile diyebilirim.

Dünyanın en küçük zerresinde bile evrenin tamamına dair fikirler ve örnekler bulabileceğimizi söylerler. Bir bütünün en küçük parçası, bütünün tamamına dair isabetli tahminler yapmamızı sağlar. Bilimin kullandığı temel yöntemlerden birisi de budur. Bu yöntemi hayatımızı anlamak için de kullanabiliriz. Şu anda içinde bulunduğun 24 saat hayatının tamamının küçük bir örneğidir. Olağandışı günler haricinde genelde herkesin 24 saatinin belirli özellikleri vardır. Kimisi erteleyerek, sadece mecbur olduğu şeyleri yaparak geçirir günleri. Böyle bir insanın hayatının da bu şekilde devam edeceğini tahmin etmek zor değildir. Ya da bazı insanlar keşfetmeye çalışır, kendisini, dünyayı ve diğer insanları. Keşif yolculuğuna çıkmış insanlar için, her gün bir günden daha fazlası olmaya başlar. Yıllar önce, çok pahalı ve gelişmiş bir akıllı telefona sahip birini görmüştüm. O kişinin elindeki telefonu almayı çok istiyordum ancak bütçem yetmiyordu. Ben telefon sahibine, telefonun hayatı kolaylaştıran birçok özelliğinden memnun olup olmadığını sordum. O da, telefonla sadece arama yaptığını, başka bir özelliği olup olmadığını bilmediğini söyledi. İçimden, "Ah o telefon bende olacaktı var ya," diye geçirmiştim.

> Dünyanın en küçük zerresinde bile evrenin tamamına dair fikirler ve örnekler bulabileceğimizi söylerler. Bir bütünün en küçük parçası, bütünün tamamına dair isabetli tahminler yapmamızı sağlar.

Birçok insan için kendileri ve dünya tam olarak böyle. Aslında inanılmaz farklı özellikleri var ama çoğu kişi sadece eksik olduğu şeyleri tamamlamaya çalışıyor. Bir bilgisayar oyunu gibi düşünebilirsin; yaşadığın alan senin dünyanı oluşturuyor. Eğer küçük bir alanda git gel yapıyorsan, eski usul bilgisayar oyunları gibi iki boyutlu ve düz bir doğrultuda ilerlersin. Ama ne kadar çok keşfedersen, deneyimlersen o kadar farklı alanlara, haritalara ulaşırsın. Düşünsene, Van diye bir şehir var, ben birkaç kez gittim ve sevdiğim şehirlerden birisi oldu. Senin Van'a hiç gitmediğini varsayalım. Senin için gerçekten Van diye bir şehir var mı acaba? Sadece adını duydun, belki birkaç fotoğrafını gördün. Eğer oraya gitmemişsen senin için o şehir hiç var olmamış oluyor. Bu durum mekânlar, deneyimler ve beceriler için de geçerlidir. Denemediğin şey senin için hiç var olmamış oluyor.

Mevzu uzun yaşamak değil, yaşamın hakkını verebilmek.

Mevzu uzun yaşamak değil, yaşamın hakkını verebilmek.

Koltuğun Ucunda Oturan İnsanlar

Ben bir psikoloğum, neredeyse hayatımın yarıya yakınını bu mesleği icra ederek geçirdim ve hâlâ da insanları tanıma yolculuğumda çok yol aldığımı düşünmüyorum. Ne zaman "Ben artık insanları çok iyi tanıyorum desem," beni böyle düşündüğüme pişman edecek yeni bir sürprizle karşılaştım, artık büyük konuşmuyorum. Mevzu insan olunca, en bilindik ve sıradan görünen insanların bile sıradışı sebepleri olduğunu öğrendim. Uzaktan bakınca tüm kar tanelerinin aynı görünmesi, ancak yakınlaştıkça her tanenin çok farklı olduğunu fark etmek gibi insanlar için de durum böyle, yakınlaştıkça sıradanlığın mucizesine şahit oluyorsun.

Dedim ya, hikâyeleri farklı olsa da insanlar dışarıdan birbirine benzer. Ve bu benzerlikler arasında ortak noktaları bulmak, kategoriler oluşturmak eski bir âdet. Bu kategorilerin adına bazen tanı diyoruz; kişilik bozuklukları, duygudurum bozuklukları ya da anksiyete bozuklukları gibi. Bunlar en bilindik kategoriler. Bir de benim sık karşılaştığım davranışlardan oluşturduğum kategoriler var. Bugün bunlardan bir tanesinden bahsedeceğim: Koltuğun ucunda oturan insanlar.

Bir terapi odasında genelde koltuklar olur, terapist ve danışan karşılıklı oturur. Benim odamdaki koltukların oturma kısmı geniştir ve yumuşaktır. Olabildiğince hem kendim rahat edeyim hem de karşımdaki rahat etsin diye böyle koltuklar seçtim. Fiziksel anlamda rahat eden insanlar kendilerini daha güvende hissediyorlar ve zor konuları anlatmaları daha kolay oluyor. Minik bir detay gibi ama bence kayda değer. Koltuğun ucunda oturan insan ilk defa odaya geldiğinde kendini belli eder; koltuğun ucunda oturarak, sanki birazcık geride oturursa koltuk rahatsız olacak gibi bir oturuş. Ev sahibi olan benim, ama sanki ben ona misafirliğe gelmişim gibi tavır alır karşımdaki; rahatsız olmayayım, oradan mutlu ayrılayım diye elinden geleni yapmaya hazır ve tetikte bir oturuşu ifade eder beden duruşu. Bugüne kadar koltuğun ucunda oturan çok fazla insanla karşılaştım ve şunu çok iyi anladım, böyle olmak gerçekten hiç kolay değil.

Çünkü koltuğun ucunda oturan insanlar, genelde kendilerini ev sahibi gibi hissederler. Bir lokantada garsonla beraber masayı siler (hatta mutfağa tabakları taşıyanıyla bile karşılaştım), sınıfın sessiz ve çalışkanlarından olmasına rağmen öğretmenin tepkisine sanki kendisi sebep olmuş gibi üzülür, başkalarının derdini sınırsızca dinlerken kendi dertlerini insanları sıkmaya ne gerek var diye anlatmaz, eve temizlikçi kadın çağırdığında kendisini ona Türk kahvesi hazırlarken bulur, insanlara sınırsızca fedakârlık yaparken karşılık göremeyince fazlasıyla üzülür ama çaktırmaz, uzun lafın kısası neredeyse üstünde "Verdiğim rahatsızlık için özür dilerim" yazan bir levhayla gezer.

Muhtemelen anlattığım bu özellikler tanıdık gelecek. Belki bu özellikler sende var, belki de yakından tanıdığın birisinde. Koltuğun ucunda oturan insanlar, ortaya koydukları bu hassasiyetlerin kendi tercihi olduğunu iddia eder; ama gün sonunda üzerinde kalan ağır yükle anlar, böyle davranmanın kendisi için bir tercih değil mecburiyet olduğunu. Koltuğun tamamı için para ödeyip sadece ucuna oturmak insanın kendisine yaptığı haksızlıktır. Bir tarafın bunu seçtiğini söylüyor olabilir, ama harcadığın her türlü emeğin sonucunu almaktan korktuğun için diğer bir tarafın bundan hoşnutsuz olacaktır. Hoşnutsuz tarafın sesini duymasan bile o kendi varlığını türlü türlü sıkıntılı duygularla hissettirecektir.

Çocukluğumuzdan miras kalan suçluluk duygusu genelde hayatımızın büyük bir kısmında hayalet gibi gezinir.

Çocukluğumuzdan miras kalan suçluluk duygusu genelde hayatımızın büyük bir kısmında hayalet gibi gezinir. Ne zaman kendin için bir şeyler isteyecek olsan, kendine yeni sınırlar çizmek, kendin olmak istesen, suçluluk hayaleti gelir yanı başında durur ve sana şöyle söyler: "Sen kötüsün, hatalısın, senin buna hakkın yok!" Bu cümleleri artık gerçek insanlardan duymuyor olsan bile, zihninin suçluluk hayaleti gerçekmiş gibi algılamana sebep olur. O hayalete göre sen doğal olarak hatalısındır ve bu hatayı ancak kendini diğer insanların beklentilerini okumaya zorlarsan, hatta onların bile istemediği iyilikleri onlara yaparsan telafi edeceksindir. Bundan dolayı belki de, ücret ödeyip geldiğin psikoterapi seansında koltuğun ucunda otururken ve tedirgin bir şekilde sorunla-

> Suçlulukla öfke birbirine komşudur.

rından bahsederken, seni şefkatle dinleyen terapistine, "Sizi sıkmıyorum, değil mi?" diye soruyorsun.

Suçlulukla öfke birbirine komşudur. Suçluluk sebebiyle yapmaktan çekindiğin şeylerin bir bedeli olacak elbette. Aslında senden beklenilmeden yapılan her iyilik karşı tarafın haberi olmadan verilen bir borç gibi oluyor ve borç tahsil edilemeyince öfke peyda oluyor. Ama içimizdeki suçluluk hayaleti çok beceriklidir, bu öfkeyi dışa vurmamızı ya da sağlıklı bir insan olma yolunda enerji olarak kullanmamıza engel olup, öfkenin sivri tarafını benliğe doğrultur. Paradoksal ama gerçek, kendin olmanı engelleyen suçluluk hayaleti kendin olmadığın için de seni suçlar. Öfken kendine yönelince bu da suçluluğunu besleyen bir döngüye dönüşür.

Koltuğun ucunda oturan insanlar, çoğu zaman insanların gerçekte onlardan talep etmediği kadar iyidirler ya da fedakârdırlar. Talep edilmeden yapılan iyiliklerin gözden kaçması çok muhtemeldir, bu da boşa giden bir çabadır. İyiliklerin her ne kadar karşılıksız yapılması gerektiği söyleniyor olsa da, bu durumun sürdürülebilir olması için bir şekilde fark edilmesi ve takdir edilmesi gerekir. Bunun için de talep karşılığı ortaya konan çabalar çok daha fark edilir ve takdir edilir. Yani bir iyilik yapılacaksa, bunun iyilik olduğunu ve benim çaba harcadığımı karşı tarafın da bilmesi gerekir.

İnsan diğerlerini de kendi gibi bilirmiş derler ya, gerçekten bu sözün psikolojik olarak da bir karşılığı var. Koltuğun ucundan oturan insanlar, biraz önce söylediğim gibi diğer insanların ihtiyaç bile duymadığı konularda onlar talep etmeden yardım etmek konusunda ustalar. Ve diğer insanların da aynen kendileri gibi olduğunu varsayıyorlar. İhtiyaçları olan şeyleri istemekten çekiniyorlar, itiraz edemiyorlar; bu tür isteklerinin kendi kendilerine anlaşılmasını bekliyorlar. Ama söylenmeyen her istek yok hükmündedir. Elbette biz bir şeyleri söylemeden bizi anlayacak insanlar çıkacaktır ama kimse bunu yapmak yeteneğinde ya da mecburiyetinde değildir, bu ancak karşımıza çıkan lütuftur. Eğer oturduğumuz koltuğun hakkını vermek istiyorsak, söylemek gerekiyor, ne istediğimizi ne istemediğimizi. Elbette bizi biz söylemeden anlayacak insanların karşımıza çıkmasını umabiliriz, ama umarken de istediklerimizi ifade etmekten bir zarar geleceğini düşünmüyorum.

Tabii bu bir cesaret işi, günün birinde koltuğun tamamına oturmaya kalktığımızda neler olacağını hiç denememişsek, bunun bizi korkutması doğal. Ama bir yerden başlamak gerekiyor, belki istediklerimizi ifade ediyor olmanın dilimizde eğreti durduğunu hissedeceğiz belki de haddimizi aşıyormuşuz gibi gelecek ama ara sıra herkesin haddini aşma hakkı yok mudur?

Eğer koltuğun ucunda oturan insanlardansan, neden böyleyim diye kendini suçlamamalısın. Bazı insanlar daha hassas, daha empatik, gerçekten erdemli olmaya çalışıyorlar ve kimse kırılmasın istiyorlar. Sanırım çevremize baktığımız zaman göreceğimiz güzel şeyleri sağlayanların önemli bir kısmı bu insanlar. Ama önemli olan bu insanların bu hassasiyetlerinin sürdürülebilir olması, ilerleyen zamanlarda tükenmiş ruhlara dönüşmemesidir. Böyle olmak bir sorun değil, insan biraz olsun kendisini ifade ettiğinde. Çünkü istedikçe, ifade ettikçe var oluyorsun diğer insanların gözünde. Cahit Zarifoğlu'nun da dediği gibi, "Keşke vaktiyle, saçma da olsa iki laf etseymişim; susunca yok oluyormuş insan, çok sonra öğrendim."

Derinlerde herkesin sebebi ve hikâyesi farklı da olsa, insana kötü hissettiren şeylerin başında var olma cesareti gösterememesi geliyor. Her şeyin değişmesine gerek yok, bazen minik adımlar bile harika sonuçlar verir.

Kontrol Edebileceğin ve Edemeyeceğin Şeyler

İnsanlık çok uzun zamanlar boyunca küçük topluluklar halinde yaşadı. Bugün tarih derslerinde öğrendiğimiz olayların birçoğunu, o zaman yaşayan insanlar belki de yıllar sonra öğrendi. 70-80 yıl öncesine kadar bile ülkemizde insanların büyük bir kısmı köylerde yaşıyordu. Televizyon ve radyonun olmadığı zamanlarda duydukları ve şahit oldukları olaylar, içinde yaşadıkları küçük topluluğa dair haberlerdi ve bu olaylar konusunda yapabilecekleri şeyler vardı. İnsanlık binlerce yıl boyunca bu şekilde yaşayınca, belki de beynimiz, gördüğümüz ve duyduğumuz şeyler üzerinde kontrol sahibi olduğumuz yanılsamasını benimsedi. Ancak gelişen teknolojiyle birlikte saniyeler içinde dünyanın herhangi bir yerinde olan şeylerden haberdar olabiliyoruz. Ama beynimiz eski alışkanlığını geçerli zannediyor olabilir; duyduğun her şey üzerinde kontrol sahibisin. Kısıtlı bir ömür ve güçle, dünyanın gidişatı üzerindeki etkimiz önemsiz olmamakla beraber, bir karıncanın etkisinden daha fazla değildir belki.

> İnsan aciz bir varlıktır ve kontrol edemeyeceği şeylere enerji harcadığı zaman, sadece enerjisi boşa gitmez, kendini çaresiz, dünyayı da ümitsiz görmeye başlar.

Durum böyleyken her şeyi kontrol etmeye çalışmak kaygı ve mutsuzluğa yol açabiliyor. Çünkü insan aciz bir varlıktır ve kontrol edemeyeceği şeylere enerji harcadığı zaman, sadece enerjisi boşa gitmez, kendini çaresiz, dünyayı da ümitsiz görmeye başlar. Bu bölümde kontrol edebileceğin ve edemeyeceğin şeylerden bahsetmek istiyorum.

Anneni, babanı, kardeşlerini ve akrabalarını seçemezsin, bu konuda maalesef yapacak bir şeyin yok. Ama daimi olarak onları değiştirmeye çalışırsan, hem onları olduğu haliyle kabul etmemiş olacaksın hem de devamlı onlarla uğraşmak zorunda kalacaksın. Daha önce de söyledim, insanlar kolay kolay değişmiyor. Bazı aileler çocukları için çok destekleyici olabilirken, bazıları da bilerek ya da bilmeyerek çocuklarının önüne her türlü engeli koyuyor ve onun kendisini gerçekleştirmesini engelliyor. Evet, onların nasıl insanlar olabileceğini kontrol edemeyebilirsin ama şu anda çevrende nasıl insanlar olacağını seçmek senin elinde. Ya durmadan başa döndüğün bir savaşın askeri olursun ya da çevreni sana iyi gelen insanlarla doldurursun.

Diğer insanların sana nasıl davrandığını ve senin hakkında neler düşüneceklerini kontrol edemezsin. Bazen elimizden geleni yaptığımız takdirde insanların bizim hakkımızda istediğimiz gibi düşüneceğini zannederiz ama genelde bu işin basit bir matematiği yoktur. Bazen tüm koşullar uygun görünse bile bazı insanlar bizi sevmeyebilir, hatta bizden nefret edebilir. Çünkü bu *onların* ruhsal süreçleriyle alakalı bir durumdur. Ama bu konuda kendi davranışlarını kontrol edebilirsin. Sana yeterince değer vermeyen insanların üstüne düşerek bunu değiştiremezsin ama kendini bu ortamdan uzaklaştırabilirsin. Sana değer vermeyen insanlarla arana gerekli mesafeyi koyabilirsin. Bu senin kontrol alanındadır.

Ne kadar önlem alırsan al, neler yaşayacağını kontrol etmen mümkün değildir. Bazen her şey yerli yerindedir fakat bir anda hiç ummadığın bir kazayla karşılaşırsın, çok güvendiğin insan günün birinde sana zarar verir, kesin tutar dediğin iş fikrin başarısızlıkla sonuçlanır. John Lennon'a da atfedilen bir söz vardır; hayat biz planlar yaparken başımıza gelen şeydir. Bu kısım kontrol edemeyeceğimiz kısımdır. Ancak başımıza gelen şeylerden sonra neler yapacağımız kontrol alanımızdadır. Örneğin bir sınavda başarısız olduysan, zihnin hemen geçmişe gider, keşke şu konuya da çalışsaydım, keşke şu soru çıkmasaydı, keşke bunu da yapsaydım der. Ya da bu sınavda başarısız olduğun için gelecekte başına gelecek tüm kötü senaryoları sıralarsın. Bunları düşündükçe moralin iyice bozulur ve bu konuda bir şey yapamazsın, çünkü kontrol alanının dışındadır bunlar.

Başına gelen olaylarda kontrol alanın şu anla sınırlıdır. Olan oldu, şimdi ne yapabilirim bakış açısıyla, duruma bakmak gücümün yeteceği şeyleri fark etmemi sağlar. Sınavda başarısız oldum, keşke olmasaydım ama oldu. Şimdi ne yapabilirim? Çok yorulmuştum biraz dinlenip tekrar çalışabilirim ya da başka bir seçeneği değerlendirebilirim.

Bedensel özelliklerin ve sahip olduğun yetenekler üzerinde kontrolün sınırlıdır. Sanat ve spor gibi bazı özel yeteneklerin üzerine çalıştığın zaman bunları geliştirmen mümkün olmakla beraber, herkes üst düzey bir noktaya çıkmayı başaramayabilir. Ya da sahip olduğun fiziksel özellikler seni mutsuz ediyor olabilir, olmak istediğinden daha kısa boylu, esmer ya da sarışın olabilirsin. Bu kısma dair yapabilecek pek bir şey yok. Eğer kontrol alanının dışında bir konuyu takıntı haline getirirsen, tüm mutsuzluklarının kaynağını o zannedersin. Boyun diğerlerine göre daha kısa diyelim. Senin tüm dikkatin bu konu üzerindeyken, hayatın sana başarı ve tatmin sağlayacak diğer fırsatlarını görmezsin bile. Sana göre dünya boy mevzusu üzerinde dönüyordur. Yani boyun kısa olduğu için değil bu konuyu takıntı haline getirdiğin için mutsuzsundur.

Bazı fiziksel özelliklerinden dolayı çok mutsuz olduğunu düşünen danışanlarım oldu. Bu konuda estetik ameliyatlar olmasına rağmen hissettiklerinin değişmediğini ve hâlâ kendilerini eskisi gibi hissettiğini söyleyenler çoğunluktaydı. Eğer fiziksel özellikler her şeyin belirleyicisi olsaydı, tüm güzel ve yakışıklı insanların çok mutlu ve güzel bir ilişkilerinin olması gerekirdi. Tam tersi şekilde toplumun güzellik standartlarına uymayan herkesin yalnız ve mutsuz olmasını beklerdik. Ama mutluluk ve bir ilişkiye sahip olmak fiziksel görünümle nadiren ilgilidir. Önemli olan zayıf bulduğun yerlere odaklanmak yerine güçlü özelliklerini daha da güçlendirmektir. Boyun kısa ama başka hangi konularda iyisin? İşte kontrol alanı tam olarak burasıdır.

Dünyadaki siyasi gelişmeler ya da gerilemeler, hükümetler ve sana göre dünyayı daha kötü bir yer haline getiren insanlar konusunda da yapılacak pek bir şey yok. Çevremde günübirlik siyaset konuşan insanlar olmasını istemiyorum. Çünkü daimi olarak günübirlik siyasi tartışmaları konuşan, bu konuda şikâyet eden insanların tüm enerjilerini konuşmaya verdiklerini düşünüyorum. Dünyada her zaman birilerinin şikâyet ettiği insanlar, rahatsız oldukları gruplar oldu. Hiçbir zaman

Seni üzen şey kontrol alanında mı yoksa kontrol alanın dışında mı? Kontrol alanının dışında olduğunu tespit ettiğin zaman şu sihirli cümle çok işine yarayabilir: Olan oldu, şimdi ne yapabilirim?

çoğunluğun memnun olduğu bir dönem olmadı. Yani her zaman birilerinin şikâyet ettiği siyasi olaylar, hükümetler ve insanlar olacak. Bu konuda yapabileceğimiz pek bir şey yok. Bu alanda kontrol edebileceğin kısım kendi küçük dünyan: Şikâyet ettiğin ve olmamasından rahatsız olduğun erdemleri sen kendi küçük dünyana ne kadar yansıtabiliyorsun?

Birçok insan şikâyet ettiği davranışların küçük versiyonlarını kendi küçük dünyasında yapıyor. İnanılmaz ironik. Ya da şikâyet ettiği şeylerin düzelmesi için sadece kurumların bir şeyler yapmasını bekliyorlar. Ama dünyada güzel şeyler oluyorsa bu kendi küçük dünyalarında inisiyatif alan insanlar sayesinde oluyor. Kontrol alanın büyük dünya değil küçük dünya. Zaten büyük dünyanın geçmişte güzel değişimler yaşadığı zamanlarda da dönüşüm hep küçük dünyalarını değiştiren insanlar sayesinde olmuş.

Her ne seni üzüyorsa, üzüldüğün şeyin doğasını sorgulamanı öneririm. Seni üzen şey kontrol alanında mı yoksa kontrol alanın dışında mı? Kontrol alanının dışında olduğunu tespit ettiğin zaman şu sihirli cümle çok işine yarayabilir: Olan oldu, şimdi ne yapabilirim?

Umut Yolun Sonunda Olan Değil Yolun Kendisidir

6 Ağustos 1954 sabahı Enola Gay bombardıman uçağı Japonya'nın Hiroşima kentine tarihin ilk nükleer saldırısını yaptı. Atılan dört buçuk tonluk atom bombasından sonra Japonya'da hayat uzun süre eskisi gibi olmadı. Yapılan saldırıdan etkilenen on binlerce kişiden biri de iki yaşında küçük bir kız çocuğu olan Sadako Sasaki'ydi. Atom bombasının atıldığı merkezden sadece iki kilometre uzaklıkta yaşayan Sadako şans eseri kurtulsa da annesiyle beraber kaçarken yüksek miktarda radyoaktif madde içeren kara yağmura tutuldular.

Diğer bir sürü çocuk gibi Sadako'ya da atom bombasının atıldığı tarihten yaklaşık on yıl sonra yüksek radyasyona bağlı lösemi teşhisi koyulur ve hastaneye kaldırılır. Sadako'yu hastanede ziyarete gelen okul arkadaşları ona eski bir Japon inancını hatırlatırlar. Japonya'da turna kuşları mistik ve kutsal canlılardan biridir. Turna kuşlarının bin yıl yaşadığına inanılır. Ve eğer biri kâğıtlarla turna kuşu katlamaya başlayıp bin taneyi tamamlarsa dileğinin gerçekleşeceğine inanılır. Kâğıttan bin turna kuşu yaptığında iyileşebileceğine inanan

Sadako, o günden sonra bulabildiği her kâğıt parçasıyla turna kuşları katlamaya başlar. Eline geçen bütün ilaç kağıtlarıyla turna kuşu katlayan Sadako, yan odalardaki hastalara gelen hediye paketlerini bile kullanır. Sadako'nun hikâyesinin Amerika'da yayınlanan versiyonu bin turna kuşunu katlamayı bitiremeden öldüğünü söylese de esasında Sadako bin turna kuşunu katlamayı bitirir, hatta hastalığı ağırlaşıp hayata veda edene değin turna kuşu katlamaya devam eder.

Sadako'nun hikâyesi henüz o hayatta iken gazetelerde yer alır. Ve ülkenin her yanından binlerce çocuk, Sadako'nun bin turna kuşunu tamamlaması için ona kendi yaptıkları kâğıttan turna kuşlarını gönderirler. Hatta Sadako öldükten sonra bile postacılar aylar boyunca onun yattığı hastaneye kâğıttan turna kuşları getirmeye devam etmişlerdir.

Çok hüzünlü bir hikâye değil mi? Bu hikâyeyi ilk duyduğumda çok üzülmüştüm ama bir yandan da adını tam koyamadığım şekilde içimde bir umut yeşermişti. Anlam verememiştim bu olumlu hisse, çünkü sonuçta Sadako bin tane turna kuşunu tamamlasa da ölüyordu, mutsuz bir son gibiydi. Gerçekten öyle mi acaba? Seni Sadako'nun hikâyesini birlikte düşünmeye davet ediyorum:

Umut, bu dünyada zaman geçirmeye çalışan ve kendi anlamını arayan insanların en büyük yakıtı. Umudunu ve yaşama azmini kaybeden insan, bugün güncel psikoloji literatürüne göre depresyonda sayılıyor, yani umut beden dediğimiz varlığın içinde olduğunu düşündüğümüz ruhumuzun temel enerjisi. Umudunu kaybeden bir insanın da o enerjisi kayboluyor ve sanırım sadece yaşamaya devam eden bir canlı haline geliyor. Peki umut yolun sonunda güzel şeyler olabileceğine inanmaksa, yolun sonunda güzel şeyler olmayacaksa bile çabalamaya ne kadar değer? Sonuçta sen ve sevdiğin tüm insanlar hikâyenin sonunda yaşamıyor olacaksınız. İşte

> Umut, bu dünyada zaman geçirmeye çalışan ve kendi anlamını arayan insanların en büyük yakıtı.

burada umudun yolun sonunda güzel şeyler olacağına inanmaktan daha fazlası olduğunu anlamaya başlıyoruz.

Sadako henüz bir çocuk, ama yaşadığı hastalığın ciddi bir şey olduğunun farkında ve ölümün ne demek olduğunu biliyor. Tedavisi sürerken, elinden efsanenin ona söylediği gibi turna kuşu yapmaktan başka bir şey gelmeyeceğini düşünüyor. Ve o turna kuşlarını yaptıkça umudu canlanıyor, umudu canlandıkça da turna kuşlarını bir oyun gibi, hatta vecd halinde yapmaya çalışıyor; kendi çapında ciddi bir mücadele veriyor. Çünkü yapacak başka bir şeyi yok. Ve belki de işin sonunun güzel biteceğine yönelik hayaliyle elinden gelen tek şeyi tüm azmiyle yapıyor olması, ömrünün kalan kısmını büyük bir heyecanla ve keyifle geçirmesini sağlıyor. Sadako gözlerini sonsuza kadar kapatırken heyecanlıydı ve belki de mutluydu.

Bizse kendi hayatımızda yaşadığımız her zorlukta gelecekle pazarlık halindeyiz: "Eğer sonucu güzel olmayacaksa haberim olsun da hiç uğraşmayayım." Ama olayı belki de yanlış yerinden değerlendiriyoruz; geniş bir açıdan bakınca hepimiz bu dünyadan gideceğiz ve hayatta sevdiklerimizi kaybetmek gibi büyük acılar yaşayacağız. Elimizden gelen tek şey o an için imkânlarımız dahilinde mücadele etmek ve günün birinde her şeyin keyfimizce olacağını varsaymak. İhtimallerin ve hesapların karanlığına gömülmeden yolun sonunda ışık olacağına inanmak. Bana göre yaşam çılgın bir şey, onun anlamını biz kendi içimizde var ediyoruz.

Ben umudumun motivasyonuyla mücadele ettikçe, aslında elimde olan tek şeyi, yani şimdiyi inşa ediyorum, olabileceği en güzel haliyle. Her ne için uğraşıyorsan uğraş, o uğraştığın şey günün birinde gerçekleşmeyecek bile olsa, onun için verdiğin mücadele harikulade bir lezzete sahip olacak. Kavuşmayı hayal ettiğin şeye günün birinde kavuştuğunda, aslında ona ulaşma çabasının daha keyifli olduğunu eminim deneyimlemişsindir. İşte umut da tam olarak böyle, yolun sonunda hedeflediğin şeye ulaşmaktan daha büyük bir şey, onun için verdiğin mücadele tam olarak.

Sen de her zorlukta ve hayatın normal gidişatında tam olarak elinden geleni yapmakla mükellefsin. Daha fazlası ya da daha azı değil. Daha fazlası seni kaygılandırırken, daha azı seni mutsuz edecektir. O an için elinden ne geliyorsa, evrensel standartlara göre çok küçük bir şey bile olabilir bu, onu yapacaksın. Kendi turna kuşunu keşfetmek zorundasın.

Ve son olarak daha büyük bir şeyin parçası olduğunu hatırlamalısın; bu evren, Tanrı ya da doğanın kendisi olabilir, sen her neye inanıyorsan. Önemli olan şey şu; senin yaşamın, acıların, hayal kırıklıklarından daha büyük bir şey var, sen de diğer herkes gibi kendi hayatının baş aktörüsün. Ama binlerce yıllık insanlık tarihinde, milyarca parçalık yapbozun bir parçasısın da, yaşamının hem senin hem de dünya için bir anlamı var.

Daha büyük bir şeyin parçası olduğumu düşünmek beni her zaman rahatlatır ve içinde olduğum küçük dünya dramlarını daha önemsiz görmeme yardımcı olur. Ve yine bana böyle düşünmemde yardımcı olan bir filmden, *Eşkıya*'dan filminden bir replikle bitirmek istiyorum. Normalde mutsuz bir son gibi görünmesine rağmen, aslında kaybederken dahi bir şekilde hayata katkı sağlayabiliriz.

Cumali: Çok korkuyorum Eşkıya, beni bırakma, çok korkuyorum çok.

Eşkıya: Korkma, sadece toprağa gideceksin, sonra toprak olacaksın. Sonra sularla birlikte bir çiçeğin bedenine yürüyeceksin, oradan özüne ulaşacaksın... Çiçeğin özüne bir arı konacak, belki belki o arı ben olacağım.

Son

Bir yolculuğun daha sonuna geldik. İnsanın kendini tanımasının bir sonu yok; tamamıyla kendini keşfetmenin mümkün olmadığını düşünüyorum. Ama insanların çok büyük bir kısmının kendini hiç tanımadığını, aynı hataları tekrar tekrar yapıp üzüldüğünü, mutsuz olduğunu düşündüğümüz zaman, kendini tanıma yolunda atılan her adım inanılmaz değerli. Hayatta dertlerin olmadığı bir senaryo yok. Ama yaşadıklarımızdan ders alıp, kendimize neyin iyi neyin kötü geldiğini, neleri kontrol edip neleri kontrol edemeyeceğimizi keşfettiğimiz zaman hayat çok daha keyifli geçiyor. Kapanışı Preetham Mohanty'ye ait bir pasajla yapmak istiyorum. Kendine iyi davran güzel insan, görüşmek üzere.

"Hayat değişir.
Aşkı kaybederiz.
Arkadaşlarımızı kaybederiz.
Hiç kaybetmeyeceğimizi sandığımız
parçalarımızı kaybederiz.

Sonra, biz farkına bile varmadan bu parçalar geri gelir.
Yeni bir aşk başlar.
Daha iyi arkadaşlar ediniriz.
Ve aynaya daha güçlü, daha bilge bir versiyonumuz bakar.
Bir şeyler ne kadar kötüye giderse gitsin iyi günler de gelecektir.
Güzel günler yaşayacağınızı ummak ve hayatta karşınıza çıkan gülümsemeleri, neşeleri kabul etmek hayatta ihtiyacınız olan şeydir."